对外汉语口语课堂话语互动研究

A Study of Discourse Interaction
in Oral Chinese Class for Foreigners

李云霞　著

吉林大学出版社

图书在版编目（CIP）数据

对外汉语口语课堂话语互动研究 / 李云霞著．——长春：
吉林大学出版社，2019.1
　ISBN 978-7-5692-4334-5

　Ⅰ.①对… Ⅱ.①李… Ⅲ.①汉语－口语－对外汉语教
学－教学研究 Ⅳ.①H195.3

　中国版本图书馆CIP数据核字（2019）第036002号

书　　　名：对外汉语口语课堂话语互动研究

作　　　者：李云霞　著
策划编辑：朱　进
责任编辑：朱　进
责任校对：高桂芬
装帧设计：美印图文
出版发行：吉林大学出版社
社　　　址：长春市人民大街4059号
邮政编码：130021
发行电话：043189580028/29/21
网　　　址：http://www.jlup.com.cn
电子邮箱：jdcbs@jlu.edu.cn
印　　　刷：三河市嵩川印刷有限公司
开　　　本：787mm×1092mm　　　1/16
印　　　张：19
字　　　数：320千字
版　　　次：2019年1月　第1版
印　　　次：2023年4月　第3次
书　　　号：ISBN 978-7-5692-4334-5
定　　　价：76.00元

摘　要

对外汉语教学的学科历史时间不长,但发展却非常快,近十几年,随着国家实力的提升,尤其是在国家汉办大力推动之下,汉语教学已遍及世界各地。这一方面促进了学科的快速发展,另一方面也对学科发展和师资培养提出了新的要求。在汉语教学推广的过程中,一直受到"三教"(教师、教材、教法)问题的困扰,三者之中,又以教师问题为核心。

选择课堂话语互动这一研究内容主要是基于以下考虑:首先,课堂是学习者学习的主要场所,所有的教学理念、方法都要经过课堂这一场域的实践检验。其次,以"交际能力"为标准的语言评价体系对课堂的教与学都提出了新的要求。课堂话语互动既是教学的一种基本形态,也是教师促进学习者语言习得的途径,还是学习者学习过程和结果的体现。再次,教师是影响课堂教学效果的关键因素,其所有的知识、能力、素养和智慧最终都会体现在课堂教学之中,改变教师课堂教学行为可以改变课堂教学的结果。最后,当前教师的培训中缺少针对课堂具体教学细节的关注,这和学界对课堂本身的重视不够有关,也和对外汉语课堂教学的研究还不能满足教学培训的需求有关。

本研究以话语分析作为基本的理论基础,利用 COLT 量表对 D 大学 10 位对外汉语口语教师的课堂话语互动现状进行了描述,发现存在的问题,找到问题产生的原因,并根据对教师和学生的问卷和访谈以及第二语言课堂教学的基本理论,针对发现的问题提出具体的改进策略,同时也对本研究成果在教师培训方面的应用提出了建议。

全书共分六章。前三章介绍了研究的背景、研究的起点(文献综述)、理论基础和研究设计。第四章以 COLT 量表为工具,对 10 位对外汉语口语课教师的课堂话语互动情况进行观察和描述,并运用话语分析理论对运用量表不能细致描述的特殊的话语互动形式进行了分析。第五章是在第四章描述的基础上得出结论,以当前第二语言教学中较为一致的标准——"交际性"为评价指标,对取得的成绩予以肯定,同时也分析了对外汉语口语课堂话语互动中,教师促进课堂话语互动的策略和学生语言交际能力方面存在的问题,然后着重以话语分析理论和师生访谈为基础探寻问题存在的原因。第六章是提高对外汉语口语课堂话语互动的策略与应用建议。策略的提出也是以话语分析理论为基础,从课堂话语互动的参与者——教师和学生以及话语语境(课堂活动)为视角,以课堂话语互动"应然性"的特点为标准,也加入学生和教师反馈中得到的好的建议和方法。应用建议则主要针对课堂话语互动相关的教师培训而提出,希望能引起多方面的重视。本研究一直追求所有的策略和建议都紧密结合学科和课型特点,具体实用,有应用价值。

本研究最大的亮点是厘清了课堂话语互动在第二语言课堂中体现的两个层面,一是作为学习者课堂学习过程的话语互动,二是作为学习者学习结果而表现的话语互动。并且注意到教师对课堂教学交际性理解的局限,指出不但要在课堂话语互动中促进学生的交际,同时也要关注学习者在话语互动中输出话语质量的评价和促进的问题。另外一个亮点是没有局限于提出促进课堂话语互动的策略,而是从教师培训的角度提出了应用建议,还对为更好地进行教师培训而在各级别各层次的国际汉语教学案例库的分类中增加"课堂话语互动"类别提出了具体建议。

Abstract

The development history of the teaching Chinese as a second language teaching is short, but as a undertaking, the advancement of teaching Chinese as a second language teaching is really fast. In recent years, with the Chinese national strength enhancing, China go to the world arena rapidly, especially under the Confucius Institute Headquarter(Hanban) ' impetus, Chinese Teaching has been spreading all over the world. On the one hand, this kind of situation has promoted the development of the subject rapidly , on the other hand, it has put forward new requirements for the development of the subject and teacher training. In the process of Chinese Teaching promotion, three Ts(teachers, teaching materials and teaching methods) problems have been the main puzzles, and teachers problems is the core of them.

This thesis chose the classroom discourse interaction as the research content is mainly based on the following aspects: firstly, the classroom is the main place for learners learning, all the teaching ideas and methods on the classroom must be tested into the classroom teaching practice. Secondly, the language evaluation system which is on the basis of "communicative competence" has put forward new requirements to the classroom teaching and learners' learning. The classroom discourse interaction not only is a basic teaching form, but also is the way that the teachers promote the learners' language acquisition, and the embodiment of the learners' learning process and results. Thirdly, the teachers are the key factors influencing the effect of classroom teaching, all the teachers' knowledge, ability, accomplishment and wisdom will be reflected on the classroom teaching in the end , changing teachers' classroom behavior can change the result of classroom teaching. Finally, the training on the classroom teaching details are lacking in the current teachers' vocational training, it is because the academic circles has no enough attention on the classroom teaching, and also because the classroom teaching of Chinese as a second language study can't meet the needs of teaching and training.

This study based on the the discourse analysis theory, describing the current situation of the 10 Chinese language teachers' spoken classroom discourse interaction on the D university with the COLT scheme, finding the problems and the reasons of the problems, and according to the questionnaire and interviews to the teachers and students and some basic theories of second language classroom teaching, proposed the concrete strategies for the improvement , in view of the problems found in this research also puts forward some application suggestions for the teacher training.

This thesis comprises six chapters. The first three chapters introduce the background of the study, the starting point of the study (literature review), theoretical basis and research design. The fourth chapter is the observation and description which is based the spoken classrooms of the 10 Chinese language teachers with the COLT scheme, at the same time, it also uses discourse analysis theory to analyze the special discourse interaction phenomenons which can't be described detailed when we use the COLT scheme. The fifth chapter is to draw some conclusions according to the current situation, analysis the problems of the 10 teachers Chinese spoken classroom discourse interaction strategies and students' communicative ability, and according to the discourse analysis theory and interviews of teachers and students to explore the reasons of the problems. The strategies on the discourse interaction in the spoken Chinese classroom and the application suggestions of the research are promoted in the sixth chapters. The strategies are put forward from the participants of classroom discourse interaction teachers and students, discourse context (classroom activities), which is based on the theory of discourse analysis. When the strategies are put forward, the characterized of the "should be" as a standard, and the thesis also use some good suggestions and methods getting from the students and teachers' interviews. The thesis mainly proposes the application suggestions on the classroom discourse interaction for the teacher training and the construction of the international Chinese teacher teaching case store.

The highlights of this study is to clarify the two aspects of the classroom discourse interaction in the second language teaching classroom, one is the basic form of classroom learning, the other is the learners learning process and the results. It is pointed out that not only the communication of students should be promoted in the interaction of classroom discourse, but also the problem of the evaluation and promotion of the quality of the discourse output by the learners in the interaction of discourse. Another highlight of the thesis is not only to put forward the teaching strategies of promoting classrcom discourse interaction' quality, but also give some application suggestions from the perspective of teacher training, especially proposed the suggestions to added category of classroom discourse interaction in the international Chinese teaching case stores in order to make the training teachers better.

目 录

导　论

一、研究的缘起与研究的主要问题

（一）研究的缘起

21 世纪初，中国的迅猛发展使世界了解中国的愿望越来越强烈，学习汉语的人数急剧增加。为了满足各个国家汉语学习者的需要，以及扩大中国对世界的影响，增进世界各国对中国的了解，促进中外文化的交流与合作，2004 年 11 月，世界第一家孔子学院在韩国首都首尔挂牌。其后，孔子学院通过国家汉办、国内外院校共同合作的方式在各国陆续开设，但在运行两年后，发现可以外派的合格师资严重不足。于是，2007 年 5 月国务院学位委员会办公室下达《关于开展汉语国际教育硕士专业学位教育试点工作和推荐全国汉语国际教育硕士专业学位教育指导委员会委员人选的通知》，批准全国 25 所研究生培养单位开展汉语国际教育硕士专业学位教育试点工作。汉语国际教育硕士专业主要为国家培养具有熟练的汉语作为第二语言教学技能和良好的跨文化交际能力，适应汉语国际推广工作，胜任多种教学任务的高层次、应用型、复合型的专门人才[1]。

作为参与此项工作的教师，笔者和这些未来的汉语国际教师一起度过了紧张的两年时间，他们学习了很多课程，收获很大，然而在进入课堂讲课的时候，却发现了很多问题。比如讲授过多、授课语言过难、课堂互动意识不足、不会设计课堂活动，等等。这显然不能满足"应用型"的要求。在和其他院校同行交流的时候，我发现有这样问题的并不是我们一个学校。笔者意识到，我们在对汉语国际教师的职前培训中还存在很多问题。

开始的时候，笔者认为这是属于课程设置方面的问题，希望能通过课程设置改变这种状况，并带着这样的问题和设想开始了自己的博士生学习。然而，在研读了教育学中有关课程的文献之后，问题并没有得到解决，直到有一天，笔者看到了《课程与教师》（2008，佐藤学）[2]这本书中对于课堂的论述，使笔者意识到虽然在教学中传授给了学生关于课堂教学的基本原则和方法，但是对课堂中的细节的描述和解释还远远不够。学生们学了各种理论、教学方法、管理方法，但是太宏观，离他们将来所要面临的教学情境还太远。

课堂教学实际上是多种方法的综合，各种有关教学的理论和方法是从综合的课堂情境下分离的结果，而学生最后还是要把这些从课堂实践中分离出来的理论再整合运用，也就是从综合到分离再回到综合的过程。这个再综合的过程需要培训教师思考并提出主张，因为对这个综合的过程设计得越具体深入，就越能够使受训教师掌握课堂教学的核心，在正式入职之前有更好的能力提升。这本书给笔者的另一个启示是关于"话语"这一概念的运用，书中是从社会学的角度使用这一概念的，这使笔者头脑中关于"话语"的概念逐渐清晰起来，开始试着把语言学和社会科学中有关话语的概念联系起来。并逐渐意识到在第二语言课堂中，这两种"话语"同时存在，彼此交融，最后以学习者语言习得的形式展现出来。当时笔者觉得能够细致地描述出这种状态和过程，就可以找到解决教师培训问题的途径。

然而，当笔者进入到现场开始听课、研究课堂的时候，却发现要对课堂话语的状态进行一个全景描述和客观评价是非常困难的。另外，在课堂观察中笔者发现，如果按照理想的关于课堂教学交际性的要求来评价在职教师的课堂的话，绝大部分都存在这样那样的问题。在和这些授课教师交流的时候，笔者感觉到他们对课堂教学的困惑就是在培养语言交际能力的大目标下，如何开展和进行课堂教学活动，尤其是如何在课堂教学中平衡语言形式的教学和语言运用（交际能力）的教学时间分配问题。

笔者试图找到一个切入点和一个标准来考察对外汉语课堂的话语。从第二语言习得的研究成果中，可以知道课堂话语互动对学生的语言能力有比较大的影响。而从对这些在职教师的课堂观察和交流中可以了解到，即使是在职教师，他们对交际能力和课堂话语互动的意识、理解和在课堂上的具体实施也都不相同。有的教师对课堂互动的概念不太清晰，将课堂互动等同于课堂活动；还有的教师对课堂互动的作用有疑问，担心互动多了，尤其是生生互动多了，会影响课堂教学效率。笔者认为是这些不同造成了学生在课堂上的不同表现,并将研究逐渐聚焦到"课堂话语互动"方面,以此为切入点,研究在课堂情境下,教师和学生的话语行为,和在教师引领下,学生语言能力的提升过程。而最后确定将口语课堂作为自己的研究内容,主要是因为在听力、口语、阅读、写作和综合课五种课型中,口语课对交际性的要求是最高的,因而也最具有代表性。

（二）研究的主要问题

本书主要运用课堂观察量表和话语分析理论,通过课堂观察和记录,对对外汉语口语课堂呈现出的话语和话语互动现象进行分析,着重探讨影响当前对外汉语口语课堂中话语互动的因素,提出促进口语课堂有效话语互动的策略,并对在汉语国际教师职前和职中培训中的应用给出建议。因此,研究的问题主要包括以下几个方面。

（1）对外汉语口语课堂互动的基本要素是什么?这些要素如何交织在一起为口语课堂的师生话语提供交际的动力?

（2）对外汉语口语课堂中的教师和学生话语各有哪些特点?其影响因素各是什么?如何利用有利因素?如何避免不利因素的影响?

（3）对外汉语口语课堂中的话语互动形式有哪些?对学生话语质量是否有影响?如果有,是哪些?什么样的话语模式更有助于学生交际能力的提高?

（4）基于学生交际能力培养理念基础上的口语课堂教学的实际状态和理想状态有哪些差别?产生差别的原因是什么?能否找到缩小二者差别的方法?

（5）是否可以将与课堂话语互动相关的研究成果应用到汉语国际教师的职前和职中培训中?

二、研究的背景

问题提出以后,笔者把这个问题放入社会大背景下进行考量,发现可以从以下几方面得到支持。

（一）"交际能力"的提出改变了第二语言课堂教学的理念

课堂教学一直是第二语言教学设计中最重要的一个环节,也是教学的基本方式,它直接影响教学目标的实施、教学内容的完成以及所有课程安排的最终效果。提高教学质量,从根本上说,就是提高课堂教学的质量。而课堂教学是与教育教学相关的各种哲学观念、理论、方法和教学工具的全部因素的融合。它不是教师、学生和教材的简单相加,教师的教学理念、学生的个性特点、教材提供的内容等各个方面都会影响课堂。

作为一门边缘的交叉学科,第二语言教学直接受语言学、教育学、心理学、文化学等学科理论的影响。每一个学科在理论上的发展变化都会影响到第二语言教学理念的变化,也会对其课堂教学提出新的要求。

对现代的第二语言教学影响最大的是 1966 年由美国社会语言学家海姆斯 (D.Hymes) 提出的"交际能力"这一概念。该概念在开始提出时主要是针对乔姆斯基对"语言能力"(linguist competence)和"语言表现"(linguist performance)观点的不足。后来,在 1972 年海姆斯专门写了《论交际能力》(On Communicative Competence) [3] 一文,详细阐述了"交际能力"的内涵。在海姆斯以前,语言学普遍关注对语言规则的描写,第二语言教学受其影响,有意或者无意地将第二语言教学看成是关于语音、词汇、语法等语言要素的教学。而海姆斯却认为为了达到有效交际的目的,一个人所拥有的语言能力绝不仅仅是能说出一个语法正确的句子那么简单,他还需要知道如何在一个社团中针对特定的人,在合适的时间、场合说出合适的话。用他自己的话,说就是"何时说,何时不说,以及关于何时何地以何方式与何人说何内容"。[4]

"交际能力"这一概念的提出彻底改变了第二语言教学的观念。许多国家在制定第二语言能力标准的时候,都把用语言进行交际、交流和沟通作为重要的理念和目标提出。如:《欧洲语言共同参考框架:学习、教学、评估》专门用一个章节论述外语教学新理念,书中以"面向行动"的外语教学理念为出发点,对的使用和语言学习的特征做了描述:"语言的使用,包括语言学习,是作为个体的人,或者作为社会人完成的行动。在此过程中,他们发展了自己的综合能力,尤其是运用语言交际的能力。" [4] 美国的《21 世纪外语学习标准》(Standards for Foreign Language Learning in 21 century) 提出该标准 [5] 是美国政府为适应全球化的需要,针对美国学生的外语能力而制定的国家级课程标准,1966 年首次出版,1999 年再版了 5C(Communication,Cultures,Connections,Comparisons,Communities)的标准,语言交际(communication)是其中一个重要的评价标准。

可以说,在这一概念提出之后,没有人能忽略第二语言教学中对交际能力培养的,整个第二语言教学在教学目标、教学内容、教学方法、教学过程、师生观、知识观等方面都有了很大的变革,开始由注重语言规则的培养转向注重语言交际能力的培养。这就对第二语言的课堂提出了新的要求和挑战,使我们不得不重新审视和探讨第二语言课堂教学的整个过程。

(二)对外汉语教学学科发展的内在追求

新中国的对外汉语教学,是从 1950 年接受第一批来华留学生开始的,但直到 1978 年 3 月北京地区语言学科规划座谈会上才正式提出:"要把对外国人的汉语教学作为一个专门的学科来研究,应成立专门的研究机构,培养专门的人才。"1983 年才有自己的学术团体——中国教育学会对外汉语教学研究会。可以说,直到 20 世纪 80 年代初期,中国的对外汉语教学才真正从学科建设的角度进行教学理论研究,学科建设初期的研究论文以教学经验的介绍和国外第二语言研究论著的翻译介绍居多。一直到国家对外汉语教学领导小组办公室下发了《1988—1990 年对外汉语教学科研课题指南》[6] 和《1998—2000 年对外汉语教学科研课题指南》[7] 才从理论上全面开始了对外汉语教学学科的理论框架的建构。这些课题指南主要涉及对外汉语教学理论与方法,对外汉语教学活动的四大环节(总体设计方案,教材和工具书,课堂教学,考试)的研究,语言学习与教育理论,汉外对比研究,现代科技发展与对外汉语教学,汉语本体研究,中国及世界各地汉语教学情况研究,发达国家向世界推广本族语的研究等八大方面的研究。关于课堂教学的研究很少,并且主要集中在课型研究和针对不同国家不同文化背景的学生进行课堂教学的特点的探索以及语言技能的训练方法等方面,完全没有针对课堂话语方面的研究。

经历了理论的建设和解释之后,对外汉语教学的研究逐渐完成了从"经验型"向"科研型"的转变,对学科的研究也由本体的研究、课型的研究、教法的研究扩大到有关教学的方方面面。有关课堂的研究也越来越多,但大多聚焦在语音、词汇、语法等语言要素的教学方法和教学技巧等方面,对课堂教学中教师的研究还比较少。现在,教学也接受了培养学生交际能力的理念,但是对于怎样组织课堂才能有效地培养学生的交际能力问题,大家却是见仁见智,各不相同。但对课堂中发生的真实语言和事件进行描述和研究的论文并不多见,更未形成流派。

随着第二语言研究的不断深入发展,越来越多的教师和学者认识到

"实际上没有任何科学根据可以让我们去描述一种理想的教学方法。我们只能观察教师和学生进行活动的实际,并注意哪些策略和原则更有利于教学。"[8] 基于此,观察、探索语言输入与输出间的关系便越来越成为第二语言教学研究的核心问题之一。观察和记录学生在课堂上接受了什么比假设课堂上应该发生什么更有利于寻找到第二语言学习的客观过程,进而找到适合于特定学生和情境的教学方法,同时也能够更客观、科学地评价教师的教学。

(三)对外汉语课堂教学研究进一步深化的需要

课堂是语言学习的主要场所,但因目前的对外汉语课堂教学的研究仍停留在对语言要素和课型教学的教学方法的探讨上。对课堂活动的研究也多集中在课堂的应然状态,而对课堂上实际发生的事件和话语缺少记录。可以说,对外汉语教学领域的课堂研究无论是与国外对第二语言的课堂教学研究相比,还是与国内学科教学的课堂教学研究相比都存在很大的差距。尤其是在研究方法上,思辨性论文和论述性论文占大多数,而实证性论文则相对少得多。

在课堂教学方面,由教学理念的变革而产生的各种课堂活动的变化有待进一步研究。如何在课堂中培养学生的交际能力,课堂环境给教师和学生提供的优势和局限是什么,怎样把语言功能的学习和语言结构的学习有效地结合起来,如何在各种课型教学中既能突出课型特色又能达到提高能力和策略水平的目标,新的观念如何与传统的课堂程序相融合仍是对外汉语教学需要进一步研究的问题。

课堂话语包括在课堂环境下教师和学生、学生和学生之间用于交流的语言。对外汉语课堂中的话语既是教师教授学生技能、向学生传递语言信息、帮助学生提高语言水平的方式,也是学生实际语言技能的检验,还是教师与学生之间、学生与学生之间交流对世界的看法和理解的媒介。对外汉语课堂话语承载着很多功能,因此对汉语课堂会话的研究可以帮助我们了解课堂上真实发生的言语交际,可以帮助我们分析出课堂中每一个个体的实际状态,从而更好地在实际状态和理想状态之间架起桥梁,提高课堂中教与学的效率。

课堂话语互动是课堂活动的主要方面,法兰德斯(Flanders)认为语言行为是课堂中主要的教学行为,占所有教学行为的 80% 左右,因此,对课堂中师生话语行为进行分析就能够把握课堂教学的规律和实质。不过,对课堂活动研究需要花费的时间和精力比较多,不但涉及课堂中的人和物,也涉及课外的环境和各种关系,因素多而复杂,很难得出明确恰当的结论；又由于课堂教学和语言调查自身的特殊性,在研究方法方面也还存在很多需要解决的问题,因此,目前对相关问题研究得还不够深入。但要使对外汉语教学进一步深入发展,这方面的基础调查研究就势在必行。

目前,通过课堂观察对教学进行研究和解释在国内做得还比较少。而国外教育领域和第二语言教学领域以及国内教育理论研究界、外语教学和其他知识教学领域做得都比较细致和深入。对外汉语课堂教学研究明显落后了一步。刘珣曾在其著述中说："对课堂教学中师生会话特点和规律的分析,几乎还是我们学科研究的空白。"

另外,虽然对外汉语课堂教学越来越重视交际能力的培养,但是如何在课堂中培养学生的交际能力却是一个亟待研究的课题。在各课型中,口语课是专门以培养学生语言输出能力为主的课型,口语课中课堂交际的状况是什么,学生在口语课中交际能力是否有提高,怎样在口语课中提高学生的交际能力仍是需要深入研究的课题。

（四）国际汉语教师师资培养的需要

随着中国发展和国际地位的提高,汉语教学事业不断发展壮大,单纯依赖外国学生到中国来学习汉语已经不能满足世界各国人士对汉语学习需求的渴望。另一方面,中国为了扩大自己的影响力,增进各国人民对中国的了解,自 2004 年开始,由国家汉办组织并创办的孔子学院开始在世界各地创建并不断发展。"到 2016 年底,全球共有 140 个国家建立了 511 所孔子学院,1073 个孔子课堂,学习汉语总人数已达 210 万人"。为此,国家汉办每年通过各种形式向世界各国派出近万名志愿者和汉语教师。怎样帮助这些汉语教师和志愿者在短时间内适应派出国的教育文化,在汉语课堂上展示汉语语言和中国文化的魅力是需要认真思考的问题。

目前,针对对外汉语教师和志愿者的培训需要更多的切实可用的技巧,经过十几年的摸索探讨,越来越多的学者倾向通过对汉语课堂教学具体案例的观摩和分析来获得技巧。只有把实际课堂教学的基本状态描述清楚,才能在教师职业培训中讲清楚教师在教学中可能遇到的问题,并找到应对的方法。目前,很多专家和一些从事国际汉语教师培养的院校、机构都开始摸索实验使用该方法进行培养。

自 2007 年起,国家设立"汉语国际教育专业",开始有计划地培养从事国际汉语教学的教师，并将培养目标定位为"培养具有熟练的汉语作为第二语言教学技能和良好的跨文化交际能力，适应汉语国际推广工作，胜任多种教学任务的高层次、应用型、复合型的专门人才"。这里的"应用型"主要是指"熟练的汉语作为第二语言教学技能"和"胜任多种教学任务"的能力。也就是说，国际汉语教师未来的职业环境要求他们在学习期间就需要了解不同的教学任务，具备熟练的教学技能，能够很好地完成各种教学任务。另一方面，很多在职教师在实际教学中也有各种各样的困惑，如有的教师觉得自己任教多年，但是已经感觉不到自己教学能力的提升，有的教师认为自己解决教学问题的时候大多数都是凭直觉，感觉心里底气不足，还有的教师在如何处理课堂活动和语言知识的学习时间上纠结不已。这使得研究真实课堂中发生的具体事件和话语过程变得非常重要。

描述清楚真实的课堂，可以在职前国际汉语教师的培养和针对已经入职的国际汉语教师培训中，给予他们更多的情境知识。越来越多的国际汉语教师培训开始关注课堂和案例教学。2015 年 12 月在上海举办的世界汉语教学大会暨第十二届世界汉语教学研讨会将大会的主要议题定为"国际汉语教学理论与实践——课堂教学案例示范与研究"，专门以案例教学为专题，收集世界各国汉语教学和汉语教师培训的优秀案例，鼓励通过课堂教学实践、教材编写、课件开发及新媒体技术应用等实际案例，推动国际汉语教学理论发展与实践创新。这充分说明整个国际汉语教育专业对课堂实践研究和实证研究的需求。这种需求呼唤研究对课堂教学领域的重视，同时也呼唤对如何使用案例，运用什么理论从哪些角度对这些案例进行分析和不断思考、探索。

总的来说，无论是社会需求、学术界的理论发展还是在教学一线的实践都对深入研究课堂教学提出了更高的要求。从未来需求上可以判断，对课堂教学案例的分析和使用将会在相当长的一段时间内成为国际汉语教学研究关注的焦点。关注实际课堂教学，总结汉语课堂教学中有效的教学方法，并将之用于国际汉语教师的师资培训，将会培养出更多的优秀对外汉语教师，使他们在世界各国的汉语教学中更好地发挥语言教学与文化传播的作用。

三、研究思路与方法

（一）研究思路

要解决对外汉语教师师资培养的问题（职前教师入职后在课堂教学中无法达到"应用型"的要求）和在职教师对课堂教学的困惑（在培养"交际能力"的大目标下，如何有效地开展和组织课堂教学活动），就要找到支配课堂的关键。教师的课堂活动和"交际能力"都是在具体的言语交际过程中体现的，在课堂教学中，主要通过话语互动来实现。

通过分析可以发现，在第二语言课堂中，课堂话语互动主要表现为两个层面，一是作为课堂学习过程的话语互动，二是作为学习者学习结果而表现的话语互动。作为课堂学习过程的话语互动的目的是为了促进学习者的话语互动达到更好地质量标准。也就是说，第二语言课堂话语互动的目标是为了更有效地提高学习者的"交际能力"。正如朱晓申等学者在其著述中论述的那样"互动教学就是把教学活动看作是一动态发展着的教与学的统一的活动过程，在这个过程中，通过优化'教学互动'的方式，调节师生关系及相互作用，调节师生与其他媒体或教学工具的关系，形成师生、生生、生机互动以提高教学效果的一种教学模式"。因此，对课堂话语互动进行详细准确地描写非常必要。

对于第二语言的课堂话语互动，很多研究者都有论述，但是大多数的研究者的论述都是基于经验和观察，而不是基于具体的数据分析。本书希望能够通过翔实可靠的数据对对外汉语口语课堂的话语互动进行分析，因此在研究方法上除了深入课堂做观察和客观记录以外，还需要有观察和测量课堂话语的基本工具，这个工具可以测量课堂中的话语互动情况，如师生互动的时间、生生互动的时间、使用课本的时间、教师和学习者在课堂话语互动中的言语特点等等。在众多的量表中，笔者选择运用COLT（Communicative Orientation of Language Teaching）量表作为测量工具，主要是因为该量表既能够对课堂互动做有效观察，又能够在培养学习者交际能力这一目标下对课堂互动中的交际性特征进行考察。

本研究从师资培训和教师困惑这两个基本问题出发，找到解决问题的切入点——课堂话语互动，通过课堂观察和运用COLT量表测量得出数据，按照量表对课堂互动的划分,从课堂话语的事件特征(包括课堂活动类型、参与者组织形式、课堂话语内容、话语内容控制、学生话语模态、学习材料类型与来源)和师生言语互动(教师言语互动和学生言语互动)两个方面描写课堂话语互动的特点。另外,为了更加清晰地了解师生话语互动中语言特点,运用了会话分析理论,对师生话语互动的特殊话语形式(话语重复、话语修正、话语沉默和话轮转换)进行分析。然后再运用第二语言习得中有关交际性课堂和交际能力的标准对所研究的课堂进行评价、发现存在的问题,同时通过问卷调查法和访谈调查法对问题产生的原因进行分析,找到课堂中教师和学生促进、抑制和阻碍话语互动的行为的原因,并得出结论,最后针对问题及其产生的原因提出相应的教学策略,并对教师培养和师资培训给出具体建议。

具体如下图:

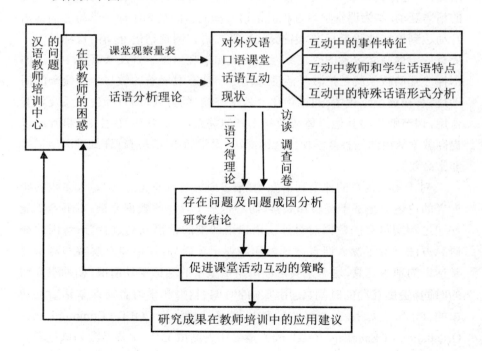

(二)研究方法

研究方法是"从事研究的计划、策略、手段、工具步骤以及过程的综合,是研究的思维方式、行为方式以及程序和准则的集合"。在社会科学研究领域，一直有"质的研究"和"量的研究"两种大的研究方法。一般来说，量的研究依靠数据统计、测量和计算发现事物或者行为之间的相互关系，而质的研究，按照陈向明的观点，主要是在自然情景中收集资料，强调对事物或者行为的整体性的分析，尤其重视对研究对象"行为和意义建构活动的解释性理解"。两种研究方法各有优势和不足，量的研究在大规模收集资料方面有明显优势，用数据证明结果，使结论的客观性强、有说服力；质的研究在对个体的深入细致研究方面有优势，通过追踪事物、行为或者内心的变化过程，获得对人、事物或者行为一个整体性的解释。因此，本研究试图将量的研究和质的研究结合起来，以量的研究为主，对教师和学生在课堂话语互动中的表现以及教师和学生对课堂互动的看法做大范围的调查；再辅以质的研究，深入挖掘几位相关教师对课堂话语互动的想法和课堂表现。

在质的研究中，本研究将主要采用个案研究的方法，所谓"个案研究"，是"对某一环境、一个对象、一组文献或一个具体时间的细致研究"。本研究中，课堂话语互动的中心是"课堂"这一特定的社会情境，小到教师、学生、教材，大至学校的教育环境、社会或者国际文化的背景，都可以对对外汉语的课堂产生影响，对于课堂话语互动的情况，如果进行大规模的描述可能只会获得一些基本的数据，但对于数据背后的原因无法做到深入的考查和分析，而个案研究的特点恰恰可以避免这个问题。通过对所选择个案深入细致的考察和分析，达到对个案的深刻理解，进而发现课堂话语互动的一般性的规律，找到对以后教学有启示价值的内容。

如果根据个案的选择分类的话，个案研究可以分为内在性个案研究和工具性个案研究两种。内在性个案研究主要是对个案本身感兴趣，希望了解所选个案的背景、特点和发展动态，并因此对其做全景式的考查和分析；工具性个案是通过该个案的研究，探索某种一般性的问题或者将结论推广到其他个案。按照这一分类，本研究所采用的个案属于工具性个案，既希望本研究的研究结论能够探索出课堂话语互动的一般性规律，也希望研究成果具有较高的推广价值。

不过，个案研究一般是对个别对象进行的非控制的观察，所提供的往往是整体性的材料。为了对所研究的个案有更准确、客观的描述，在个案研究中会根据需要采用其他方法搜集和研究对象相关的资料。因此，在本研究中还使用了文献法、问卷调查法、访谈调查法、会话分析法（话语分析法）、课堂观察法、比较法和实物分析法等。

1. 文献法

文献是记录了人类知识的各种资料,这些资料的载体是文字、符号、图表、视频、音频等。教育文献指的是用各种载体保存下来的记录各种教育研究的材料。文献法就是搜集、鉴别、整理、分析各种文献,从而了解事实,形成判断,探索现象的方法。"查阅文献的过程是总结过去相关研究工作的过程,它有助于建构研究的概念或理论框架,提出搜集与总结资料的方法,把握在研究中可能出现的差错等等。"因此,查阅文献往往是各种研究的第一步。

本研究主要以会话分析理论和第二语言习得的相关理论对课堂话语互动进行分析,因此,在整理和分析文献的时候格外关注已经发表在国内外报纸、期刊、学术网站上的相关研究,也对相关研究的专著和译著进行了阅读和分析,还包括和课堂教学相关的教材、工具书、相关会议的论文集以及在专业网站上能够搜集到的博士硕士的毕业论文。目的是寻找与问题相关的研究脉络和自己研究的起点。

2. 问卷调查法

问卷调查法便于大范围的搜集信息,实施起来简便经济,容易获得普遍性的数据。同时,因为不需要直接面对面的回答问题,被调查人可以更真实地反映自己的想法。

本研究中问卷调查法的使用主要是为了大范围地搜集教师和学生的对课堂互动现状的观点、态度和评价,了解他们的需求和困惑。

3. 访谈调查法

访谈法是"研究者通过口头谈话的方式从被研究者那里收集(或者说'建构')第一手资料的一种研究方法。"[16] 访谈法可以更详细、准确地了解研究所需要的细节,尤其是当研究者有不太清楚的问题的时候,可以用请求重复、追问等方法与对方沟通,能够准确把握信息。特别是在对于访谈过程中发现的新的和研究问题相关,而在研究设计中没有意识到的内容,可以及时了解和把握信息,在对受访者情绪的感知方面,访谈法具有明显优势。

本研究中访谈法的使用是在问卷调查之后进行的,主要是希望了解学生和教师对于课堂互动中的普遍性的意识或态度进行深入的了解。因此,本研究中的访谈主要是采用"半结构型访谈"(也称为"半开放型访谈")。

4. 会话分析法(话语分析法)

陈向明在《质的研究方法与社会科学研究》一书中引用了 Wolcott(1992)的一个图表,该图表对教育研究中常用的质的研究方法做了一个汇集，"会话分析"作为其中的一种被列入表内。其后，陈向明并没有对会话分析做更多论述，但是在按照范畴将质的研究方法进行分类的时候，其转引 Miller & Crabtree（1992）的图表中把研究范畴是交流或谈话的，归属为社会语言学的传统。会话分析方法"主要关注会话的序列结构，主要研究对象是社会行动者通过语言行为表现出的日常行为的社会组织"。会话分析方法是起源于社会学的分析方法，开始的时候只是用于对机构性的语篇进行分析，后来使用范围越来越广泛，逐渐被应用到有语言交际的各个场景和领域。

本研究中的课堂话语互动，"课堂"是一个社会性场域，"话语互动"是研究的核心概念，对课堂话语互动中的话题、模式、序列，以及话轮推进的兴趣也使得本研究自然地采用了会话分析方法。

5. 观察法

"教育中的观察法是指研究者通过感官或借助于一定的科学仪器，在自然环境下，有目的、有计划地考察和描述客观对象而获取其事实资料的一种方法。"问卷法和访谈法获得的信息是被研究者自我认识的结果，有的时候，被研究者的自我认识可能和实际的做法不一致，他们没有意识到，或者可能在访谈或者回答问卷的时候因为这样或者那样的原因回避了真正的问题，而观察法可以弥补这种的不足。

在本研究中，研究者进入课堂，对学生和教师在课堂上的表现做观察和记录，尤其注意观察师生的课前和课后交流以及师生在课堂上各自的表现，以便获得对所研究的课堂的话语互动的背景和更为全面的解释资料。

另外，为了获得更准确的数据，本研究还选用了当前研究课堂话语互动比较成熟的课堂观察量表（COLT 量表）对课堂话语互动情况进行记录并做了量化的分析。

6. 实物分析法

实物分析法主要是研究者从自己的角度解释自己看到的实物的方法。这里的实物"包括所有与研究问题有关的文字、图片、音像、物品等，可以是人工制作的东西，也可以是经过人加工过的自然物"。[19] 本研究中收集的实物包括被研究者的个人资料、图片、教材、课堂中使用的课件、反思日记、课堂录像和照片，等等。这些实物构成了课堂话语互动的潜在环境，成为促进或者阻碍课堂话语互动的隐性或者显性的因素之一，通过对这些实物的分析，更能够了解课堂话语互动的成因或者结果。

以上研究方法在本研究中会根据研究的需要被综合运用，其具体操作步骤、信度、效度以及研究的伦理问题在第三章"研究设计"中有更详细的论述。

四、研究意义

当前,对外汉语教学从课堂话语互动方面对课堂进行研究的文章和著述还不多,本研究的结论可以丰富对外汉语在课堂教学研究方面的理论,同时能够促进在课堂教学实践层面的具体操作。

(一)理论意义

1. 进一步诠释对外汉语课堂话语互动对学生语言交际能力培养的促进作用,加深教师对课堂话语互动的理解。发现对外汉语口语课堂话语互动的特征和互动方式,发现学习者的输入和语言输出特点,最大限度地为学生提供使用汉语进行交流的机会。

2. 揭示课堂上促进学生语言习得的一般规律,从理论上说明改进现有课堂评价方式的必要性。现有的课堂评价大多数是从教学目标是否合适、教学方法是否恰当、课堂气氛是否活跃的角度对教师的课堂教学进行评价,对学生的评价则大多数是从学生是否学习到语法点、词语的用法等方面,缺少从互动角度进行评价的标准。

3. 对有争议的问题进行理论探讨,运用实证的方式提出自己的研究结果。通过访谈了解教师和学生对课堂任务和活动的看法,探讨对外汉语口语课的教学是不是只有"任务",[8] 能够完成交际就可以,或者是不是只有活动就是好的课堂等比较有争议的问题。

4. 为开展针对汉语国际教师的课堂教学能力的培训课程及方式提供理论支持。对国际汉语教师的培训具有参考价值,弥补针对职前和在职国际汉语教师课堂教学的评估和培训在具体操作上过于宏观的问题,在细节上对具体操作的步骤和方法给予指导和建议。

5. 有助于推进针对对外汉语课堂"实然"层面的研究。已有的研究大多数是在"应然"层面的研究,也就是在理论层面讨论课堂应该是什么样子的、课堂的价值和意义等问题。本研究重点关注实际发生的课堂情境,对实际发生的课堂话语互动进行描写,探讨其问题和原因。

（二）实践意义

1. 引导教师正确评价自己及课堂教学,促进教师的自我反思。教师的自我反思是教师专业发展的方式之一,将课堂话语互动及其有效性等理念引入教师自我评价体系中,有助于加强教师课堂话语互动策略的思考与探讨,从而提高教师的专业水平,改进课堂教学。

2. 对教师引导学生积极参与课堂活动,为学生创造语言表达的课堂环境提供参考性建议。有关课堂话语互动的研究可以给出一些促进课堂话语互动的建议和方法,教师掌握了这些方法和技巧可以有效地促进课堂话语互动,增强话语互动的效果,改进课堂教学的质量,提高教师的课堂教学效率。

3. 为教师培训提供真实的课堂情境和语料,丰富对外汉语教师职业培训的内容。以往的培训大多集中在语音、词汇、语法、汉字等语言要素教学和口语、听力、写作和阅读等课型教学的原理、原则和方法等方面,缺少对课堂话语互动方面的关注和教学,而在实际教学中恰恰是教师和学生的话语互动类型和方式对学生的语言习得有着极为重要的促进作用。因此,需要予以重视。

注释：

［1］中华人民教育部．关于转发《汉语国际教育硕士专业学位研究生指导性培养方案》的通知．http://www.moe.gov.cn/srcsite/A22/moe_826/200712/t20071210_82702.html．

［2］佐藤学．钟启泉译．课程与教师［M］．北京：教育科学出版社，2003．

［3］Hymes, Dell. On Communicative Competence. In: Pride and Holmes J, Sociolinguistics[M]. Harmondsworth, UK: Penguin Books, 1972, 269293.

［4］《欧洲语言共同参考框架：教学、评估》(The Common European Framework of Reference for Language: Learning, Teaching, Assessment) 是欧洲 41 国家历时 41 年完成，于 2001 年由剑桥大学出版社正式出版发行的关于语言、教学和评估的整体指导方针和行动纲领，为全欧洲语言教学提供了一个统一的参考标准，也为汉语作为第二语言教学标准的制定提供了可借鉴的典范。

［5］《21 世纪外语学习标准》(Standards for Foreign Language Learning in 21 century) 是美国政府为适应全球化的需要，针对美国学生的外语能力制定的国家级课程标准，1966 年首次出版，1999 年再版。

［6］国家对外汉语教学小组领导办公室，1988—1990 年对外汉语教学科研课题指南［J］．世界汉语教学，1988,（2）:46．

［7］国家对外汉语教学小组领导办公室，1998—2000 年对外汉语教学科研课题指南［J］．世界汉语教学，1998,（2）:46．

［8］任务型教学法是最近谈论比较多的教学法流派，导致很多教师认为课堂教学只要有"任务"就可以了。

第一章 文献综述

一、概念的界定

（一）对外汉语与汉语国际教育

1. 对外汉语

这里的"对外汉语"指的是对外汉语教学。《中国大百科全书·语言文字》中将对外汉语教学看成是"对外国人的汉语教学"。这一名称因为简洁、符合汉语表达习惯，至今还在沿用，如1987年成立的"国家对外汉语领导小组"，很多大学设立的对外汉语专业。从使用的名称来看，"对外汉语"这个词实际上包含了多种意义：一是指对外汉语事业；二是指对外汉语工作；三是指对外汉语专业；四是指一个学科。本文是在第四种意义上使用这个词。

作为一个学科的名称，它曾引发过争议，很多学者认为"这个学科名称所指对象单一，不能涵盖所有的研究对象"；也有一些学者认为"它基本上体现了这个学科的性质和特点，在国外也产生了广泛的影响"，"应该把它固定下来"。

但是，最近几年，在学术研究领域，这一名称有逐渐被"汉语国际教育"取代的趋势。

2. 汉语国际教育

2004年后，国家汉办实施孔子学院计划，已有的师资远远不能满足外派的需要，为了培养更多的适合海外汉语教学的教师和志愿者，2007年5月31日，国务院学位委员会办公室下达文件批准国内25所大学开展汉语国际教育硕士专业学位教育试点工作。自2013年起，根据《教育部普通高等学

校本科专业目录 (2012 年)》和《普通高等学校本科专业设置管理规定》,原
"对外汉语""中国语言文化"和"中国学"合称为"汉语国际教育"专业。其
后,"汉语国际教育"开始指汉语作为第二语言教学的专业。很多大学开始逐
渐将原来的"对外汉语"专业改成"汉语国际教育"专业,也有的大学在硕士
学位中用这两个概念区分专业硕士和学术硕士,将对外汉语专业认定为学术
硕士,以培养学术型、研究型的人才为目标,而将汉语国际教育硕士认定为教
育硕士,以"培养具有熟练的汉语作为第二语言教学技能和良好的跨文化交
际能力,适应汉语国际推广工作,胜任多种教学任务的高层次、应用型、复合
型的专门人才"为主要目标。

对于"汉语国际教育"和"对外汉语教学"的区别,学者张旺熹的总结
很有代表性:"'汉语国际教育'更强调国际视野与国际背景,即把汉语教育
这件事情更多地放在学习者所在的母语环境中去做;而'对外汉语教学'更
多地从中国视角出发,把外国学习者招收到中国来进行汉语和文化教育"。另
外一个区别是"'汉语国际教育'更加重视'汉语和中华文化'的海外传播,
而不同于'对外汉语教学'更多地强调对外国人在中国这个目的语环境中的
汉语和中国文化的浸染与熏陶"。

本书使用"对外汉语"这一概念是从研究领域出发,因为研究所涉及的
教师和学生是在中国境内教学,录像也都是发生在国内,不涉及海外的汉语
教学,符合"对外汉语"这一概念最初的在中国语境下对外国人的汉语教学
的潜在含义。

(二)话语与语言

1. 话语

在人文社会学科中,"话语"这个词被用得多而广,社会学、人类学、文
化学等各个学科都使用这个词,可"要给'话语'这个词下一个简明扼要的
定义是很困难的,学者们在各种情境下使用这一词语,如:政治话语、文化话
语、中国话语、新启蒙话语等等。而在后结构主义批评家眼中,话语是"属于
'本质主义'的问题,是应该去避免、去抵制的"。因此本文的"话语"概念只
是局限于语言学对"话语"的研究和解释。

《现代汉语词典》(第 7 版;2016)对"话语"的解释是:"言语;说的
话。"《现代语言学词典》中将"话语"定义为:"一段句子连续的语言(特别
是口语)"和"话语"相对应的英语词汇是"discourse",在英汉词典中将其翻

译为"演讲、论述、著述",如《朗文当代英语词典》(第四版;2004)将其定义为"a serious speech or piece of writing on a particular subject"(关于某一主题的严肃发言或者文章)和"serious conversation or discussion between people"(人与人之间严肃的谈话或者讨论)。

从中英文词典定义中我们可以发现,中文词典对"话语"的解释更倾向具体地说出的话,而英文词典对"discourse"的解释更关注说话论述的过程。然而,词典里的定义只是一般意义的解释,远远不能概括其在所有领域的内涵和外延。即使是在语言学领域,对于"话语"到底是什么,不同的人也有不同的理解。Schiffrin 在其著作《话语分析方法》(Approaches to Discourse)[1]中总结了七种话语分析的方法后,得出结论,认为对"话语"的使用存在两种基本倾向:一种是从结构主义角度把话语看成是一种比句子大,比段落小的语言单位;另外一种是功能主义的视角,将话语看成语言的用法。

对中国国内语言学界来说,"话语"是一个舶来品,因此,对这个词的概念的界定比较少。大多数是对研究领域的翻译介绍或者解释应用。在翻译介绍的过程中,有人使用"话语"这个词,有人使用"语篇"这个词,造成这一现象的主要原因是:面对同一研究领域,美国学者习惯使用"discourse analysis",而欧洲学者喜欢用"text analysis",因而在翻译的时候,就有了"话语"(discourse)和"语篇"(text)的差异。不过,在诸多学者的论述中我们还可以看到这样一种倾向,就是把"话语"和"语篇"分开,用"语篇"指书面语言,是静态的;"话语"指的是说出来的语言,是动态的,是过程中的语言。同时,用"语篇"指"话语"和"语篇"。如:胡壮麟说"我倾向于以'语篇'统称两者,在使用场合确有特指的情况下才分说'话语'和'语篇'"。黄国文指出"很多人在讲到书面语时用 text(语篇)这一术语,在谈到口头语时则用 discourse(话语)"。而李月娥、范宏雅则说:"我们经常区分语篇和口头话语,换句话说,话语指的是交际活动,而语篇指的是非交际独白。"刘珣将话语定义为"在交际过程中一定语境下表示完整语义的自然语言,是由结构衔接、语义连贯、排列符合逻辑来表达某个主题的连续的句子所构成的语言整体。"

在已有的研究中,詹姆斯·保罗·吉关于"大话语"("big D"Discourses)和"小话语"("little d"discourse)的概念需要注意,他认为:"当小'话语'(使用中的语言)与非语言'材料'融为一体确定特定身份,开展特定活动时,就涉及大话语(Discourse)"。本研究中关于"话语"的使用更接近"大话语"的界定,即将课堂上发生的以语言形式为主要表现特征的各种交际形式都看成"课堂话语"。这主要是因为观察到的语言是在课堂语境下正在使用中的语言,这些语言与教师和学生的表情、手势、穿着、教具、价值观和态度等非语言因素紧密地结合在一起,共同完成了课堂互动。

2. 语言

《现代汉语词典》(第7版;2016)中对"语言"的解释是"①人类所特有的用来表达意思、交流思想的工具,是一种特殊的社会现象,由语音、词汇和语法构成一定的系统。②话语。"语言学中的"语言"与第一个释义基本相同,即:"人类交际系统,由有组织的语言系列(或其书面形式)构成,这些语音系列组成更大的单位,如语素、单词、句子、话语。一般用法也指非人类的交际系统,如蜜蜂'语言'、海豚'语言'"。

从以上两个定义可以看出,"语言"无论是在语言学意义上还是在日常使用中,都是指一套交际系统,因而是静态的。而《现代汉语词典》虽然也有"语言"是"话语"的解释,但是这里更多的是指说出来的话,也倾向于静态的含义。而我们使用的"话语"却更关注说话的过程。

以"教师语言"和"教师话语"为例,可以更清楚地说明"语言"和"话语"的区别。"教师语言是指教师在教书育人过程中所使用的语言的总称。"主要从语言学的角度出发,对教师语言在语音、词汇、句法和语篇层次上进行研究,是静态的研究。而"教师话语"更重视语言的动态发展过程,是从语言的行为和功能方面进行的研究。如,"话语结构""话轮与话轮转换""言语反馈"等等。

(三)课堂话语和话语互动

1. 课堂话语和第二语言课堂话语

随着话语分析的迅速发展,对自然发生的话语进行系统的定量和定性分析日益受到重视。课堂教学的研究也受到启发,开始运用话语分析的理论与方法对发生在课堂环境下的话语进行研究和分析。又因为语言在第二语言的课堂教学中的独特作用,研究和分析第二语言课堂中的话语具有格外重要的意义和价值。

有关课堂话语的研究是由辛克莱(J.Sinclair)等为首的伯明翰学派在话语分析研究的基础上开始的,他们对教师和学生的对话进行了深入细致的分析,对什么是课堂话语却没有给出明确的定义。从已有的文章中,我们可以推论出,大部分学者认为课堂话语是在课堂环境下,课堂所有参与者为实现特定的教育目标而使用的语言和相关的材料所展现的动态的语言活动。这符合本研究中"大话语"的界定。

课堂话语是课堂情境中使用的一种语言,它和生活话语不同。生活话语是出于生存、交往和沟通的需要而产生,只要有生活,生活话语就存在,而课堂话语只有在课堂环境下才会产生,其目的是满足教育的需要。因为课堂这一特殊情境以及课堂上教师和学生的特殊角色,课堂话语的形式和功能与其他场景中所使用的语言不同。可以说,课堂话语是生活话语的特殊类型,和生活话语相比,课堂话语有很多特殊性。以"现在几点了?"的问答为例。一般的生活话语模式是"A:现在几点了? B:十二点半。A:谢谢。"在这个模式中,说话人A问话的目的是想获得时间方面的信息,而B告诉A的是真实的时间信息,A的反馈是表示感谢。而在第二语言课堂话语中,其模式基本是这样的。"师:现在几点了?生:十二点半。师:非常好(或者'对了')。"教师的反馈是确认对错或者表扬。在这一模式中,教师问学生时间信息,并不是要真正知道现在真正的时间,而是要利用钟表教会学生看时间。在询问时间这一事件中,生活中的话语结构一般为:提问—回答—感谢,而第二语言课堂话语结构为:提问—回答—评价。这种不同主要是生活话语活动的目的一般都是为了交流和交际,而课堂话语活动的目的是为了达到知识的传授和教育的目的。

第二语言课堂话语与其他科目的课堂话语相比特殊性更多一些,在第二语言课堂教学中,课堂话语既是课堂学习和沟通的媒介也是教学的目标。仍以"现在几点了"为例,第二语言课堂中,在开始学习表达时间的时候,可能会出现前面教师和学生类似的话语形式,也可能会出现以下话语形式。"师:现在几点了?现在,现在,几点了,几点了。生:十二点三十分钟。师:对吗?再想一想,应该怎么说?"因为第二语言课堂中,课堂话语既是交流工具,也是教学目标,对于新出现的句型结构,教师可能会放慢语速,利用重复或者停顿等方式让学生听清楚问题,学生回答时说出的"十二点三十分钟",这种错误的话语形式不是由于学生对时间的认知水平不够,而是学生语言能力不足造成的。因此在第2语言课堂,针对时间表达这一教学目标是学会用汉语表达时间,大多数情况下,教学对象是已经有时间概念,并知道用自己的母语怎么表达时间的汉语学习者。

关于生活话语、课堂话语和第二语言课堂话语的关系,我们可以用图

1.1 来表示：

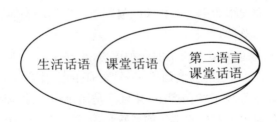

生活话语 课堂话语 第二语言课堂话语

图 1.1　生活话语、课堂话语和第二语言课堂话语的关系

2. 话语互动与课堂话语互动

"互动"在《现代汉语词典》（第 7 版；2016）中的释义为"相互作用，相互影响"。从而可知话语互动即是话语之间的相互作用和相互影响。它更强调话语的动态生成过程，包括话语交际双方或者几方的单项或者多项交流，也包括说话方式（可以指身体、语言和社会场景等）和话语潜在含义的意义协商。如果说话人说出的话没有被听话人听到，就没有话语互动。另外一种情况是说话人和听话人没有说出话，但是通过眼神或者肢体语言有了交流并做出了决定，也可以看成是话语互动。还有一种情况是说话人说出的话使听话人有了行动上的反应。如，一个人说："这个房间太冷了。"听话人没有说话，却走到窗户前关上了窗户。在话语互动中，信息的传递、理解、表达与反馈是其主要的特征。

本文关注的课堂话语互动指的是课堂上师生、生生之间信息交流时话语之间的相互作用和相互影响。它是课堂话语参与者（教师、学生）在课堂这一语境下围绕一定的教学内容参与课堂活动，是进行教学和学习的一个重要组成部分。

在第二语言课堂中，课堂话语互动主要表现为作为课堂学习过程的话语互动和作为学习者学习结果而表现的话语互动两个层面。作为课堂学习过程层面的课堂话语互动通过课堂本身的交际性特征来考察，作为课堂学习结果层面的课堂话语互动则是要通过对学生的语言交际能力来考察。COLT 量表是以课堂交际性特征为目标而设计的量表，共设有两个大的考察维度十三个考察项目（量表 A 部分"课堂事件"有活动类型、参与者组织形式、课堂话语内容、话语内容控制、学生话语模态、学习材料类型与来源等六个考察项目，B 部分"师生话语互动"有目的语使用、信息差、持续发言、对语言形式或者功能的重视、话语合并的方式、话语引发以及对使用语言形式的期待等七个考察项目）。学生的语言交际能力可以从《国际汉语能力标准》描述的口头理解能力和口头表达能力两个方面考察。口头理解能力"涵盖社交场合互动话语的理解，对指示性、说明性话语的理解，对各种信息类话语的理解"；口头表达能力"涵盖社交场合的互动性口头表达、口头给出指示、说明或要求，陈述与表达信息"。

（四）对外汉语口语课

对外汉语口语课在这里是指以训练口语交际能力为目标的课型，它和对外汉语综合课、阅读课、写作课和听力课并列，是对外汉语教学中的一门技能课。

这种按言语技能分课型的教学模式始于 20 世纪 70 年代，刚开始只分听说课和读写课两种课型。到 80 年代初，又把口语课作为一门单项技能训练课从听说课中分离出来，并同时制订了口语课的教学目标，到了 80 年代中期，在国内留学生人数比较多的各个学校普遍流行"综合课＋听力课＋口语课＋阅读课＋写作课"的课程设置模式。在以后的 30 多年里，这种教学模式在国内各种类型的基础汉语教学中一直占有主导地位。

目前比较一致的看法认为，口语课是专项技能课，其目的是培养学习者的口头交际能力，在实际课堂中主要以训练学习者口头表达能力为中心，围绕帮助学生提高"说"的能力来进行。但是只会"说"，却听不懂是不行的，所以在课堂训练中不可避免地会有"听"的训练，有的时候还要适当地加上读和写的训练。[2]

课程的设置与学习者的需求相关，也与教学环境和教学目标的设定密切相关。在国外，绝大多数的学校都是把汉语课程作为整个教育体系的一部分，与其他学科课程共同完成对人进行整体教育的目标。因而，汉语课程在课时数、内容、目标和教学理念上都与国内有明显的不同。另外，因为受到课程教学时数的限制，汉语课完全没有课型的分别。除了一些政府资助的汉语语言教学项目（如沉浸式语言课程）以及某一教学流派理念支持下的语言教学模式（如任务型教学法）以外，一般学校的汉语课程都是常规的语言课，即只开设以训练听说读写综合技能为目标的汉语课或者以培养交际能力为主要目标的汉语课，这类汉语课在教学目标和教学方式上与国内的综合课或者口语课相类似，彼此在教学的各个方面都可以相互借鉴。

二、研究现状

正如有关话语的研究不仅仅局限于语言学领域一样,有关课堂话语互动的研究,也不仅仅局限于第二语言教学,不管是在国外还是国内,关于这一内容的研究都更为广泛和深入。但本研究着重关注汉语课堂话语互动研究,因而,关于研究现状仅从国外和国内第二语言课堂话语互动研究以及国内外汉语课堂话语研究的角度进行考察。

(一)国外第二语言课堂话语互动研究

国外关于第二语言课堂的研究开始于20世纪50年代的教师培训领域。在这期间,由于心理学和教育学等基础学科的发展,各种教学法流派纷呈迭出,影响较大的,如:40年代产生于美国的"听说法",50年代产生于法国的"视听法"和60年代产生于美国的"认知法""团体语言学习法""默教法""全身反应法""暗示法"等。

不同的教学法流派的教学理念、教学目标、教学大纲、教学模式、教学原则、教学内容、教学过程、教学方法和技巧以及对教师教学和学生学习成果评估等方面均有诸多不同,有的甚至大相径庭,很多研究者希望能够比较出孰优孰劣,以便帮助受训教师确定有效的教学法用于教学实践,但是结果却让人大失所望。尤其是在有代表性的"听说法"和"认知法"哪个更好的争论和研究结束之后,越来越多的研究者认识到单纯的比较教学法是没有实际意义的。这主要是因为"虽然各教学法流派有很多差异,但是进入到实际的课堂操作环节,差异却并不明显"。因此,研究者开始关注课堂教学过程。这要体现在教师话语和课堂互动方面。教师话语从对课堂互动影响最大的教师提问、教师反馈、教师话语特征和教师纠错等方面进行研究。对课堂互动的研究主要是运用量表描述课堂互动的特点,同时不断开发课堂互动量表。

1. 关于教师话语的研究

Barnes,Long & Sato首先对教师提问进行了研究,Barnes(1969)[3]把教师提问分为事实性提问(actual questions)、推理性提问(reasoning questions)、开放性提问(open questions)和社交提问(social questions),Long & Sato(1983)[4]又进一步提出展示式问题和参考式问题。Brock(1986)[5]在其文章中讨论了课堂上教师不同的提问类型对学生产出话语的影响,指出参考性问题可以增加学习者在课堂上的语言输出，从而促进语言习得。在提问的时机上，Jackson，Tsui，Rowe 也分别提出了自己的看法。Jackson（1983）认为教师提问后存在等待时间的问题；Tsui（1995）则认为教师用哪一类问题提问要因事因人因时而定；Rowe（1974、1986）的研究结果则确认了教师提问后确实有 3～5 秒的等待时间。

在教师话语反馈方面，Nunan（1991）[6] 认为积极反馈可以增强学习者的学习动机，更有助于改进学习者的行为。

另一方面是 Long（1983），Long & Sato（1983），Chaundron，（1983），Allright（1984），Swain（1985）等人对教师语言的语音、词汇、句法等方面的特征进行了描述。认为教师为了使学习者的语言习得达到最佳效果，教师语言在语速、语调、停顿、轻重音和词汇、句法、语篇等使用方面都有调整。

随着研究的深入，研究者对课堂教学过程的研究越来越细化，对教师纠错方式的研究，对学生自我修正的研究等。研究还涉及课堂教学行为（Lyster & Ranta，1997；Luey & Lyster，1998；Anna，1999），教学方法对学习效果的影响（Spada，1957；Rasika，1992、1995），语言课堂教学活动的组织（Spada，1989；Patrieiaetal，2005；Yu，2006）等。

2. 关于课堂话语结构的研究

对于课堂话语互动的研究，最突出也最有代表性的是对课堂话语结构的分析。以 Sinclair 和 Coulchard[7] 为首的伯明翰大学学派对课堂教学结构进行了分析，发现在以教师为中心的课堂中普遍存在的 IRF（initiate—respond—feedback）三阶段话语结构，即教师引发—学生应答—教师反馈三个序列。这一模式通过对课堂话语语料的分析在以往对教师和学生行为分类考察体系之外另辟蹊径，让我们有机会从另外一个角度审视课堂教学中的语言。另外，他们还利用话语分析理论，将课堂话语模式分为课（Lesson）—课段（Transaction）—回合（Exchange）—话步（Move）—话目（Act）五阶层模式。其后，很多研究者对这一结构进行补充，发现更多的变化形式。

话轮转换也是影响课堂话语互动的另外一个重要因素。Coulthard（1977）发现教师对课堂话语具有绝对的控制权，话轮转换完全掌握在教师手中。Lorscher（1986）发现，课堂话轮转换的规律：教师指定发话人，学生话轮结束，教师重新掌握话语权；并且在课堂中，教师在大多数情况下都可以打断学生话轮，从而获得话轮。不过，也有研究者（Var Lier，1988）认为，课堂上学习者自我选择发话和竞争话语权的情况也是一种常见的现象。

关于学习者之间互动的研究是在"交际能力"这一概念提出之后,并随着交际法和任务型教学法的发展逐渐发展。研究者(Long,1985;Brown,1991;Crooks,1992)认为,学习者在小组活动中可以更多地使用语言,包含信息差的任务可以为学习者提供更多的意义协商和高质量语言输出的机会。但是也有研究者认为学生之间的话语互动的效果并不像想象的那么有效。如,Rulan(1986)通过调查发现小组活动中学生的话语和教师主导下学生使用的话语并没有太大差别。Plann(1977)认为小组活动中学习者不能及时发现语言形式的错误,会增加"语言僵化"(language fossilization)的机会。但是后期的研究越来越倾向小组活动、学习者之间互动对学习的促进作用。

3. 第二语言课堂话语互动研究工具的开发

有关课堂话语互动的分析开始于学科教学,弗兰德斯互动分析系统(Flanders' Interaction Analysis System)被广泛应用于世界各国的课堂教学分析中。这一分析系统经过修改后被用于对语言课堂话语互动的分析。而西方对于第二语言课堂教学的研究是由对教学法流派的比较脱胎而来,因此,很自然地运用了在教学法比较研究中的课堂观察和录音等实证的研究方法。在初期,量表是课堂教学研究的主要工具,研究者设计各种量表,借助量表对课堂中教师和学习者的活动进行描写,并最终形成量化的数据。其中应用最为广泛的是在 Flanders 课堂观察量表基础上形成的外语互动分析量表(Foreign Language Interaction Analysis,简称 Flint 量表)、FOCUS 量表(Foci for Observation Communications Used in Setting)和课堂教学交际倾向量表(Communicative Orientation of Language Teaching,简称 COLT 量表)。

(1)外语互动分析量表(Foreign Language Interaction Analysis,简称 Flint 量表)

这一量表是 Moskowitz 在 Flanders(1970)课堂观察量表(Flander's Interaction Analysis Categories)的基础上改编的。

Flanders 的互动分析方法是 20 世纪 70 年代研究课堂教学互动量表中最有代表性的。他把课堂教学中的语言互动行为分为教师的发言、学生的发言和沉寂或混乱三个类别。其中,教师的发言分为直接影响和间接影响,间接影响又分包容、赞赏和鼓励、认同和采纳学生的意见、提问四项内容,直接影响又分为讲授、指示、批评与权威的维护三项内容;在学生的发言中又分应答性发言和主导性发言两项内容;沉寂与混乱主要是指无效的发言。实际上是用三个类别十项内容来对课堂教学中教师和学生的互动行为进行观察。

利用这套编码系统，观察者只要每隔三秒根据课堂状况分别记录下相应的编码码号就可以得到一些数据。分析的时候，把按照编码系统得到数据的前后两项的接续关系量化，然后放到 10×10 的矩阵中进行分析，就可以了解课堂教学中教师和学生的发言情况。

Flint 量表的应用受 Flanders 量表的影响，在 20 世纪 70 年代，Flanders 量表被广泛应用于教学研究和教师教育中，但是，随着教育学家对课堂观念的转变，对这一分析方法的批判也逐渐增多。其主要原因是这一量表的观察分析范畴实际隐含着教师的发言是课堂教学的主导的假设，另外一个被人诟病的原因是这一量表所考查的互动缺少对意义的探索，尤其是把课堂的沉寂与混乱赋予"无效"的意义。因此，Flint 量表也逐渐被新的量表取代。

（2）FOCUS（Foci for Observation Communications Used in Setting）观察表

这一量表是 Fanselow（1977）编制的，主要用于教师培训和教学指导。其中，课堂内外的交际被看成一系列事件，如话语、声音、书写、评价、解释和其他一些诸如词语的意思、个人的情感和课堂程序等交际内容。

其主要关注 5 个方面的内容，包括交际者（教师、学生个体、小组、全班），交际目的（话语结构、话语邀请、回应问题、评价反馈），进行交际时使用的媒介（语言、非语言还是副语言），语言形式（提醒注意、描述、呈现、关联还是再呈现），交际内容（语言、生活、程序、话题）。这一量表被用于描述实时的课堂或者课堂录像，最大的价值就是提供了描述课堂教学中教与学活动特征的一个途径。

（3）交际法教学观察量表（Communicative Orientation of Language Teaching，简称 COLT 量表）

COLT 量表是 1984 年由 Patrick Allen、Maria Frohlich 和 Nina Spada[8] 提出的，被称为迄今"发展最为成熟"（Nunan，1992）[9] 的课堂观察量表。三位设计者在描述量表的目的时接受了第二语言课堂中有关"交际"的概念，他们参考了当时流行的交际能力的理论、交际法的文献和第一语言与第二语言习得的观点。观察的维度依据两个目标设计：一是捕捉第二语言课堂交际中有意义的话语互动；二是提供第二语言课堂话语和课堂外自然话语比较的方法。1995 年，Nina Spada、Maria Frohlich[10] 在其著述中又对 COLT 量表进行修改，并对量表的目标重新进行阐释，他们认为量表的设计主要出于三方面的考虑：一是扩大第二语言交际法的介绍和接受；二是满足促进教与学关系更多更好研究的需要；三是满足发展心理语言学对第二语言课堂观察维度的需要。

总的来说，COLT 量表是以交际性的原则为指导，结合有关第二语言习得理论、交际能力理论和交际教学法理论设计的针对课堂总体情况、教师话语互动与学生话语互动进行细致观察的一个非常有效的研究工具。

从已有的资料看，国外的第二语言课堂话语研究从一开始就是以丰富的实践和理论以及深厚的人文社会科学背景为基础的。在发展过程中，不断借鉴其他学科的研究成果，尤其是语言学、二语习得、认知心理学等学科理论的发展，为课堂话语研究提供了多样化的研究视角。同时，其他社会学科的研究方法也使课堂话语研究在研究方法上不断改进，使得研究结果更科学和全面。

（二）国内英语课堂话语互动研究

有关"话语"的研究首先是在语言学方面，如黄国文、王得杏[11]对英语的研究，徐赳赳[12]对汉语的研究等，在此之前，对第二语言课堂话语的研究大多数是对课堂语言的静态描写，集中研究"语言的艺术""语言的特点"等，绝大多数是经验式的介绍，实证研究很少。"话语"的概念被接受以后，基于英语课堂话语研究在国内第二语言课堂话语研究中最多，也最具代表性。其研究成果主要表现在以下几个方面。

1. 教师话语研究

赵晓红和王银全是国内研究第二语言课堂教师话语较早的学者。赵晓红（1998）[13]的《大学英语阅读课教师话语的调查与分析》将二语习得的理论应用于检验中国的外语教学实践，得出结果并提出改进建议。王银泉（1999）在其文章中提出教师话语对于语言学习者语言输出的重要性。周星、周韵（2002）[14]考察了"以学生为中心的主题教学模式"的课堂中，教师的话语量、提问方式、交互调整以及反馈方式等方面的特点。翁晓梅和于应机（2007）[15]、陈爽（2008）[16]、叶芳[17]（2012）等也分别从教师话语量、教师提问、课堂交互调整、教师话语反馈四个方面对大学英语课堂进行了调查和分析。虽然观察的课堂不同，但是所得结论基本一致，即，教师话语量远远多于学生话语量，教师扩展性提问能够促进学生话语输出，但是还教师用较少，当交流出现障碍时，教师会使用交互调整策略，教师反馈语比较简单等。除此之外,李晔[18](2004)还通过数据分析提出大学英语教师话语的某些形式上的特点由课堂的这个特殊的教学环境决定,并且认为教师话语在形式上的趋于过度简化的调整对学生的习得不利。刘艳芬[19](2008)则发现在课堂的不同阶段,采用不同的语言来引发师生之间的互动,教师和学生喜欢的语言有相同也有不同,但是在沉默和反馈阶段,教师喜欢的语言和学生喜欢的语言完全不一样。

随着研究的深入,研究者或者专注于教师话语的某一个方面做更细致深入的研究,或者运用某一个相关理论对教师话语进行阐释。如:《大学英语课堂交互中的教师反馈语研究》(黄静,2007)[20]讨论了简单认可、扩展、重述、意义协商、提示和明示纠错六种教师反馈语,并统计出它们从多到少的分布顺序。在调查问卷中看出学生最喜欢的反馈方式是重述和扩展。而《EFL 教师评价性话语的人际功能》(王晓云,2008)[21]用系统功能语言学理论对课堂教师评价性话语进行分析,指出权力关系和一致性关系是课堂互动中存在的两种主要的师生关系,阐述教师在对学生进行评价时可以通过对语气系统和情态系统的选择达到协商人际关系的目的。陈春丹(2012)[22]以系统功能理论中的对于话语中断的研究探讨英语课堂中的中断现象。朱琳(2014)[23]和戴力(2015)[24]分别从教师对课堂话语的态度入手进行分析,提出了恰当运用教师话语态度资源能够拉近师生之间的情感距离,构建良好的课堂氛围,激励学生学习,进而提高学生语言能力。蔡敏(2009)[25]从语言人际功能角度对大学英语教师的课堂话语的言语功能、情态系统以及评价体系进行研究,认为教师在课堂话语选择中要注意保持话语表达的多样性和话语适中的情态值及情态职责,谨慎使用高值情态表达,同时也要保持话语评价中适中的态度表达和介入的扩展性。其后,席红梅、吴杨(2011)[26]也从人际功能的角度对英语教师的课堂话语进行了分析。《大学英语课堂的多模态话语分析》(王春辉,2013)运用多模态话语分析理论,采用实验的方法得出结论,认为教师应该提高多模态授课意识,要通过良好地协调各个模态或同一模态中不同符号之间的关系提高教学质量。《大学英语教师课堂话语研究》(韩美峒,2008),通过课堂观察,采用 Selfevaluation of teacher talk 从课堂话语的话语特点、话语方式、教师话语与真实话语的比例以及课堂掌控四个方面进行了分析。李梓维(2013)[27]等借鉴 Sinclair 和 Coulthard 课堂话语结构分析理论分析了教师话语的特点。罗贵(2014)[28]用社会文化理论来分析课堂话语,认为 IRE 和 IRF 模式是外语课堂教师与学生互动的主要话语模式；另外，除了课堂内的师生因素以外，课堂外的社会文化因素也是影响外语课堂话语互动的重要因素之一。

对中学英语课堂的教师话语研究要比大，晚一些，研究成果集中在 2005 年以后，整体上呈现出由传统的对课堂教师语言的研究向教师话语研究过渡的特点。如，《中学英语课堂中教师话语研究》（魏华亭，2008）从教师、学生、评价、反馈等角度来分析中学英语教师话语现状，并针对发现的问题提出了相应的策略。《初中优秀英语教师课堂话语特征研究》（卞贵海，2008）运用观察、记录和文本转换等方法对教师课堂导入、讲授、组织和评价话语进行了研究。叶琴[29]（2008）指出高职英语教师课堂话语具有话语修复率高、反馈语不够委婉、话语分布比重大及话语效果有限等现状。

魏德（2010）[30]选取高中英语课堂教学话语作为研究对象，从教师话语量、母语使用、教师问题和反馈类型等方面进行了调查研究，找到存在的问题，并给出改进策略。姜海涛（2010）在其论文《高中英语课堂教师话语与学生语言习得的关联性研究》中提出研究教师话语功能的多，研究学生语言习得的少，试图对教师话语与学生语言习得之间的关系做了实验研究。通过一系列的数据说明"在教学中增强对教师话语的敏感性，有意识地对教师话语的数量、质量等进行控制有助于促进英语教学，对学生的语言输入、输出和交互调整都有着积极的促进作用。"[14]

王飞（2010）[31]运用 Transcriber 软件和语料库软件 AntConc 转写和分析了四位县城高中英语教师的四个单元授课时间，发现教师话语的英语语速较慢，平均每分钟 62 个词；形符和类符之比是 0.14，远低于以前的实证研究；课堂提问多用展示性问题；教师话语量明显高于学生；教师在课堂用的英汉语言比例为 39% 和 68%，汉语明显高于英语等特征。马兰慧（2011）[32]通过实证的分析和比较认为当前的英语教学和传统的英语教学相比，教师在话语量的控制、课堂提问的形式和学生的话语类型等方面已经有了很大的改进，而且在话语标记使用类型方面也呈现出多样性的特点。宋燕（2011）[33]从实习教师话语的语言特征和互动特征两大方面进行了分析。《关联理论视角下的中学英语教师话语标记的使用研究》（朱兰，2010）[34]运用语言学中的关联理论分析了中学英语教师使用话语标记语的分布情况、使用频率和特征，认为教师使用话语标记语简单有限，另外论文还通过调查数据说明话语标记语对学生理解有积极作用。师丽娟（2014）[35]研究教师课堂话语的复杂度，提出教师的教育背景是影响教师课堂话语复杂度的主要因素。陈宇

（2016）[36] 运用建构主义理论和维果斯基的"最近发展区"理论分析高中英语教师在课堂教学中搭建"支架"的过程以及"支架"在学生英语提高过程中的作用，并提出建议。

另外，还出现了针对不同教师课堂话语的比较研究。解芳（2011）[37] 运用话语分析理论从话轮转换、教师提问、互动调整和教师反馈等方面比较了专家型教师和新手教师的不同。程志琳（2012）[38] 则比较了实习教师和实习指导教师在课堂话语方面的差别。黄蕾蕾（2013）[39] 运用课堂观察、教学录像、访谈、弗兰德斯课堂互动分析量表等分析方法，从课堂语言结构、稳定状态区比率、内容十字区比率、课堂提问和语言教学风格等五方面分析了一位专家型教师和一位新手教师的课堂话语特点，得出专家型教师在话语互动能力方面的确比新手教师强的结论，并由此对新手教师课堂话语互动方式提出了一些建议。容向红（2015）[40] 对一名外籍教师和一名中国教师在话语量、提问方式、教师反馈以及会话结构四方面进行了比较。

2. 话语结构

有关话语结构的研究要早于教师话语的研究。吴宗杰《外语课堂交流的话轮分析》[41] 和《外语课堂话轮类型分析》[42] 是早期研究外语课堂话语互动价值比较高的文章。其后，陆续有许多学者对这一问题进行了研究。孙启耀、伊英莉 (2002)[43] 主要探讨话轮在大学英语课堂的表现形式、课堂会话的参与类型和起始与反馈话轮的特点。张道振 (2004)[44] 以一个口语课四人会话活动为个案分析了在小组活动中话语量大且表达时间长的学生和话语量小表达时间少的学生在抢接话轮时的话语标记的使用和话语特点。范炳凯（2008）[45] 运用 Flanders 课堂互动分析量表对一节高二英语课的互动模式进行了分析，得出结论，认为这节课的师生互动模式单一，教师掌控课堂，没有真正的思想交流。宁传凤 (2009)[46] 采用定性和定量相结合的研究方法对英语教育和英语翻译专业的学生的小组活动从话轮推动策略、掌控话题、意义协商等方面探讨小组互动的交流模式，发现在小组活动中话语类型倾向于日常话语类型，学生能够利用话轮策略维持小组互动，也能够在交流受阻时相应地调整策略，在话语结构上，问答形式比其他形式出现的次数更多。马美兰 (2010)[47] 通过运用会话分析理论中的话轮转换原则对一节大学英语课堂的话轮转换特点进行了分析，发现大学英语课堂话轮转换是在教师的控制下有序进行的，教师拥有课堂话语权，学生以自选方式介入课堂谈话的比率为88%，并且在话轮转换过程中有冷场或停顿现象。

还有一些论文依据会话分析理论对课堂会话的话语模式、话语修正、话语沉默、打断等现象进行了分析。《大学英语课堂话语研究》（蒋晓青，2005）[48]借鉴 Sinclair 和 Coulthard 的课堂话语分析理论以及 Nina Spada，Maria Frohlich 和 Patrick Allen 的 COLT 量表对三个一年级非英语专业本科班的精读课进行了分析，描述了大学英语教学中的话语模式和特点。《大学英语课堂话语分析》（于卫华，2006）[49]借鉴 Sinclair 和 Coulthard 的课堂话语分析模式，Chaudron 和 Nunan 的问题类型分类法和 Chaudron 的言语修饰分类法等理论，阐释了英语课堂师生话语模式，教师问题类型、教师的修饰和反馈方式等问题。《大学英语课堂沉默现象的解析与对策》（王健、张静，2008）[50]运用 Schegloff，Jefferson 和 Sacks 的会话分析方法，对修正现象进行分析，辨别出中国大学英语课堂教师和学生交际中出现的五类修正方式，解释课堂修正的结构特点。《会话打断目的功能观对课堂教学的启示——以传递—接受式课堂教学为例》（宋艳玲，2012）[51]试图通过对各种形式会话打断目的与功能的分析，找到以提高教学效率为目的的打断的最佳形式。

还有一些文章从互动角度对课堂话语做了比较全面的分析，考察课堂教学中存在的问题。如，《从互动角度分析课堂英语会话》（鲁艳芳，2004）[52]认为将师生行为分别看待容易忽略交际意图和课堂全过程，提出在一定意义协商策略的作用下通过对话轮转换技巧的使用，能够最大限度地实现课堂的互动交流。《大学英语精读课堂话语分析》（王新英，2009）[53]从话轮转换、教师反馈、意义协商、课堂使用语言等方面对英语专业高级英语精读课程的课堂教学进行了分析，发现了制约外语课堂互动的因素，如学生被动接受、大量教师独白存在，汉语表达比重过大，等等。《基于社会文化理论的外语课堂师生话语互动研究》（罗荣，2014）[54]研究了外语课堂教师与学生互动的两种主要话语模式 IRE 和 IRF 的特点及功能，探讨了其影响因素，特别是社会文化因素对话语模式的影响。

这些研究与教师话语研究不同点在于其开始关注学生话语在课堂教学中的作用，对于课堂话语模式、话语结构和一些特殊的课堂话语现象进行了比较细致深入的分析和探讨。

（三）对外汉语教学领域的研究

国内对外汉语课堂在建立之初就非常重视学生的开口率，提出"精讲多练"的原则。也就是说要重视课堂中学生话语的输出，但是此原则的提出是经验式的研究，并没有理论支持，也没有经过检验。关于学生开口率在课堂中应该是多少没有具体的说明，"精讲多练"中"讲""练"的比例各是多少也缺少数据统计分析下的支持。有关课堂话语的研究更是起步晚，研究成果相对较少。

1. 教师话语

《汉语教师课堂语言输入特点分析》（卜佳辉，2000）[55]主要通过新手教师和专家型教师（该文用有丰富经验教师与无经验教师）课堂输入性语言的对比分析，探讨教师有助于促进汉语学习者语言发展的课堂输入性语言的特点，目的是寻找到更好的语言输入方式，增强对语言运用的有意识的控制，更大程度发挥教学语言的效用，提高教学效率。该研究没有严格区分课堂语言和课堂话语的概念，因而，在研究中既有静态方面的考量（如语速、词汇使用、句类等），也有动态方面的分析（如 tunit、师生话语特点等）。《初级对外汉语口语课交互活动中的教师话语调查与分析》（王招玲，2009）[56]通过问卷调查、访谈和随堂观察录音等多种形式，对有经验的教师和缺乏经验教师在话语量、话语形式功能以及教师提问、交互调整（也叫意义协商）、反馈等方面的异同进行定量和定性分析，进而讨论教师话语中的哪些话语能够促进课堂交互活动。其中，比较有特点的是在访谈中加入了教师对自己课堂话语的反思。郭睿（2014）[57]在《初级汉语综合课教师话语的个案研究》中，通过对两位获得校级奖项的汉语教学综合课教师的课堂话语的分析，认为两位教师在话语量、话语构成、话语模式、提问与反馈等方面有很多有利于促进学生第二语言习得的优点。对于教师课堂话语比较系统而全面的研究是《对外汉语教师课堂话语研究》（2014）[58]一书，该书分别从教学环节和话语功能两个方面阐述了对外汉语教师课堂话语的特点，但是相关教学建议不多。随着研究的深入，又出现了针对教师某一特定形式话语的研究，如，赵炜（2016）[59]的《对外汉语教师课堂话语中的形成性评测》利用形成性评测理论和话语分析方法分析了对外汉语有经验教师和新手教师话语层面的形成性评测各自不同的特点。

2. 课堂话语结构模式

豆丽玲（2009）[60]的研究在辛克莱、库尔特哈德的课堂话语分析模式的基础上通过对 8 位研究生教师和 4 位优秀专职教师的课堂教学录像的分析和课堂观察，得出结论；认为课堂话语模式有教师提问学生、学生提问教师和学生提问学生三种情况，然后对每种情况下的话语模式进行细致分析,并在最后针对会话模式中发现的比较突出的问题,提出相应的教学策略。关春芳(2013)[61]对对外汉语课堂中的教师话语特点进行了描述。黎贞(2015)[62]对教师课堂教学中的重复性话语进行了研究。吴锐洪(2014)[63]对留学生在课堂上的话语修正现象进行了研究。彭芃(2015)[64]对对外汉语初级阶段口语课教师自我修正话语进行了分析。

随着汉语教学和研究理论的深入发展,针对专门项目或者特殊教学对象的课堂话语研究也越来越多。亓华、李雯(2011)[65]运用社会学的互动理论,采用弗兰·德斯互动分析量表,对"普北班"(普林斯顿大学与北京师范大学联办的暑期汉语培训班)的汉语课堂话语互动模式进行了详细地分析,认为师生之间、生生之间的多样化和高密度的话语互动是其最成功之处,因而,国内外汉语培训以及汉语教师培训可以广泛借鉴、参考这一教学模式。王敏(2012)[66]通过对韩国班和欧美班两个平行班的初级汉语精读课的调查和分析,发现韩国班和欧美班因为教学对象不同,在课堂中教师的语速、话语量、反馈、提问以及目的语的使用都有不同,进而得出这两个班不同偏重的教学模式。

3. 会话结构意识

会话意识主要要解决如何培养汉语学习者汉语会话能力。宋晓(2008)[67]在论文中运用会话分析理论中的会话开头、会话结尾和毗邻对子等理论,分析了留学生课堂使用的会话体教材和外国学生课堂会话的语料,发现留学生交流中出现的问题与原因,进而从提高会话意识的角度提出相应的对策,以帮助汉语学习者提高汉语会话能力。该论文没有注意到外国留学生的课堂会话是特殊语境的会话,与实际生活会话有很大不同,这在某种程度上影响了该研究的信度和效度,但是从会话意识方面提高留学生会话质量的研究很有意义。

4. 课堂互动

传统意义上的课堂互动研究主要包括话轮分析、话题分析及任务分析三个方面。在对外汉语教学领域,主要是针对不同教学对象的课堂话语互动的分析。《对外汉语课堂教学有效教学行为研究——基于教师和学生的双向视角》(汤丽娜,2009)[68]的研究方法和工具都与师生互动行为有关,着重从教师和学生两个方面进行调查和访谈,总结和归纳有效互动行为的特质和理论基础。《HBA中高级班汉语课堂教学策略及话语互动分析》(孟立新,2009)[69]运用COLT量表对5个学时的课堂录音资料进行了统计和分析,从课堂活动、话语内容、互动形式和教师提问等几个方面总结了 HBA（哈佛北京书院）项目中的中高级大班课和小班课的课堂教学特点，最后从教学设计、教材编写等方面提出了建议。HBA 项目课堂是基于"听说法"的课堂，课堂教学设计、大纲和教学原则都与常规课堂不同，其与其他基于项目的研究的结论具有共同点，就是带有项目本身的个性特点和考查的课堂数量少等问题。张海涛（2012）[70] 从师生互动言语的整体结构、话轮衔接、句式和词汇使用情况等方面阐述对外汉语课堂师生互动言语的特点。许雅婷（2014）[71] 利用 COLT 量表对一节针对菲律宾七年级学生的读写课进行了分析，总结优点与不足，并给出一些建议。肖潇（2014）[72] 探讨了教师课堂话语的句式类型与建立学生良好互动关系之间的联系。

5. 课堂话语标记语

有关课堂话语标记语的研究主要集中在教师课堂话语标记语、学生课堂话语标记语及习得等方面的研究。基于教材的研究多，而基于课堂的研究比较少，主要有以下一些研究成果：

庞恋蕴（2011）[73] 采用定性和定量的研究方法对高级阶段汉语学习者的话语标记语的习得顺序、使用特点和习得情况进行了分析，进而对教材编写和课堂教学提出了自己的建议。闫谨（2013）[74] 运用语用关联理论和会话理论对话语标记语的类型进行了界定，同时也对中高级汉语学习者话语标记语掌握运用程度进行了调查，指出学习者话语标记语的误用与母语负迁移和语码转换规则的过度泛化有关。贺微微（2013）[75] 分析了教师和学生话语标记语的使用和功能，探讨教师话语标记语和学生汉语习得的关系以及学生习得话语标记语的过程。王玥（2013）[76] 通过对汉语口语教材中话语标记语的分类和中高级汉语学习者使用话语标记语情况的分析，从课堂教学角度提出强化话语标记语知识点的练习、解释话语标记语相关背景知识、拓展教学方法、尽量还原真实语言环境等策略。

姜有顺（2013）[77] 通过对汉语国际教育硕士生与熟手汉语教师的课堂教学的比较，发现汉语国际教育硕士生有课堂话语标记语赘言的现象，并指出强烈的话语标记意识和身份焦虑是产生话语标记语赘言的主要原因。吴丽君、钱茜（2014）[78] 以"啊""好""那／那个"为例分析了对外汉语课堂教师话语标记语的语用特征。施仁娟（2015）[79] 对对外汉语教师课堂话语标记语的使用情况进行了研究，认为教师课堂话语中语篇功能的话语标记语多于人际功能话语标记语，而且随着学生汉语水平的提高，同一功能话语标记语的数量也增多。另外，作者通过访谈发现教师话语标记语意识缺失或者不足造成了个别话语标记语缺失，而相应地个别话语标记语过度使用等现象。

6. 有关研究工具的研究

国内关注对外汉语课堂教学量化工具设计的不多，就目前搜集到的资料来看，只有以高立群、孙慧莉为主要成员的研究。该研究首先是高立群和孙慧莉（2007）[80] 共同发表《对外汉语课堂教学量化工具的设计构想》一文，文章对 COLT 量表、互动交际分析模式话语以及 Tunit 平均句长分析法进行了分析，并在此基础上设计了《对外汉语课堂观察量表》。接着孙慧莉（2008）[81] 又发表了《作为第二语言教学课堂观察工具的 COLT 量表研究》，专门对 COLT 量表的优缺点进行评析，目的是对研究对外汉语课堂观察量表做一些基础工作。其后高立群指导的学生沙茜（2009）[82] 写了硕士论文《对外汉语课堂观察表的设计和实证研究》，该论文基于 COLT 量表、IRF 话语分析模式以及 Tunit 平均句长分析法，设计了一个对外汉语课堂观察表。为了检验这一观察量表的信度和效度，研究者还设计了两个实验，并根据实验结果完善了量表。

总的来说，从已有的研究成果看，有关教师课堂话语的研究最多，而且越来越细致，从最初的教师话语特点的研究逐渐深入细化到教师反馈语、提问语、重复性话语和话语修正等多个方面的研究。另外，对课堂中师生课堂互动模式、课堂话语类型的研究也比较多，对外汉语专业领域的研究者似乎更关注各种不同的语言培训项目在课堂互动方面的特征，基于项目的课堂互动研究比较多。在文献阅读过程中，笔者还发现，对外汉语教学对学生话语的关注似乎比英语教学对学生话语的关注要多一些。

整体来看，目前国内外有关课堂话语的研究主要集中在教师话语和课堂话语互动两个方面。虽然从课堂话语的构成要素来看，学生话语也应该是其中一个很重要的研究对象，但是就目前掌握的资料而言，对课堂中学生话语的研究可以说几乎没有。这应该和课堂中学生话语语料难以搜集，其影响因素多而复杂有直接关系。在研究内容、研究对象、研究方法上，国内无论是英语教学界还是汉语教学界都是发展有余，而创新不足。但是可以预料在未来的发展中，针对课堂话语的研究，一方面会继续延续实证的传统，另一方面也会从语言学、社会学、认知心理学等多角度做更具体深入的质的考察，而在研究方法上，将量的研究与质的研究结合是一种很明显的趋势。

注释：

[1]Deborah Schiffrin. Approaches to Discourse:Language as a Social Interaction[M]. Hoboken: WileyBlackwell, 1994.

[2] 蔡整莹. 汉语口语课教学法 [M]. 北京：北京语言大学出版社，2009. 1.

[3]Barnes, D. Language in the secondary Classroom[J]. In D. Barnes el al.(eds.) Language,the Learner and the School[C]. Harmondsworth: Penguin.1969.

[4]M. Long, C.Sato.classroom foreigner talk discourse:Form and Function Teachers'Question[M]s. In H.Selinger M.Long(eds.) Classroom oriented Re—search in Second Language Acquisition[C]. Rowley,Mass:Newburyuse.1983.

[5] C.Brock.The effect of referential questions on ESL classroom discourse[J]. TESOL Quarterly. 1986, 20（1）.

[6]D. Nunan. Language Teaching Methodology: A Textbook for Teachers[M]. Englewood Cliffs, NJ:Prentice Hall Inc. 1991.

[7]J.Sinclair & M.Coulthard. Towards an Analysis of Discourse[M]. Oxford:Oxford University Press, 1975.

[8] Allen，P. J.，Maria Frohlich,Nina Spada，The Communicative Orientation of Second Language Teaching[J]. In J.Handscombe，R.Orem，& B.Taylor(Eds.)[C].On TESOL'83：The question of control. Washington DC：TESOL.1984，231-252.

[9]D. Nunan. Research methods in language learning[M]. Cambridge: Cambridge University Press. 1992.

[10]N. Spada, M.Frohlich. Communicative Orientation of Language Teaching Observation Scheme:Coding Conventions and Applications[M]. Sydney: NCELTR Macquarie University. 1995.

[11] 王得杏. 英语话语分析与跨文化交际 [M]. 北京：北京语言文化大学出版社，1998.

[12] 徐赳赳. 话语分析二十年 [J]. 外语教学与研究,1995,(1):14-20.

[13] 赵晓红. 大学英语阅读课教师话语的调查与分析 [J]. 外语界,1998,(2):17-22.

[14] 周星、周韵. 大学英语课堂教师话语的调查和分析 [J]. 外语教学与研究，2002，(1)：59-63.

[15] 翁晓梅，于应机. 大学英语口语课堂互动中教师话语的调查与分析 [J]. 宁波工程学院学报，2007，(9)：124-126.

[16] 陈爽. 大学英语精读课堂教师话语的调查与分析 [J]. 中国校外教育杂志，2008，(8)：264-265.

[17] 叶芳. 二语习得视角下的大学英语课堂教师话语分析 [D]. 南京：南京师范大学，2013.

[18] 李晔. 大学英语课堂教师话语特点分析 [D]. 长春：吉林大学，2004.

[19] 刘艳芬. 大学英语互动中的教师语言研究 [D]. 哈尔滨：哈尔滨工业大学. 2008.

[20] 黄静. 大学英语课堂交互中的教师反馈语研究 [D]. 长沙：中南大学. 2007.

[21] 王晓云. EFL 教师评价性话语的人际功能 [D]. 南昌：江西师范大学. 2008.

[22] 陈春丹. 非英语专业大学英语课堂中话语中断现象的系统功能分析 [D]. 重庆：西南大学. 2012.

[23] 朱琳. 大学英语教师的课堂话语的态度分析 [D]. 杭州：浙江大学，2014.

[24] 戴力. 高校优秀英语教师课堂话语的态度分析 [J]. 科学视界. 2015，(6)：37-38.

[25] 蔡敏. 从语言人际功能角度看大学英语教师课堂话语的选择 [J]. 广西教育学院学报，2009，(6)：142-145.

[26] 席红梅，吴杨. 基于人际功能理论的英语教师课堂话语分析 [J]. 牡丹江师范学院学报（哲社版）. 2011，(3)：112-113.

[27] 李梓维. 大学英语课堂话语互动分析 [D]. 长沙：中南大学. 2013.

[28] 罗荣. 基于社会文化理论的外语课堂师生话语互动探究 [J]. 当代教育理论与实践，2014，(10)：104-106.

[29] 叶琴. 高职英语教师课堂话语现状分析 [J]. 哈尔滨职业技术学院学报，2008，(4)：15-16.

[30] 魏德. 高中英语教师课堂话语个案研究 [D]. 延吉：延边大

学，2010.

[31] 王飞. 东北县城高中英语教师课堂话语输入特征分析 [D]. 长春：东北师范大学，2010.

[32] 马兰慧. 高中英语教师话语分析 [D]. 济宁：曲阜师范大学，2011.

[33] 宋燕. 基于实证研究的高中英语实习教师课堂话语特征分析 [D]. 南京：南京师范大学，2011.

[34] 朱兰. 关联理论视角下的中学英语教师话语标记的使用研究 [D]. 长春：东北师范大学，2010.

[35] 师丽娟. 高中英语教师课堂话语的复杂度现状调查与分析 [D]. 济南：山东师范大学，2014.

[36] 陈宇. 高中英语教师课堂话语的"支架"作用分析 [D]. 济宁：曲阜师范大学，2016.

[37] 解芳. 从互动分析角度分析英语课堂专家型教师和新手教师课堂话语特征 [D]：硕士学位论文. 呼和浩特：内蒙古师范大学.2011.

[38] 程志琳. 实习教师和实习指导教师外语课堂话语对比分析 [D]. 兰州：西北师范大学，2012.

[39] 黄蕾蕾. 专家型教师和新手型教师的高中英语阅读课堂话语的互动性比较分析 [D]. 金华：浙江师范大学，2013.

[40] 容向红. 外籍教师与中国教师课堂话语的比较研究 [J]. 延安职业技术学院学报，2015，(4)：71-72.

[41] 吴宗杰. 外语课堂交流的话轮分析 [J]. 浙江师范大学学报，1992，(1)：70-74.

[42] 吴宗杰. 外语课堂话轮类型分析 [J]. 外语教学与研究，1994，(2)：1-6.

[43] 孙启耀、伊英莉. 话轮分析与外语课堂的参与形式 [J]. 继续教育研究，2002，(3)：48-50.

[44] 张道振. 话轮替换在口语课堂小组活动中的应用 [J]. 广西教育学院学报，2004，(3)：67-69.

[45] 范炳凯. 高中英语课堂话语互动分析 [D]. 杭州：浙江大学.2008.

[46] 宁传凤. 话轮转换视角下英语专业学习者之间小组互动的研究 [D]. 广西：广西师范大学.2009.

[47] 马美兰．大学英语课堂师生话语量与课堂互动的调查与分析 [J]．南昌教育学院学报，2010，(8)：126-127.

[48] 蒋晓青．大学英语课堂话语研究 [D]．青岛：中国海洋大学．2005.

[49] 于卫华．大学英语课堂话语分析 [D]．青岛：中国海洋大学．2006.

[50] 王健，张静．大学英语课堂沉默现象的解析与对策 [J]．中国大学教学，2008，(1)：81-84.

[51] 宋艳玲．会话打断目的功能观对课堂教学的启示——以传递—接受式课堂教学为例 [J]．黑龙江教育学院学报，2012，(3)：165-167.

[52] 鲁艳芳．从互动角度分析课堂英语会话 [D]．青岛：中国海洋大学．2004.

[53] 王新英．大学英语精读课堂话语分析 [D]．济南：山东师范大学．2009.

[54] 罗荣．基于社会文化理论的外语课堂师生话语互动研究 [J]．当代教育理论与实践，2014，(10)：104-106.

[55] 卜佳辉．汉语教师课堂语言输入特点分析 [D]．北京：北京语言大学．2000.

[56] 王招玲．初级对外汉语口语课交互活动中的教师话语调查与分析 [D]．厦门：厦门大学．2009.

[57] 郭睿．初级汉语综合课教师话语的个案研究——基于两位汉语教师课堂话语语料的分析 [J]．华文教学与研究，2014，(9)：27-35.

[58] 吴丽君．对外汉语教师课堂话语研究 [M]．北京：世界图书出版社，2014.

[59] 赵炜．对外汉语教师课堂话语中的形成性评测 [J]．语言教学与研究，2016，(5)：1-10.

[60] 豆丽玲．对外汉语口语课堂话语结构模式研究 [D]．北京：北京语言大学，2009.

[61] 关春芳．基于对外汉语课堂的教师话语研究 [J]．现代语文，2013，(11)：81-83.

[62] 黎贞．浅谈对外汉语课堂中的教师话语重复 [J]．科学导报，2015，(3)：77-79.

[63] 吴锐洪．对外汉语课堂修正现象研究 [D]．武汉：华中师范大学，2014.

[64] 彭芃 . 对外汉语初级口语课教师自我修正分析 [J]. 现代交际，2015，（11）：182-183.

[65] 亓华，李雯 . 中美联办普北班中、高年级课堂话语互动模式研究 [J]. 北京师范大学学报（社会科学版），2009，（6）.

[66] 王敏 . 对外汉语初级精读课教师课堂话语调查及策略——韩国班与欧美班的比较分析 [J]. 淮北师范大学学报，2012，（2）:119-121.

[67] 宋晓 . 对外汉语教学中的会话结构意识研究 [D]. 济南:山东大学，2008.

[68] 汤丽娜 . 对外汉语课堂教学有效教学行为研究——基于教师和学生的双向视角 [D]. 上海：华东师范大学 .2009.

[69] 孟立新 .HBA 中高级班汉语课堂教学策略及话语互动分析 [D]. 北京：北京语言大学 . 2009.

[70] 张海涛 . 对外汉语课堂中师生互动言语的篇章分析 [J]. 语言与翻译，2012，（1）:73-77.

[71] 许雅婷 . 菲律宾班课堂话语互动分析 [J]. 语文学刊，2014，（7）:126-127.

[72] 肖潇 . 汉语作为第二语言教学良好互动关系的教师话语句类研究 [D]. 新乡：河南师范大学 .2014.

[73] 庞恋蕴 . 基于对外汉语教学的话语标记语的考察与研究 [D]. 济南：山东大学，2011.

[74] 闫谨 . 中高级汉语口语教学中的话语标记语研究 [D]. 大连：辽宁师范大学，2013.

[75] 贺微微 . 对外汉语口语教学中的话语标记语 [D]. 武汉：华中科技大学，2013.

[76] 王玥 . 基于对外汉语口语教材中话语标记语的研究及教学反思 [D]. 重庆：西南大学，2013.

[77] 姜有顺 . 对外汉语教师话语标记语赘言——以西南某大学为例 [J]. 云南师范大学学报（对外汉语教学与研究版），2013，（1）:49-51.

[78] 吴丽君，钱茜 . 对外汉语课堂教师话语标记的语用分析——以"啊""好""那（那个）"为例 [J]. 汉语应用语言学研究，2014，（1）:186-193.

[79] 施仁娟 . 汉语教师课堂话语标记课堂使用情况研究 [J]. 语文教

学通讯，2015，(7)：55-59.

[80] 高立群，孙慧莉．对外汉语课堂教学量化工具的设计构想 [J]．世界汉语教学，2007，(4)：105-117.

[81] 孙慧莉．作为第二语言教学课堂观察工具的 COLT 量表研究 [J]．语言教学研究 [J]．2008，(10)：132-135.

[82] 沙茜．对外汉语课堂观察表的设计和实证研究 [D]．北京：北京语言大学．2009.

第二章　理论基础

一、建构主义的学习观和教学观

建构主义的学习观和教学观是建立在其知识观的基础之上的。建构主义认为，没有绝对准确真实的概括世界的法则，知识与其所指称的事物之间不是一一对应的关系。虽然语言可以赋予知识一定相同的外在形式，但是知识在每个个体接受者那里却各不相同，这是由每个知识的接受者的经验背景不同而造成的。因此，知识是学习者主动建构的结果，而不是人脑单纯地对客观世界的反应。

建构主义是一个包含众多不同思想的理论，"有多少个建构主义者，就有多少种建构主义理论"。在建构主义理论中，以苏联心理学家维果茨基的心理发展理论为根本出发点发展起来的社会建构主义对教学影响比较大。它的哲学基础是以波普尔为首的科学哲学、维特根斯坦的日常语言哲学和以德里达为代表的后结构主义。社会建构主义认为，知识是通过个体间协商而建构的。维果茨基把认知发展看成是个人与其所处文化、历史和社会环境相互作用的结果，认为"心理的发展，应当从历史的观点，而不是抽象的观点，不是在社会环境之外，而是在同它们的作用的不可分割的联系中加以理解"。"最近发展区"的概念是其社会文化理论的核心概念之一，他认为个体发展存在两种水平，一种是现有的发展水平，一种是潜在的发展水平，现有水平和潜在发展水平之间的差距就是另"最近发展区"。维果茨基的这一理论"涵盖了对教师观（积极的促进者）、学生观（积极的参加者）、教学观（教学促进发展）、发展观（在与他人互动中发现）的阐述"。这里主要讨论一下学习观（发展观）和教学观。

（一）建构主义的学习观

作为认知理论的一个分支,建构主义在对学习的观念上有皮亚杰、布鲁纳、维果茨基等人的理论痕迹。皮亚杰认为,认知是在原有图式基础之上通过同化和顺应,在不平衡—平衡—不平衡—新的平衡的循环中得到丰富和发展。布鲁纳和维果茨基等心理学家则又从社会环境对学习者心理发展的影响和个体主动参与认知过程的重要性等方面补充了皮亚杰的理论。总的来看,建构主义理论可以说是各家学说的综合,其观念主要包括以下几个方面:

1. 学习是学习者主动建构知识的过程

建构主义者认为知识是学习者主动建构的结果,强调学习者对知识的主动探索和发现。教师无法把知识"灌输"给学生,只能启发学生,为学生主动加工知识创造情境。在知识建构过程中,对信息的搜集、整理、加工、反馈和调整只有在学习者主动参与的时候才能达到最佳效果。

2. 学习是在学习者原有的知识结构之上的建构

维果茨基的"最近发展区"理论认为,在儿童最近发展区内的任务可以促进儿童认知发展的最大化。也就是说,学习一定是在学习者原有的知识结构的基础之上才有效,超过了学习者的最近发展区,即使做了学习的工作,但是不能被学习者内化,也是无效和没有意义的。这和皮亚杰的理论有很多相似之处,他用图式、同化、顺应和平衡的概念来解释儿童认知的发展过程。这里的"图式"也就相当于学习者原有的知识结构,在皮亚杰那里,它是个体用来适应和构造环境的结构或者组织,最初来自先天的遗传,以后在适应环境的过程中,通过同化和顺应两种方式不断变化、丰富和发展,在不平衡—平衡—不平衡的循环往复中完成认知的发展。

3. 学习是个体与社会之间通过意义协商进行的建构

虽然建构主义中也有观点认为知识是个人主观的建构,每个人的经验世界都与他人无关。但是,绝大多数建构主义者都认为个人建构的知识是在社会文化的大背景下完成的,不能割裂知识和社会文化的关系,虽然个体原有的知识结构和个体经验不同,对同一知识的建构会因此而有不同的结果,但是个体不能随意建构知识,需要通过与别人的协商来调整和修正自己原有的知识结构和经验,是一定会受到社会文化影响的。根据对知识建构方式的不同认识,把建构主义分成个人建构主义和社会建构主义。对教学影响最大的是社会建构主义理论,社会建构主义强调社会文化对个体知识的建构作用,认为"社会历史、文化传统为人们提供了理解方式和语言范畴,我们只能在社会文化给我们划定的圈子里进行认识活动,不可能超越历史和文化"。

4. 学习是在情境中进行的

建构主义强调情境(社会文化背景)的重要性,认为它是学习者获取知识的一个必要条件,在情境中,学习者利用一定的学习材料,通过和其他人之间的相互协作和帮助而获得知识。在这一观念中,学习者原来的知识结构和经验范围、学习材料的可理解性、学习环境的真实性以及学习过程中学习者与他人的社会性协商互动被看成是完成知识构建的基本条件。

(二)建构主义的教学观

因为知识是学习者主动建构的,所以教师并不能教会学生知识,而只能是帮助学生获得知识。这样,在课堂教学中,教师与学生的主体地位发生了重大的转变,以学生为中心的教学理念已经被绝大多数的教师接受、认可并践行。

当课堂教学的重心转变成如何帮助学生获得知识,即如何促进学生发展的时候,教师就从知识的传达者转变为知识获得的帮助者、组织者和设计者,成为学生学习的引导者、激励者、促进者和课堂教学的管理者。

因此,在建构主义者看来,教学应该具备以下四个基本要素:复杂的学习环境和真实的任务,社会协商,主体间态度,内容的多重表征[1]。

1. 复杂的学习环境和真实任务。主要是指模拟现实生活不良结构和自然状态的问题和学习情境,因为课堂学习的目的是为了帮助学习者获得解决课堂外问题的能力。而现实生活中的问题往往是一些不良结构问题,课堂内的基本训练如果只是一些分解的、简化的问题,学生到真实生活的时候只会束手无策。另外,心理学的实验也表明,复杂的问题有助于学习者认知水平的提高。

2. 社会协商。社会建构主义理论认为知识是通过个体之间的相互协商建构的。在教学中,学生要依赖与他人(包括教师和其他学生)合作共同完成知识的建构。这一过程,既是知识的获得过程,也是学生社会化的一个过程,学生在这个过程中要逐渐学会如何表达、论证自己的观点和怎样尊重不同观点,并从其他不同的观点中获得帮助和支持,发展自己的能力。

3. 主体间态度。因为认知发展是个体与社会、文化、他人相互作用的结果。在教学过程中,每个主体对共同发现和建立意义的态度都非常重要。

4. 内容的多重表征。指在教学过程中,向不同阶段、目标、时间的学生提供不同的类比、例子和比喻思考问题的方式,使学生的能力有一个不断向上提升的过程,从而完成知识由简单到复杂,由低级水平到高级水平的发展。

这样,在建构主义教学理论的基础上,形成了"支架式教学""抛锚式教学""随机进入式教学"等教学模式和方法。基本过程都是先确定学生的最近发展区,给出学生知识和能力发展的基本支持,然后向学生提供情境,并给予学生自主学习时间,通过合作学习和讨论帮助学生澄清问题,最后进行效果评价。

二、第二语言习得理论与教学理论

(一)语言能力、语言运用和交际能力

1. 语言能力(linguistic competence)和语言运用(linguistic performance)

第二语言教学的基本目标和教学理念以及教学的基本模式受人们语言观念的影响很大。20 世纪 60 年代前,历史比较语言学和结构主义语言学盛行,这两种语言学流派基本都把语言看成一个规则系统,在第二语言教学中,就是把用一切办法掌握这一套规则系统作为教与学的任务。语法翻译法、直接法、听说法、视听法等教学法流派即是建立在这种对语言的看法之上。

20 世纪 60 年代,乔姆斯基提出了语言能力和语言运用的概念。他认为,语言能力是最理想的条件下说话人或听话人所掌握的语言知识,是一种潜在的、稳定的系统,掌握了的人能够说出和理解无限多的句子,能够识别语法错误和歧义,并且只能通过具体的语言运用才会表现出来。语言知识在适当场合下的具体使用是语言运用,是外在的,可以直接观察到的。

乔姆斯基区分语言能力和语言运用的主要目的是为了论述他的普遍语法(universal grammar),研究人的普遍语言能力,因为他认为语言是一种受规则支配的体系,不是因习惯养成而形式的,所以接受这一思想的第二语言教育者在教学过程中充分认识到学习者的认知在学习中的作用,重视培养学习者的兴趣、强调对句子结构的理解,在理解的基础上运用语言。另外,他提出语言运用并不能完全反应语言能力的观点对教师正确对待学习者学习过程中出现的错误提供了一个很好的理论依据。

2. 交际能力

乔姆斯基虽然区分了语言能力和语言运用,但只关注了人的内在的语言能力这一部分,而对语言运用的论述很少。与乔姆斯基相反,海姆斯（D. H. Hymes）从社会语言学的视角提出了"交际能力"（communication competence）的概念,指运用语言进行社会交往的能力。

海姆斯认为,人的语言能力不仅仅是拥有一套内在的能够辨别错误、生成和理解无限多句子的规则系统,还包括能够在恰当的时间、场合、地点对不同的人进行成功交际的能力。并概括了其四个特征,即合语法性（possibility）、可行性（feasibility）、得体性（appropriateness）和现实性（performance）。合语法性指在语音、词汇、语法等语言系统上正确;可行性是指在交际过程中,是否或者在多大程度上能够被人接受,也叫可接受性;得体性是指在一定的语境下是否或者在什么程度上使用恰当,语言是否符合社会文化规范;现实性是指是否或者在什么程度上被执行了[2]。

"交际能力"的概念强调语言在社会交往中的作用,更关注语言在使用中的具体样态。但随着深入研究,有批评者认为,海姆斯对于交际能力的论述还只是一种静态的,基于个体之内的描写,而缺少对个体之间的、动态规则的关注。在海姆斯之后,研究交际能力的学者很多,其中以美国语言学家卡纳尔（M. Canale）和斯温（Swain）（1980, 1983）对交际能力的组成所做的分析和描述影响最大,也最能够被大家接受。他们认为,交际能力由语法能力（grammatical competence）、社会语言能力（sociolinguistic competence）、语篇能力（discourse competence）和策略能力（strategic competence）四个部分组成。这里的语法能力相当于乔姆斯基的语言能力,指对语音、词汇、词法、句法和音韵等语言规则系统地掌握,能够辨别并说出合乎语法的句子,并掌握听说读写技能;社会语言能力是指在真实语境中得体地运用语言的能力,能够根据自己的交际目的,在不同的场合、地点,针对不同性别、年龄和身份的人得体地运用语言的能力,选择合适的话题,按照会话规则说出恰当得体的话;语篇能力是指用口头或者书面形式把句子通过一定的连贯和衔接手段进行表达的能力;策略能力是能够利用解释、重复、夸张、委婉、强调等方式解决在交际中遇到的情况,如要更正自己的话、避免会话中断等,也包括交际中当语言能力不足或者情况发生变化时,使用语言或者非语言策略使交际正常进行的能力[3]。

学者 William Littlewood (1981)[4] 对交际能力从学习者的角度进行了划

分：一是学习者必须获得尽可能高程度的语言学能力；二是学习者必须区分他已经掌握的作为语言学能力一部分的形式和该形式发挥的功能；三是学习者必须发展技能和策略，以便使用语言在特定环境中尽可能有效地传达意义；四是学习者必须加深了解语言形式的社会意义。

学者 Michael Byram[5] 认为，在具体的交际实践中，学习者的语言能力固然很重要，但更为重要的是他们分辨文化异同的能力和跨文化交际方面的知识和技能。因此，培养学习者的跨文化交际能力应该成为第二语言教学的目标。

总的来说，"交际能力"概念的提出对第二语言教学产生了颠覆性的影响，教学目标逐渐由对语言知识的掌握转变为对交际能力的培养，相应地，对语言测评的标准也发生了变化。

3. 语言形式和语言功能

在传统语言学中，语言形式主要是指语音、词汇、语法方面的结构体系，而语法功能主要是指各级语言单位在上一层次结构中的作用，如充当主语、谓语、宾语等语言成分或者衔接、连贯、指称等作用。但是随着交际能力这一概念的提出，尤其是以韩礼德为代表的系统功能语法理论的发展，语言功能被赋予了新意义。韩礼德认为，在语言学的发展过程中，有两种倾向，一种是着眼于生物体之间（社会学），另一种着眼于生物体内部（心理学），两种应该互相补充才有利于语言学的健康发展。但在当时的历史条件下，由于受乔姆斯基的影响，着眼于心理学的语言研究还占主要地位，因此，韩礼德[6] 主要从社会学的角度出发研究语言，认为语言具有概念功能、人际功能和语篇功能。概念功能主要是指语言对存在于主客观世界的过程和事物的反映，是建立在说话人对外部世界和内心世界的经验的基础之上的；人际功能是反映人和人之间关系的功能；上述两种功能由说话人组织成语篇，使语言和语境发生联系的功能就是语篇功能。这三种功能在韩礼德的理论中被统称为"纯理功能"，简单地说，概念功能是说话人对主客观世界的观察，人际功能是向别人灌输自己的思想，而语篇功能就是使这一过程完整、上下文衔接好，具有一致性和连贯性。

《对外汉语教学初级阶段教学大纲》[7] 中的"对外汉语初级阶段功能大纲"与《对外汉语教学中高级阶段功能大纲》[8] 把语言功能分为社交活动中的表达功能（如打招呼、道歉、寒暄、告辞、送别等）、对客观情况的表述（如叙述、转述、解释、描写等）、对理性认识的表达（如同意、肯定、赞同、相信等）、对主观感情的表达（喜欢、满意、担心、称赞、失望等）、对道德情感的表达（如同情、理解、迁就等）、表达使令（如建议、命令、警告、提醒等）和交际策略的表达（如开始话题、引入话题、插话、回避、退出交谈等）等七大类进行描述，希望汉语学习者能够在学习过程中掌握。

在交际能力理论和语言功能学说的基础上，产生了对现代第二语言教学理论影响巨大的交际法。其注重对语言结构和语言知识的培养，但强调培养学生语言的流利性和得体性，尤其注重在语境中使用语言能力的培养。

总的来说，在交际法的带动下，第二语言的教学目标已经非常明确，就是培养学生的交际能力，在教学过程中，特别重视课堂活动的交际化。

（二）语言输入理论、语言输出理论和互动理论

1. 语言输入理论

有关语言输入的研究很早就有，不过直到克拉申（Krashen）才正式提出关于语言输入的理论。克拉申首先区分了习得和学习的概念，他认为有意识的语言学习（conscious language learning）和下意识的语言习得（subconscious language acquisition）是学习者在第二语言习得过程中经历的两种不同的心理历程。习得的知识是通过第二语言的自然交际获得的，是内隐学习（implicit learning），而学习的知识是指学习者通过有意识的学习方式获得的第二语言规则的知识，是外显学习（explicit learning）两者，和习得的知识不能互相转化。习得的知识用于实际语言交际中的产出和加工，学习的知识是用于语言输出时的监控和调整。他认为，如果学习者接受大量的可理解输入，那么习得就会发生。这里的"可理解输入"，就是对学习者进行略高于其现有水平的输入。当进行可理解输入时，学习者会利用自己已有的关于世界的知识、上下文语境和已有的语言能力等理解那些他未知的结构，习得就发生了。不过，克拉申的理论后来受到很多质疑，也有一些学者[9]对他的理论进行了补充，还有的学者[10]提出了吸纳（intake）的概念，认为并不是所有的可理解输入都会进入到学习者的语言系统被学习者习得，只有那些被学习者吸纳的信息和规则才会促进习得。这里的"吸纳"，指的是学习者将输入的形式与输入的意义信息建立了联系。

2. 语言输出理论

对克拉申的输入理论反对最强烈的是斯温（Swain），她的研究结论和其法语沉浸式教学（直接用法语向法语学习者讲授数学、历史、音乐等课

程）直接相关。她发现，经过一段时间的沉浸式教学，将法语作为第二语言的学生在听力和阅读理解的测试中能达到几乎和法语为母语的同龄孩子接近的水平，但是在口语和写作方面却有很大的差别。在沉浸式教学中，学生接触了大量的可理解输入，但是这些输入并没有转化为输出。于此，斯温提出了输出假设，认为语言表达的过程和语言理解的过程完全不同，理解语言时，人们只关注语义信息，输出时，人们才会关注语言形式问题。学习者只有有机会进行有意义的输出，在语言表达时才会流畅自然。因为在语言输出的时候，学习者必须对语言表达形式进行加工，在一定条件下，还会对语言形式进行反思，从而促进学习者语言能力的内化。

3. 互动理论

"互动"指的是对话者之间使用语言的方式。这里的对话者可以是母语使用者和学习者，也可以是教师和学生，还可以是学习者之间。埃利斯[11]（Ellis）在其著述中将互动理论和语言输入理论一并提及，认为互动理论是三种语言输入观中的一种。他把语言互动理论分成认知互动理论和社会互动理论。认知互动理论以认知心理学为基础，强调语言习得环境和学习者内在学习机制的共同作用；社会互动理论以社会语言学为基础，认为在对话者之间的言语互动，可以凸显某些语言结构，从而引起学习者注意，并促进习得。

在互动理论中最有名的是 Michael Long 在 1981 年提出的"互动假说"，认为语言习得需要或者受益于互动、交际，尤其是意义协商。当对话者之间试图克服他们传递意义所遇到的问题时就会出现意义协商，进而使学习者获得额外输入和对他们的语言输出有益的反馈。Long 认为，对第二语言习得来说，仅有语言的单向输入远远不够，还必须考察对话者之间的语言互动。对"儿语"（babytalk）、"母亲语言"（motherese）、"保姆语言"（caretaker talk）、"教师语言"（teacher talk）、"外国人话语"（foreigner talk）的研究表明，为了顺利完成交际，语言能力强势的一方总是使用大致相同的改变话语的策略与语言能力弱的一方进行交流。这些改变话语的策略可以是放慢语速、简化词汇或句子结构，也可以是改变话语的结构和功能，但目的只有一个，就是向语言学习者提供可理解输入，以便完成交际任务。Michael Long 认为，这样调整和改变了的语言输入越多，越具有可理解性，也就越有助于第二语言学习者语言能力的发展。

互动理论前期的研究着重从输入角度进行，后期开始重视输出和心理学视角。在这个过程中，对于互动中反馈作用的研究证实了对话者之间在意义协商的过程中的"重述"对第二语言习得的促进作用,但是前提是学习者对语言形式有足够的自我意识和注意程度。

当学者们研究了语言的输入、输出以及互动对第二语言学习者习得语言的作用的时候,他们开始试着把这些理论应用于教学实践。20 世纪 80 年代,在这些理论和交际法的基础上,形成了任务型教学法。任务型教学法以使用交际任务和互动任务作为中心单元来进行教学内容的设计和传授。研究者认为,因为任务型教学法鼓励学习者进行有意义的交际和互动,促进学习者在语境中使用地道的语言而习得语法,为学习者的语言学习打下有效的基础。

三、话语分析理论与会话分析理论

（一）话语分析

话语分析是一个应用很广的概念。广义的话语分析涉及人类学、社会学、语言学等多个学科,包括维特根斯坦（Wittgenstein）对语言与世界关系的探讨,也包括奥斯丁（Austin）提出的言语行为理论和韩礼德（Halliday）的系统功能语法,还包括法国哲学家福柯（Foucault）和德里达（Derrida）的社会实践的分析。

语言学中的话语分析指的是对大于句子的语言的分析。这一术语最初是由哈里斯 (Z.Harris) 在 1952 年发表的《话语分析》[12](Discourse Analysis)一文中提出的。他试图用结构主义中替换和分布的方法对口头语言进行分析,以期找到话语层面类似音位、音素的语言结构单位。虽然他的研究并没有获得成功,但话语分析的概念以及他研究的目的却得到了广泛的响应。语言学中开始更多地关注对自然语言的研究,更重视语言环境以及说话人之间关系对语言的影响。可以说,话语分析是建立在现实的、活的话语交际基础之上的研究,研究对象主要是话语的结构与功能。如:句子间的衔接与连贯、主题、信息、话语结构等等。

20 世纪 60 年代以后,话语分析有了迅速的发展。语言学家们做了大量的研究工作,许多关于话语分析的理论相继问世。重要人物有哈维格、韩礼德等,他们主要是从语言学角度对话语进行分析。譬如韩礼德（Halliday）,在他的《语言结构和功能》[13]一文中,提出语言在使用中的概念功能、人际功能和语篇功能。1976 年,韩礼德和哈嗓发表了《英语的衔接》[14] 一书。该书的影响很大,对话语分析的发展起着十分重要的推动作用。在该书中,他们揭示了句子间的内在联系,并对话语中的衔接关系进行了分类。他们区分了四种衔接类型:所指、省略、连接和词汇衔接。一些学者为了解释的方便,把包括在省略中的替代也算作一种衔接类型。

随着时间的推移,20 世纪 80 年代以后,出现了很多有关"话语分析"的著作,如 Michael Stubbs(1982)的《话语分析:自然语言的社会语言学分析》,Malcolm Coulthard(1985)的《话语分析导论》,Buy Cook(1989)的《话语》等,"话语分析"这一词语因语言学家不同的着眼点而有不同的内涵和外延。美国社会语言学家拉波夫 (Labov) 认为,话语分析就是制定规则"把所做与所说或所说与所做联系起来"。他还指出,必须满足一定条件,话语才可以被看作是种特定的行为。韩礼德 (Halliday)[15] 指出话语分析是一种社会分析方法,主要是说明人类如何理解彼此的话语。斯塔布斯(Stubbs)认为话语分析是对"自然发生的连贯的口头或书面话语的语言分析"。

随着话语分析影响范围地不断扩大,其研究方法和研究内容不仅受到语言学家重视,也受到了人文领域其他学科的重视,特别在社会学领域,经常会利用话语分析剖析社会现象。这种发展趋势一方面是因为纯语言学研究的局限性越来越突显,另一方面是话语分析本身具有新鲜的活力,当研究者们从其他人文学科的各个领域来研究会话过程的时候,就产生了结构分析法、认知分析法、社会文化分析法、批评分析法和综合分析法等多种角度的分析方法。

从以上论述中可以发现,关于话语分析的研究主要集中在两个方面:一方面是从语言学的角度对大于句子的语言单位结构的静态描写;另一方面是从社会学的角度对语言交际过程中意义传递的动态分析。本文认为话语分析是对在具体交际环境下发生的语言现象和语言行为的分析,是对动态的语言,尤其是语言发生的过程的分析。

(二)会话分析

会话分析广义上被认为属于话语分析的一个分支,最开始是作为社会学的一种研究手段被提出来的,经过几十年的发展,它已经专注于对日常会话的结构与规律分析。其研究的基本内容是话轮转换、话语修正、毗邻应对、话语序列等等。然而"会话分析的重点不是建立结构模式,而是仔细观察交流中参与者的行为以及大量自然语料中反复出现的模式"。

在一般情况下，会话都是依次进行的，虽然说话人之间没有事先约定讲话内容、说话时间，但是一次只有一个人在讲话，而且会话基本能够顺畅进行。即会话参与者一定遵循了一个潜在的规则。会话分析就是研究这种规则。

话语分析理论中的重要概念包括话轮（turn）、话轮转换（turntalking）、毗邻应对（adjacency pair）、选择等级（preference organization）和修补规律等在会话分析研究中被广泛讨论，它们被用来揭示和阐述日常会话中的序列组织，如插入序列（insertion sequence）、分叉序列（side sequence）、提问与回答、预示序列、开头序列（opening sequence）、结束序列（closing sequence）等等。"话轮"是一个说话人从头到尾连续说的一段话。"话轮转换"也称"话轮替换"，是会话发生时，说话者和听话者角色的转换。在日常会话中，说话者和听话者的角色会随时发生转换，先说话的人，一旦对方在会话中接过话轮开始说话，就成了听话者。不同的社会团体和语言事件有不同的话轮转换规则。"毗邻应对"作为会话结构的一部分，主要是研究分别由两个说话者说出的相关的两句话，第二句话总是作为第一句话的反应，它是会话结构中最典型的单位。如会话的一方先进行问候、道歉、邀请等，后者发说话就要根据相应的情况做出反应。在毗邻应对中存在始发语和应答语的适合程度、地位不等同的情况，这样就有了"选择等级"这一概念。"修正规律"在某些会话中，说话者可能会打断话题，插入与讨论无关的话语，这类嵌入的结构被称为插入序列。在会话中，听话者会突然打断说话者的话段，提出问题、要求补充、解释或者提示，或者对说话者的内容进行补充、解释或者提示的话段被称为分叉序列。提问和回答是会话中常见的形式，尤其是在一些特殊场合的会话中，如课堂、法庭、医院等，这种会话形式常常表现为单向的特点，即一方问，一方回答，发话者和受话者角色很少转换。一般会话都会有开头序列和结束序列。而为了"面子"问题，即在提出请求和邀请之前，为了避免遭到拒绝，也会有人用预示序列进行试探，来看看自己的请求或者邀请是否有可能实现。

会话分析在看起来杂乱无章的会话结构中找到秩序。会话的规则主要体现在语义的连贯性和双方的共识基础之上。哲学家格赖斯（Grice）通过分析大量的语料，得出四项基本的会话准则：1）数量准则：要给出所需要的信息；2）质量准则：要说实话；3）相关准则：要说相关的事；4）方式准则：说话要简洁清楚。这种说话者之间遵守准则的合作有时也被称为合作原则（cooperation principle）[16]。

注释：

[1] 阿妮塔·伍德沃克．教育心理学 [M]．陈红兵，张春莉译．南京：江苏教育出版社，2005.

[2] Hymes,Dell.On Communicative Competence.In Pride and Holmes J(eds.) Socialiguistics[M]. Harmondsworth,UK:Penguin Books,1972,269-293.

[3] Canale,Michael & Swain, Merrill.Theoretical Bases of Communicative Approaches to Second Language Teaching and Teating[J]. Applied Linguistics.1980,1:1-47.

[4] Littlewood, William Paperback.Communicative Language Teaching: An Introduction[M].Cambridge: Cambridge University Press.1981.

[5] Michael Byram，Adam N. Teaching and Assessing Intercultural Communicative Competence[M]. Shanghai: Shanghai Foreign Language Education Press.2014.

[6] 胡壮麟，朱永生，张德录.系统功能语法概论[M]. 长沙：湖南教育出版社.1997.

[7] 杨寄洲.对外汉语教学初级阶段教学大纲[M].北京：北京语言大学出版社.1999.

[8] 赵建华.对外汉语教学中高级阶段功能大纲[M].北京：北京语言大文化大学出版社.1999.

[9] 如Schmidt（1990）就认为，输入的言语特征只有在能够被学习者意识到才有价值。

[10] 如Ellis(1994),Chaudron(1985),Gass(1988)等对此问题都有论述。

[11] Rod Ellis.The Study of Second Language Acquisition[M]. New York:Oxford University Press.1994.

[12] Z. Harris.Discourse Analysis[J].Language.28,1-30.1952.

[13] M.A.K.Halliday.Language Structure and Language function[J]. in(ed.) J.Lyons New Horizons in Linguistics Harmondsworth, Middx:Penuin Books.1970.

[14] M.A.K.Halliday, Ruqaiaya Hasan. Cohesion in English[M].New York:Longman.1976.

[15] M.A.K.Halliday, Language as Social Semiotic[M].London:Edward

Arnold.1978.

　　[16]"合作原则"（cooperation principle）是Grice在1967年在哈佛大学的一次演讲中提出的。

第三章 研究设计

一、研究对象的选择

个案研究中样本的选择有多种方式,陈向明在她的书中将派顿(M.Patton)的分类方式按照样本本身的特性和抽样的具体方式分成了两大类。按照她的划分,本研究在从样本本身特性的考量上主要采用"典型个案抽样"确定要研究哪一所大学的口语课堂教学,在对确定后的大学的课堂进行观察后,采用"关键个案抽样",主要通过分析出课堂上的关键因素,对具有影响力的关键因素进行访谈;在具体的抽样方式上,主要采用"目的性随机抽样",即,在研究目的确定后,通过"课堂上发生了什么?""课堂上的互动是怎么样发生的?"等问题找到下一个个案样本;"目的性随机抽样"这一抽样方式"通常使用于研究的范围限定以后样本数量仍旧太大的情况下"。本研究的研究范围是 D 大学的口语课堂互动,涉及十几位教师和近二百名学生,根据研究的实际需要和阶段,有目的地运用了不同的抽样方式。

(一)学校的选择

本研究所选择的教师全部是在 D 大学担任留学生汉语口语课教学的任课教师。D 大学是教育部直属高校,"211 工程"重点建设大学,已有 70 年的建校历史,今为专门为中小学培养师资的师范大学, D 大学在全国各大学的对外汉语教学中具有一定的代表性,其口语课教学在全国高校的对外汉语教学中具有典型性,可以完成笔者要了解对外汉语口语课堂话语互动的一般性特征的目标。

首先, D 大学具有较长时间的对外汉语教学经验。早在 1984 年就有外国留学生在 D 大学学习汉语,是国家最早接受和培养留学生的大学之一。目前共招收 80 余个国家和地区的国外学生到学校学习和深造,全日制长期在校留学生有千余人。

其次,D 大学是国家最早确立的 25 所培养汉语国际教育硕士的大学之一。从 2007 年始,十余年的汉语国际教育硕士生的培养积累了很多经验,也发现了很多问题。

再次,D 大学在海外设有孔子学院,这是顺应对外汉语教学发展的结果。从 2006 年起,D 大学分别与韩国东亚大学、西班牙巴伦西亚大学、美国阿拉斯加大学安克雷奇分校、加拿大圣力嘉学院、蒙古国立教育大学合作共建孔子学院。每年派教师和志愿者到各个孔子学院进行教学和管理,获得了丰富的海外教学经验。

最后,国家汉办和国务院侨办分别在 D 大学设立了"国际汉语教师培训基地""华文教育基地"和"教育援外基地",对总结对外汉语教学经验和汉语国际教育经验有很迫切地需要。

另外,笔者在 D 大学任对外汉语教师近 20 年,对 D 大学对外汉语教学的发展历史和现状非常熟悉和了解。近几年,笔者承担并参与了"国际汉语教师培训基地""华文教育基地"的师资培训工作和研究项目,并于 2012～2014 年期间,以汉语教师身份被派到加拿大圣立嘉孔子学院工作,主要负责课程设计、汉语教学、教师管理以及海外本土汉语教师的培训工作。这些让笔者具备了从多个层面关注课堂互动这一课题的研究视角。参与研究的授课教师大部分是笔者的同事或学生,具有很好的信任关系,对研究中的问题可以直接沟通和了解。

(二)教师及其课堂教学的选择

为了更加客观和准确地描写 D 大学口语课堂教学的全貌,笔者选择的汉语口语课堂几乎包含了 2014～2015 年下半学期 D 大学对外国留学生汉语教学所有设有口语课型教学班的课堂,共有 13 个,其中针对短期学习的教学班有 8 个,长期学习的教学班 5 个。8 个短期班包括 4 个初级班、2 个中级班、1 个高级班和一个俄罗斯项目班;5 个长期教学班包括本科一年级和本科二年级各 1 个班、本科三年级 2 个班、本科四年级 1 个班。因其中一位教师教授两个短期班不同水平的口语课,所以该学期共涉及口语任课教师 12 人。

对其中 10 个教学班 9 位教师完成教材中一课教学内容的课堂进行录像，因教学任务不同，每位教师录像时间在 180 分钟到 270 分钟不等。未进行录像的教学班是一个俄罗斯的项目班、一个初级班和一个本科三年级班。项目班的课堂教学具有特殊性，因此不在考虑范围内，未进行录像的初级班和本科三年级的班因为是平行班，所以随机选择了一个。

另外，笔者还收集了 2011 年上半学期和 2012 年上半学期担任口语课教学的 12 位教师的 90 分钟的课堂录像。考虑到所研究学期任口语课教师均是女教师，在这 12 位教师中选择一位男教师的课堂加入案例中。

这样，共选择了 10 位教师的课堂进行研究，这 10 位教师及其课堂录像信息的基本情况如下：

表 3.1　教师及其课堂录像信息

教师	类别	年龄	性别	录像来源	录像时长	教学班水平	学历与专业
师A	在读研究生	20—25	女	研究者录制	270分钟	初级	汉教硕士（研二）
师B	在读教师	30—35	女	研究者录制	270分钟	初级	在读博士（语言学及应用语言学）
师C	在读教师	30—35	女	研究者录制	270分钟＋200分钟	初级＋中级	在读博士（语言学及应用语言学）
师D	在读教师	50—55	女	研究者录制	270分钟	初级	博士（课程与教学论）
师E	在读教师	30—35	男	他人录制	270分钟	初级	在读博士（课程与教学论）
师F	在读教师	30—35	女	研究者录制	270分钟	初级	博士（对外汉语）
师G	在读教师	30—35	女	研究者录制	270分钟	初级	在读博士（语言学及应用语言学）

师 H	在读研究生	20—25	女	研究者录制	270分钟	初级	汉教硕士（研二）
师 I	在读研究生	20—25	女	研究者录制	270分钟	高级	汉教硕士（研一）
师 J	在读研究生	20—25	女	研究者录制	270分钟	高级	汉教硕士（研二）

从课堂观察的初步结果看，10 位教师的具体授课步骤基本相同，都是从复习旧课入手，然后讲解生词、理解语法和课文，根据课文提供的相关内容给出话题进行操练，最后是总结和布置作业。笔者主要选取每位教师前 90 分钟的课堂录像资料。因为 10 位教师均使用《发展汉语》系列教材中各级别的口语教材，该教材每一课的教学内容基本都是由两篇课文组成，资料两篇课文的教学程序差不多，因此，前 90 分钟的课堂基本能够代表口语课堂教学和课堂话语互动的现状。

对于在课堂观察中明显与其他教师不同的如 A、E、F 和 I 四位教师的课堂，会结合访谈，充分利用 90 分钟以外的课堂录像做进一步的深入研究和比较。

（三）受访学生的选择

语境和话语参与者是话语互动两个最基本的构成因素。在考察课堂互动对学生的影响以及学生对互动的理解、喜欢的互动方式的时候，尽可能多地找学生进行访谈，尽量描述他们在参与课堂话语互动时的动机、感受和想法。在选择学生的时候基本遵循以下几个原则：第一，尽量选取在课堂表现积极和不积极的学生；第二，选取不同年龄、国籍和专业背景的学生；第三，选取不同汉语水平的学生；第四，选取在中国学习时间长短不同的学生。

最后，通过课堂观察并与教师交流后，选择了 6 位学生进行了深度访谈，其中，有 2 位是教师 H 和教师 I 的学生，教师 D 和教师 G 也教过这 2 位学生，在中国生活时间比较长；还有 2 位分别是教师 A 和教师 F 的学生，因为在课堂观察中发现这两位教师的课堂非常活跃，学生在课堂话语互动中表现积极踊跃；还有两位学生，一位是教师 D 的学生，这位学生在课堂上不是十分活跃，但感觉非常有思想；另外一位是笔者多年的朋友，曾是 D 大学的留学生，教师 B 和教师 C 都教过她，现在是一名英语教师，希望她能从一个学习者的角度和第二语言教师的视角对各个教师的课堂做出评价和判断,教师 E 因为该学期在国外任教,没有学生接受访谈。6 位受访学生的信息如下:

表 3.2　受访学生信息表

学生	年龄	性别	国籍	汉语水平	学汉语时间
生 A	50 岁以上	男	韩国	高级	五年
生 B	25—30	男	韩国	高级	四年
生 C	15—20	男	阿尔及利亚	初级	四个月
生 D	20—25	女	蒙古	初级	一年
生 E	30—40	女	美国	高级	八年
生 F	20—30	男	摩洛哥	中级	一年

二、研究工具的选择与设计

(一)COLT 量表在本研究中的应用

1. 选择 COLT 量表的原因

孙慧莉(2008)[1] 在对 COLT 量表进行分析时,认为其优点是"简单易学,操作方便"和"有效实用","为课堂观察提供了一套基本的量化手段"。COLT 量表的不足主要表现在四个方面:一是其对观察对象的情况缺少设置,如在班级设置、班级规模大小、学生水平和课型等方面缺少考虑;二是该表中 target language 项目的设计只适用于在母语国家学习第二语言,而不适用目的语国家学习第二语言;三是各观察项之间的联系较少;四是没有触及语言质方面的问题,也就是说对学生语言输出的质量没有设定相应的观察项目。笔者认同 COLT 量表的不足,但是还要使用它,不仅是因为"就总体而言,COLT 量表仍然是设计比较全面,既着眼整体,又突出重点的一个量表",更重要的是本研究使用 COLT 量表是要描述对外汉语课堂话语互动的整体面貌,其设计全面,是"观察研究中记录课堂事件最为有效的观察工具"[44]，其不足不会影响研究结论的得出。首先，本研究针对是常规课堂，不存在两名教师同时给学生上课的情况；课型都是口语课，是对同一类课型的描述和比较研究；课堂规模比较相似，每个课堂实际上课人数都在 9—15 人左右。其次，对于目的语（target language）使用一项，在对外汉语课堂上也有使用媒介语的情况，但数量要比在非目的语环境下的课堂教学要少得多，保留这一项的意义不大，但还有一定说明意义。再次，本研究是要描述对外汉语口语课堂话语互动的现状，没有要讨论各项之间的联系意图。最后，关于语言质的方面的问题，并不期待使用量表完成这一分析，因为对于学生话语输出的质量的分析非常复杂，不宜用量化的方法。

另外，Patrick Allen、Maria Frohlich 和 Nina Spada 三位设计者通过对两个法语班和两个英语班的观察，充分地论证了该量表在目的语环境和非目的语环境的实用性，认为语言环境对该量表的信度和效度没有十分明显的影响。[2]

2. COLT 量表的记录方法

COLT 量表的使用非常简单方便，课堂观察者可以现场直接记录。在时间（time）一栏中填写活动开始时间，然后在下一栏活动内容（activity/episode）中写下具体的活动内容，如热身活动、生词讲解、语法讲解、语言点操练等内容，然后在以后的各栏目中找到活动中涉及的活动项目，在相应的项目下划"√"。如，上午 8:20 开始上课，正式讲课之前教师点名，该活动内容涉及全班活动（class）中的教师对学生（TS/C）项目，记录的时候就要在相应的项目下划"√"，就完成了对一个活动内容的记录。下面是记录的样例：

time	Activity/episode	class			group		Individual		manual
		TS/C	SS/C	choral	Same task	Different task	Same task	Different task	procedure
1	2	3	4	5	6	7	8	9	10
8:20am	点名	√							

3. COLT 量表的具体内容（见附录 1）

量表分 PartA 和 PartB 两个部分。PartA 主要用于观察和描写课堂话语互动的事件特征,而 PartB 则是研究课堂话语互动参与者——教师和学生的具体话语特征。

A 部分共有 6 个观察和记录维度,即活动类型 (activity type)、参与者的组织形式 (participant organization)、话语内容 (content)、话语内容控制(content control)、学生语言模态(student modality)和教学材料(material)等。

B 部分由教师交际互动量表(teacher verbal interaction)和学生交际互动量表(student verbal interaction)两个量表构成,观察维度基本相同,即目的语使用(target language)、信息差(information gap)、话语持续(sustained speech)、对形式或者语篇的反应(reaction to code or message)、与前一话语的合并(incorporation of preceding utterance)、话语发起(discourse initiation)和对语言形式的相关限制(relative restriction of linguistic form)等 7 个方面。

无论是 A 部分还是 B 部分,每个大的维度下面又各有不同的小的观察项目。以 A 部分参与者的组织形式为例,这一维度下有全班活动(class)、小组活动(group)和个人活动(individual)三个观察点。全班活动又分为师生活动(teacherstudents)、生生活动(studentsstudents)和全班合唱(choral)三个方面。小组活动和个人活动又各自分为相同任务(same tasks)和不同任务(different tasks)。

(二)调查问卷的设计

为了更全面地了解现有课堂话语互动的成因,笔者参照 COLT 量表的课堂观察项目,从课堂事件和师生话语交际两个大的维度设计问卷。在课堂事件中主要从活动形式、语言内容、话语控制、教学材料的类型与来源等四个方面设计问题;在师生话语交际这一维度中分别从课堂语言、信息差、话语引发与对语言合并的方式等四个维度设计了对教师和学生的调查问卷,考虑到学生的情感态度对课堂话语的数量和质量都有很大的影响,在学生问卷中又增加了情感态度一项。具体设计如下:

1.《对外汉语口语课堂话语互动调查问卷(学生)》(见附录 2)

几个维度都设计了学生对现有课堂状态的评价和希望的课堂状态两大方面的问题。另外,在活动内容中设计了学生对小组活动的评价,在话语控制中设计了学生对自己在课堂上说话机会多少的评价，并鼓励学生写出原因。从课堂观察来看，所有的教师在课堂教学过程中都以课本为主要教学材料，因此，在教学材料的类型和来源中，主要考查学生是否喜欢教师使用课本以外的教学材料，如果喜欢，学生希望教师多使用哪些教学材料。在课堂观察时，发现多媒体既是一种教学手段，也可作为教学材料使用，因此在问题选项中设有"教师多媒体课件上的图片"这一选项，并且在问题中增加了是否希望教师使用多媒体一题。

课堂语言主要从学生是否希望教师使用媒介语和教师课堂语言的语速与难度进行考察。信息差、话语引发和话语合并对课堂话语互动的数量与质量都有极大的影响，在这几个考察维度中，共设计了11个问题，主要涉及学生是否愿意主动提出问题并回答教师的问题、教师问题中的信息差情况、教师提问后用什么方式让学生回答问题、教师话语反馈中的语言合并方式以及学生希望教师给予的语言合并方式，也包括当学生在课堂话语互动中遇到困难时希望获得怎样的帮助等几大方面的问题。

情感态度是 COLT 量表中没有的项目，但是情感态度是学生课堂表现的基本动因之一，而调查问卷有条件支持这一调查，因此，笔者设计了学生是否喜欢口语课以及原因的说明两个问题。

本问卷有英语和蒙语两种翻译文字（见附录3和附录4），主要针对那些认为自己汉语水平不够好，希望能用自己喜欢的语言回答问卷的学生发放。这样能使被调查学生更好地理解问题和选项，保证回收问卷的质量。

表 3.3　对外汉语口语课堂话语互动调查问卷问题设计（学生）

一级考察维度	二级考察维度	题目
课堂事件	活动形式	37
	语言内容	89
	话语控制	1012
	教学材料的类型与来源	1316

师生话语交际	课堂语言	1719
	话语引发	2025
	教师提问信息差	2627
	话语合并	2834
情感态度		12

2.《对外汉语口语课堂话语互动调查问卷（教师）》（见附录5）

和针对学生的调查问卷一样,对教师的问卷也从课堂事件和师生话语交际两大维度分别设计问题,考察教师对课堂实然状态和应然状态的评价和态度。在课堂活动形式中,分别设计了教师是否给小组和个人布置了不同的任务,教学材料的类型与来源中设计了关于课件使用的问题。在师生话语交际中,主要设计了课堂语言（题13、14）、学生回答问题的方式（题15）、教师提问的信息差（题16）、教师纠错的策略（题17、18）、教师反馈的策略（题19）、教师提问的策略（题20、22）、学生对教师纠错后的反馈（题23）和教师对课堂沉默状态的处理（题24）等问题。

表3.4　对外汉语口语课堂话语互动调查问卷问题设计（教师）

一级考察维度	二级考察维度	题目
课堂事件	活动形式	14
	语言内容	56
	话语控制	78
	教学材料的类型与来源	9、12
师生话语交际	课堂语言	13、14
	话语引发	15
	教师提问信息差	16
	话语合并方式	17、24

本问卷主要向 10 位任课教师发放,目的是考察教师对自己口语课堂的评价和对课堂话语互动应然状态的思考,为以后做深入访谈做准备工作。

(三)访谈提纲的设计

访谈提纲把课堂作为整个教与学活动的一部分,考察教师和学生自身背景、对语言学习的认识、课前的准备、课后的复习等对课堂话语互动的影响,更深入地了解课堂的实然状态和应然状态存在差异的原因。访谈提纲只是一个大概的内容,在访谈过程中会根据每个学生或者教师在课堂中的具体表现从中选取与受访者最相关的问题发问,并根据受访者回答的情况,进一步提出一些更具体的问题,请他们帮助分析,了解他们的想法。因此,访谈都属于"半结构化访谈"。时间基本控制在半小时左右。但有的教师或学生的访谈过程比较轻松,愿意就所谈论话题进行更多地讨论,时间会适当延长。

1.《对外汉语口语课堂话语互动访谈问卷(学生)》(见附录 6)

针对学生的访谈提纲是在调查问卷的基础上设计的。希望通过交谈,分析出调查问卷已经有明显倾向的问题产生的原因,同时也希望能够对一些比较突出的影响课堂话语互动的因素做更深入地了解和探讨。

因此,对学生的访谈提纲主要从学生对自己和教师在课堂的表现及其原因分析、对课堂气氛、教师教学方法的评价等方面设计了 14 个问题。另外,还把课堂学习作为全部语言学习活动的一部分,希望学生谈一谈自己在课堂外的一些学习活动,如预习、复习、考试、已有的专业背景等方面对课堂话语互动的影响。

考虑到留学生的语言水平,所以针对学生的访谈都采用面对面的方式进行。

2.《对外汉语口语课堂话语互动访谈问卷(教师)》(见附录 7)

针对案例,教师的访谈问卷共设计了 14 个问题,主要目的是把课堂教话语互动作为整个教学活动的一部分,从教师对口语课应然状态和实然状态的差异入手,通过问题,请教师帮助分析这种差异产生的原因,了解教师对口语课的教学目标、教学方法和课堂话语互动的理解,也希望能够通过访谈分析出教师自身素质和对教学各环节的执行情况对课堂话语互动的影响。

不过,在对课堂进行录像和对每位教师的课堂观察中发现每个教师课堂教学的特点都有不同,访谈中重点关注的问题也各有不同。如对教师 E 的访谈,因其在教学中大量使用手势语,且整个课堂节奏简洁有效,所以从他这一教学方法入手,访谈他对口语课堂的教学理念。而对教师 A,她跟学生的关系更为融洽,访谈时就在师生关系对课堂互动的影响方面多问问题。在教师I 的课堂中,学生在课堂上几乎不说话,就组织几位教过这个班口语的教师聊一下这个班级学生的整体情况,了解教师们对这个问题的态度和想法。

三、研究过程

(一)进入现场

1. 进入方式与交流方式的选择

根据向被研究者告知研究内容的多少,进入研究现场的方式可以分为自然进入、公开进入、逐渐暴露式进入和隐蔽进入等几种。本研究的绝大部分研究结论需要通过对课堂录像的分析才能得出,所以选择公开进入最合适。因为在大学里做研究是每个被研究者都了解的,公开说明自己的研究内容和自己要做的事情能够避免不必要的猜忌或者好奇,更容易得到被研究者的支持和理解。

被研究者是笔者的同事、学生或者是同事的学生,彼此相处一直很融洽,平时也能够就一些教学问题进行沟通和交流,因此,笔者选择在非正式交流中告知他们自己的研究意向,比如一起吃午饭的时间、课间休息的时间或者闲聊的时间等等。基本告知内容如下:①研究的内容:对外汉语口语课堂话语互动;②研究目的:希望了解教室里实际发生的话语互动状态;③研究结果:写成博士论文,同时也希望可以在以后对汉语教师的职前和职中培训中用到相关研究成果;④希望得到的帮助:允许到教室录制课程并协助笔者说服学生同意录制课程,并配合访谈;⑤笔者录制课程和访谈的次数和时间;⑥保证录像内容和访谈记录只是作为研究使用,对受访者信息保密。

被研究的任课教师都很配合,他们利用上课的间隙时间也向学生传达了上面的信息。只是有的教师为了让学生放松或者更容易说服学生同意录制,告诉学生本研究的内容是和教师课堂教学有关系,和学生表现没有关系。

2. "局内人"的角色

笔者是以"局内人"的角色进入现场的。所谓"局内人","指的是那些与研究对象同属于一个文化群体的人,他们享有共同的(或者比较类似的)价值观念、生活习惯、行为方式或生活经历,对事物往往有比较一致的看法"。

笔者已经从事对外汉语教学工作近二十年,属于教学时间最长的教师之一。这样的资历,使得本研究在一开始就得到了被研究者大力的支持和鼓励,各项工作展开得十分顺利。但是,在研究的开始阶段,笔者还是坚持按照质的研究的一般步骤,一项一项地进行。

首先,与学院领导沟通,说明自己的研究方向和工作内容,获得领导的支持。因为学院领导在本研究中实际上是扮演了"守门员"的角色,他们的态度对被研究者参与的积极性会有很大的影响。当笔者对主管领导说明自己研究的意图以后,立刻得到应允,可以直接跟任课教师沟通进行相关的研究工作。

事实证明,遵守研究规范是非常正确的。在与学院领导沟通之后,学院领导在开会的时候明确通知各位教师,如果笔者有需求,希望相关教师做好学生的工作,积极配合课堂录制。这实际上打消了被研究者的顾虑,有了领导的支持,教师说服学生同意课堂录像也顺畅得多。同时也为笔者确立与被研究者课堂中留学生的关系奠定了比较好的基础。

其次,请被研究教师帮忙做好其任课班级的学生工作。当各位同事得知笔者博士论文的选题和需求之后,都表示理解和支持。但是留学生是一个特殊的群体,他们是成年人,来自世界各地,文化背景、自我意识、思维方式、个性特点都不相同,所以做好他们的工作非常重要。笔者在选定要录制的课堂以后,请任课教师帮忙征求学生的意见,绝大多数学生对课堂录像这一行为没有太大异议,但是也有个别学生自我保护意识很强,对课堂录像行为表示反感。对于这样的学生,为了获得更多的资料,笔者的原则是如果能够解除学生的顾虑,就尽量说服学生同意,实在说服不了,学生坚决不同意,就只好放弃。好在任课教师都很帮忙,笔者希望录像班级的学生都同意了。其中几位教师为了减少学生的压力和面对摄像机的不适感,保证学生在课堂中的正常状态,对学生在说明录课目的时着重强调了笔者作为学院的一名教师,主要要研究本学院教师的口语课堂教学。

再次,进入教室,与学生沟通。在大多数教室旦,笔者带着摄像机进入教室并没有引起学生太大反应,这主要是任课教师已经提前跟学生说明笔者的身份和计划录课的时间。见到我之后,他们大多数会很礼貌地说:"教师好。"然后帮助我找座位,距离较远的学生则在自己的座位上做自己的事情。对于笔者进入课堂录像,有两个学生的反应比较特别。记述如下:

研究日志（2014.12.10）

今天遇到了一群非常热情的学生,这个班的教室比较小,桌椅数量正好与学生数相等,这让我在找录像位置的时候费了一番周折,逆光效果不好,但是又不好意思让坐在里面的学生换到别的座位,好在一个学生(后来知道这位学生叫阿里)看出了我的想法,告诉在窗户旁边的学生与我换一下座位,还帮助我架好了摄像机,然后就站在我旁边,与我聊天。"教师,你姓什么?""你是什么教师?""你教哪个班?"这是一个零起点的初级班,到现在才学了三个月的汉语,所以他只能用简单的汉语问我,有别的同学在听我们的谈话,所以,当我说:"你们的汉语都很好啊!"的时候,其中一个学生说:"他的汉语还可以,我的汉语不太好。"A 教师进教室了,安置好了 PPT,走到教室后面跟我打了招呼,又跟几个学生说了些事情,然后开始点名上课。我发现这个班的学生特别活跃,愿意回答教师的问题。最有意思的是,在个人活动结束,教师要求每个人都说一说的时候,阿里还拿着我的摄像机到前面录了每一位学生的发言。这一行为似乎让课堂更活跃了,每位学生都说完之后,有的学生还提醒阿里:"阿里,你说。"于是,阿里将摄像头对着自己开始说。

在小组活动中,坐在我旁边的学生还问了我几个词的汉语说法,他是在完成教师给出的课本上的看图说话的题。我告诉他之后他都记在书上。然后,他又问了我 "A 比 B 更 +*adj.*",他用英语说因为上一节课没来,所以不知道这个语法。因为时间关系,我用英语给他大概解释了这个语法。

研究日志（2014.11.23）

今天按约好的时间去录课,在走廊里遇到 S 教师,问我:"你要到我们班去录课?那同意了吗?"我一愣,说:"我不知道啊。H 教师没告诉我啊。"S 教师和 H 教师这学期教同一个班,S 教师教汉语综合课,是这个班的班主任,对这个班的了解比较多。听 S 教师这样说,我有点儿犹豫要不要直接进入教室,我想还是先跟 H 教师确认一下比较好。但是在教室门口等了一会儿,没见到 H 教师,又觉得要是真有学生坚决不让录,H 教师会提前告诉我的,也许是 H 教师已经做通了学生的工作吧。于是,我就直接进了教室,有学生向我问好,有的则是继续做自己的事情。我找好位置,开始调试摄像机,这时,有一个男生,高高的个子,戴着眼镜,应该有三十多岁的样子,感觉他比这个班里的学生年龄都大,直接问我:"你可以不录我吗?"我问他坐在哪儿,然后把摄像机能录到的范围指给他看,他是在摄像范围内的。我用了教师说服学生允许录像的常用方法,就是强调我主要研究教师的教学方法,所以录的时候,会主要录教师。(一般情况下,我这样对学生说的时候,在录制时,会尽量做到少录学生,学生的课堂表现,我常常做课堂笔记。)还告诉他在这里只能录到他的背影,并承诺会尽量少录他。他听明白了,不过还是不太放心,想了一想,又提出一个要求,说:"那下课以后,我看你的录像,行不行?"因为要打消他的疑虑,所以我也很痛快地答应了,跟他约好下课后等他把电脑带到教室,给他看课堂录像。看他犹疑着回到自己的座位,我稍微有点儿不好意思,觉得打扰了他的学习。接着H教师就进来了,跟我点了一下头,就开始准备上课了。我尽量少关注那位学生,但是,还是忍不住去看他的课堂表现,我发现他除了开始上课的时候稍微有点儿沉默以外,整节课中表现还可以,他的语言水平在这个班不是太高的,一些难的问题,他回答不出来。

下课以后,我在教室等他拿电脑,等他看完。他想要拷贝一份,我没同意。跟他说这样做要由别的同学和教师都同意才行。他也没再坚持。他问我还要录几次,我告诉他还有两次,他没再说别的。我暗自高兴,这说明我今天的做法基本打消了他的顾虑,可以继续录下面的课了。

这两个学生的性格是一个容易兴奋,一个容易紧张,笔者带着摄像机进入课堂这一行为或多或少加剧了他们本来性格的反应。对于阿里所在的课堂,笔者认为兴奋虽然不是课堂的常态,但是可以让很多学生有更多的话语行为,因此,没有当即做出处理。对于后者,笔者的处理办法应该说得当,满足该学生的要求,消除他的疑虑。

总的来说,局内人的身份,让笔者很容易获得学院领导、任课教师和学生的信任和支持,尤其是笔者的教师身份,学生适应得比较快。

3."局内人"的角色分析

以"局内人"来研究课堂教学问题,笔者具有很多优势,除了上面提到的使进入现场这一环节变得非常容易之外,还能够很清楚地了解任课教师在课堂教学中遇到的问题,也很容易找到问题背后的原因。比如,在听课和采访过程中,发现任课教师的专业背景对课堂教学意识有比较大的影响,也就是说,由"对外汉语专业"或者"国际汉语教育专业"毕业或者讲授相关课程的教师,对课堂话语、交际法、任务型教学法这样的概念比较熟悉,而非专业的教师则不会那么容易地很有理论根据地说出这些概念。"局内人",马上能意识到这和我们对外汉语教学专业的发展有极大关系。2007 年以后国家才开始大批量地培养对外汉语或者国际汉语教育专业的教师,在此之前,大部分对外汉语教师都是汉语言专业的毕业生。这些教师没有接受过相关专业的知识和职业训练,对课堂教学的理解和认识基于自己多年的教学经验或者毕业之后的学习。这和全国对外汉语教育领域的整体师资状况具有一致性,即 30 岁以上的对外汉语教师中非专业出身的人数较多,而 45 岁以上的教师由于在 2007 年前后开始承担对外汉语的专业课程,或多或少都会熟悉本专业的一些理论知识。这也是造成 30—45 岁的教师中有很多对本专业知识了解不够全面的主要原因。

　　当然,"局内人"的角色也是一把双刃剑。虽然在开始的时候一直在提醒自己进入课堂开始观察的时候要与被研究的对象保持距离,但是实施起来还是很难做到。

研究日志（2014.11.13）

　　今天听课的时候发现了一个问题,就是在上一次 D 教师的课堂观察中,没有明显地强烈地感到学生被动说话的状态。记得听课的时候还觉得这些学生在口语课中能说出来的话比自己上课的时候要多好多。但是今天从 A 教师教的初级班回到这个班,才意识到这个班的学生几乎很少主动交流。用术语说是他们没有主动开启过话轮。究竟是什么原因呢? 是我们上课教得少? 还是学生的个性本来就是这样? 这样的状态能改变吗?

　　因为笔者和 D 教师一直教这个班,其学生的个性好像就是这样,不怎么说话,已经习惯了。如果没有两个班学生的对比,很难意识到这也许是个应该思考的问题。

　　另外一个问题,可能因为授课教师是笔者的学生平时比较熟悉的缘故,上课过程中,当学生提出授课教师没有准备的问题时,有的授课教师在回答问题后会加上一句"你说呢? 李教师?"

　　避免的方法,是在说明现象和问题的时候运用量表进行量化统计,用数据说明问题。另外,不管是录像、问卷还是访谈,在当日整理完毕以后,一般要隔一段时间重复查看。希望能尽量减少作为"局内人"的盲点。对于课堂上的问题,在跟授课教师约定时间的时候一般会反复说明要自然状态下的课堂,要当笔者"像空气一样"不存在。如果确实有任课教师在课堂上征询看法的情况,就不管什么问题,都点头说"对",以减少对课堂的干扰。在每次录课以后,对教师教得好的部分给予肯定和称赞,以减少任课教师的紧张感。

(二)搜集资料

资料收集主要分两个阶段,第一个阶段是对相关教师的课堂进行观察和录像,第二个阶段是通过分析课堂录像,针对每个教师的特点和课堂观察中发现的问题对教师和学生进行访谈。在有目的地收集和教师、学生有关的资料,如教师的教学评估表和学生的口语成绩单等。

1. 课堂观察和录像

笔者采用非参与式观察,对 D 大学担任口语课的 10 位教师,总计 56 学时的课堂进行了观察和录像。在观察过程中,使用 COLT 量表对课堂进行记录,简单描述自己的感受,并用摄像机录像以便对课堂话语转录,从而进行更细致的分析。

为了得到比较全面的资料,笔者对 10 位教师中的 9 位完成教材中一课内容的教学进行了观察和录像,因教学任务不同,每位教师录像的时间是 4—8 学时不等。

另外一位教师在本研究期间被派往国外工作,以前一直教学生口语,是唯一一位男性教师,因此,笔者搜集到了他以前一段 90 分钟的教学录像。该录像由专业摄像人士录制,对课堂活动、教师和学生交往都比较关注,使用也比较方便。

2. 问卷调查

在对学生实施正式的问卷调查之前,首先进行了测试,所得信度系数(克伦巴赫 alpha 系数)为 0.801,说明问卷具有较好的信度。但是在试测过程中,发现由任课教师发放试卷对学生也会有一些影响。

研究日志（2014.4.26）

试测问卷已经陆续返回给我了,今天我找到时间给自己班级的学生发放了问卷。一个学生交问卷的时候,指着第 2 题对我说:"教师,我知道这个题对你好,我写了这个答案。"题目是你喜欢什么课? 因为我是他们的汉语综合课教师,他选择了汉语综合这个答案。对他说什么好呢?我说:"谢谢你。"
然后开玩笑地对他说:"其实你心里不是那么想的,是不是?"

　　这件事让笔者想到以后正式进行调查的时候需要找一个学生都不太熟
悉的教师做,这样学生就会对填写的结果比较放心。

　　试测之后进行正式测试,在这一阶段,笔者找到一位平时和学生接触比
较少的教师帮忙,采用当场回收问卷方式。分别在 D 大学、J 大学发放问卷
共 400 份,回收试卷 386 份,因为调查问卷只有英语、汉语和蒙语三种文字,
在回收试卷中,有的学生在问卷上全部画一个答案(都是 A)或者问卷中有
大量空白问题没有回答,还有的问卷把单选问题当成多项选择问题来回答,
本研究将这样的问卷看成无效问卷,所以最终只得到有效问卷 294 份。

　　针对教师的调查问卷试测时选择被研究教师之外的 5 位教师进行,简
单分析其信度和效度后又对被研究的 10 位任课教师进行正式调查,发放 10
份,回收 10 份,有效问卷 10 份。

　　3. 访谈

　　访谈是搜集资料的一种主要方法。分为正式访谈和非正式访谈两种。
本研究两种访谈都用,非正式访谈是在与各位教师和学生闲聊时进行的,对
方并不知道谈话内容和笔者要做的研究有关系。笔者在这种访谈过后会用
研究日志的形式记录当时谈话的内容和观点。

研究日志（2015.05.13）

　　这两天看一个教师的课堂录像,对比对她的访谈,发现访谈的结果和课
堂观察的效果差异很大。不知道是什么原因造成的。

　　在课堂录像中,觉得这位教师的教学问题很多。比如课堂节奏异常缓
慢;学生开口率低;教师不会讲解和操练课文;在学生还没有相关词汇知
识的时候自己表演动作让学生说话;课堂逻辑性、层次性不够清晰;课堂活
动与教学目的的相关性比较差等等。但是从访谈中却看不出她对此有所察觉。
是她对课堂感觉比较迟钝,还是她没有看过优秀教师的课堂?或者她的标准
太低?太自我感觉良好?

　　为什么听她回答访谈问题的时候觉得她是一位非常好的教师,但是课
堂的实际效果却又这么不好呢?

最主要的是我应该用什么样的问题来找到她课堂问题的原因,或者她现在对课堂的认知本身就是出现课堂问题的原因? 我不想针对她的课堂问题问她,担心她尴尬,那还有别的办法吗?

或者根本就是我评价的标准有问题?

淹没在各种统计数据中,论文进展缓慢,每天怀疑论文的价值,但是还在继续做着。从要做实证性文章开始就应该知道会是这样的吧,原来只是想踏踏实实地看看课堂中到底发生了什么,现在却想这样做和基于经验的结论会有不同吗? 也许建议会更琐碎细致,但是每个教师的风格特点不同,会有普遍性价值吗?

正式访谈是约好时间和地点,向被访者告知意图,说明访谈内容只用于研究,发表时匿名等事项之后才开始进行的。所有正式访谈内容都在获得被访谈者同意后录了音。面谈和电话访谈是主要访谈形式。具体访谈内容主要按照预先拟好的访谈提纲,围绕受访者的背景、内在动机、对教学的理念和反思等。在进行过程中,对受访者提出的新问题或者笔者开始设计时没有想到的问题进行追问和联想,这可以看成是"半结构化访谈"。这样有利于笔者就关心的问题对受访者展开追问,了解他们的想法,获得更丰富的实例。在访谈过程中,笔者始终坚持"采用开放式问题,避免诱导性问题"的原则,不说或者少说自己的观点,多听对方的观点,不断通过问题激发受访者说的愿望,逐渐剥开潜藏在各种课堂互动行为背后,影响师生课堂话语互动行为的心理动机和社会文化情境。

4. 实物搜集

主要是学生的口语课成绩、作业。教师的教学日志、公开发表的论文、学生对教师的期末教学评价表等等。

(三)整理资料

质的研究的特点是收集、整理和分析资料不能截然分开,本研究也是一样,在收集资料的过程中,随时对发现的问题进行记录和分析,整理资料的时候也是一边整理一边分析。

1. 课堂录像的转写

"Herriage(1984)评论说,使用录音材料可以弥补和纠正直觉和回忆等语料搜集手段的局限性;通过重复和细致地审视录音材料,研究者可以扩展研究的范围和提高观察的准确性"。对于课堂录像的转录也具有这样的作用,由于课堂话语互动的分析源于社会语言学的会话分析,因此,有关课堂的研究也大多利用会话分析的转写体系转写课堂录像或者录音。会话分析的转写体系是由 Gail Jefferson（1984）利用传统的打字机以及电脑键盘上的符号创造的一套系统。利用这套系统转写出来的文本,研究者可以很方便地看出言语产生的特点（如重音、音量、语速等）和话语之间的时间特征（如拖腔,话语之间的空档等）。如用"["表示两个或者两个以上的人同时说话的起始点,用"]"表示两个或者两个以上的人同时说话的结束点,用"="表示后面的话语紧跟着前一个话语,两句话语之间没有停顿；用"< >"表示语速较慢的话语,用"> <"表示语速较快的话语；用":"表示符号前的语音的延长,每增加一个冒号如":,",就表示多延长一拍等等。[3] 按照这个转写系统,来看一个完整的转写后的录像材料。

  T：好。我们继续看。(放 PPT,指图片) 这个是什么?

  Ss：(部分学生) 山。

  T：山

  Ss：山

  T：很好。那我们说一什么山。

  Ss：[一条山。]

    [一座山。]

  T：嗯,一座山。我们说一条河,一条河,啊,一座山。一座山。((播放
PPT)) 那她在做什么?

  Ss：爬山。

  T：你们喜欢爬山吗?

  Ss：((部分举手,部分说话)) 我喜欢爬山。

  T：朱莉喜欢,法赫利喜欢。那你们在长春爬山吗?

  Ss：[不爬山。]

    [在长春不有山。=

  = 长春没有地方爬山。]

  T：对,长春没有地方爬山。但是长春现在可以滑雪了。现在,可以滑雪了。你们可以去试试。

  2. 访谈录音的转写

  对教师和学生的访谈进行得都比较顺利,被访者的语言水平可以针对

问题做比较好的回答,没有太多的停顿、插话、放慢或者加快语速等问题,因此,本研究中的访谈录音转写并未采用和课堂录像一样的转写系统,涉及的语音延长都用" "表示。其他用汉字说明或者解释。如以下一段录音转写材料(其中 W 是笔者,TB 表示 B 教师)。

W:汉语课和口语课你更喜欢教哪个?

TB:嗯,我还是喜欢汉语课。

W:为啥呢?

TB:啊,我觉得汉语课是综合性的,啊,我还是在讲的时候,啊,啊,我想想,我想想啊,因为我觉得汉语的整个教学环节是完整的,不像口语课,只是突出口语,而且汉语课对教师的要求更高一些。我觉得这样对我自己的锻炼也更多一些。

W:那你对自己上口语课的状态满意不满意?

TB:嗯,还行,还行吧。

W:能不能描述一下你上口语课的状态?

TB:啊,我现在上课的状态,客观地分析的话,我觉得吧,在调动学生积极性,就是调动课堂气氛这方面不太满意,主要是练习的方式固定化了,我希望有一些新的帮助学生练习口语的方式,但是我自己的局限性吧,到现在还没想到一些好的方法。

3. 研究日志的撰写

笔者从确定研究对象开始就坚持写研究日志。这些日志记录了笔者研究问题聚焦、确定论文题目到想放弃开题时的题目、尝试些新的问题,再到返回原来的问题,重新开始研究的过程,也记录了课堂观察、访谈、整理资料时的一些想法,还有跟学生或者教师闲聊的时候涉及和论文有关系的现象或者讨论以及在看资料或者听别人讲座的时候觉得对自己论文有帮助的一些启示。总的来说,研究日志中的描述性记录与解释性记录比较多。可以说,研究日志既是研究问题形成的记录,也在搜集资料和整理资料的过程中起到了很好的分析资料的作用,对后期分析思考具有很好的启示作用。

研究日志 (2010.11.16)

同师门的同学刚才打电话过来,告诉我论文开题的时间初步定在了元旦后一周。顺便谈了我的论文的问题,和黄教师昨天提的问题一样:你的论文到底要研究什么？

我也发愁，昨天下午上网查了口语教学的问题，那么多方面，不能都写，可是写什么能既有新意又有价值呢？跨专业读学位真是挺费力气的，感觉原来期待多学一些知识和多提高一些能力的想法有些理想化。书读得越多，就越发现两个学科从研究问题到研究方法都相去甚远。

研究日志（2010.11.25）

《课程与教师》买了好长时间了，今天才开始翻看，没想到居然找到了我想要的关键词——话语，这个词可以和我以前看的哲学书联系起来，也是语言学的一个词，还可以用它来研究课堂教学，多么适合我的一个词，为什么以前没想到呢？

这是今年圣诞节的礼物！！！

研究日志（2011.4.20）

今天看了E教师的课堂录像，感觉特别好，以前很少见这种风格的教学。也许是男教师的原因吧，他使用了很多手势语，课堂用语也非常简洁。这使得整个教学过程非常紧凑，给人干净、明朗而又积极的印象。希望能有机会跟他好好聊聊，他是怎么看待口语课教学的，又是怎么形成这种风格的。

研究日志（2012.6.23）

已经好长时间没打开这个研究日志了。从去年秋天开始准备出国一直到现在，根本不能静下心来想论文的事情。到多伦多也四个多月了，现在感觉离那个"话语互动"非常遥远，好多东西都想不起来了似的，带来的书也都没空儿看。按照这个节奏，以后的时间也不会太多，怎么办呢？

研究日志（2014.10.18）

改来改去，今天终于又改回原来的题目了。孔院的那个题目就等什么时候申请项目的时候再用吧。还有两年多毕业，要发资格论文，还要完成一个大的毕业论文，资料要重新收集整理，调查问卷和对任课教师的访谈要重新做，任务很重啊。除了赶快开始做，没有别的办法。或者可以放弃？

（四）分析资料

虽然在整理资料的过程中，一边整理一边进行了简单的分析，但是这种分析还是粗浅和表面的，在课堂录像和访谈录音的转写过程中，只能对相关问题做纵向的局部的分析，是基于一个课堂或者一个访谈的内部的分析，要对整个口语课堂话语互动的全貌进行描写需要将原始资料打散，分类，重新组织。

1. 资料分析的基本思路

陈向明[4]（2008）将质性研究关于资料分析的模式概括为两种，一种为线性模式，自下而上对资料进行分析，一种为互动模式，资料的收集、浓缩、展示和做结论是一个循环往复，直到结论饱和、充实为止的过程。本研究中，整理课堂录像和教师、学生的访谈录音是一个庞大的工程，因此，无法兼顾详细完整地分析转写后的录像与录音，线性模式更适合。即首先对录像和录音进行转写，生成可以分析的文本资料，然后对这些资料中的核心词汇进行分析，对文本进行登录，建立登录类属，接着对各类属体系内部做意义分析，找到各部分之间的关系。最后分析出当前对外汉语口语课堂话语互动的现状，并找到现状的成因。

2. 资料分析的具体步骤

张立忠（2011）在其研究中指出，资料分析实际上要解决两个问题，"一是资料浓缩的问题，一是资料检索的问题"。[47]关于这两个问题的解决，本研究主要通过以下两个步骤操作完成。

（1）在原始资料中寻找核心概念，浓缩资料

在收集和整理资料的过程中，对意识到的问题做了标记，但这些标记只是一些初步的印象，缺少深入的思考和整体宏观的把握，因此，在分析资料阶段，又反复阅读原始材料，查找疏漏，补充或者合并一些问题，将研究中的核心内容逐步聚焦。

（2）登录资料，并对资料设立码号

"登录是资料分析中最基本的一项工作，是一个将搜集的资料打散，赋予概念和意义，然后再以新的方式重新组合在一起的操作化的过程"。[48]从对原始资料的反复阅读中发现，通过确定核心概念，提取相关的资料做初步的开放型登录更利于进一步思考，其核心概念的确定主要来自两个渠道，一个是 COLT 量表中观察的项目，即活动内容、活动形式、话语控制、教学材料、

媒介语、教师提问、话轮替换、学生语言形式等,这些属于文化客位的概念;另一个是教师和学生访谈中出现频率高的词汇,如学习态度、课堂活动、压力、话题、开口率、跑题等,这些是文化主位的概念。

本研究设立的五位码号,前两位表示概念名称,用字母代替,一般是核心概念的首字母,其后有括号标注的字母,表示资料的来源,分别用 L 和 F 表示课堂录像和访谈,用 S 和 T 表示学生和教师,后面的字母是学生或者教师的编号。这样 TW (LTB) 就表示来自 B 教师课堂观察的教师提问,是教师提问下面的重复问题,如果在访谈中该教师也谈到了教师提问中的重复问题,则用 TW (FTB),如果是访谈中学生 C 谈到的问题就是 TW (FSC)。

(3) 建立编码和归档系统

本研究的编码系统按照主题分类,分别归入教师问题(教学内容、教学理念、教学方法等)、学生问题(学习态度与意识)、语境(包括活动)、课堂提问、课堂沉默、话语反馈(重复、改述等)、话轮等七个大的方面,分别用 I、II、III、IV、V、VI、VII表示。

本研究的档案系统有三类:第一类是文件档案,包括教师和学生的自然情况、课程表、访谈和课堂录像的时间等资料;第二类是分析档案,在分析中出现的码号、主题都在其中;第三类是研究日志,主要是对研究过程的记录,也是对每次的课堂观察、课堂录像和转录、访谈过程中发现的问题与反思,以及研究中的困惑等。

四、研究的质量

(一)研究的信度

"信度"指的是研究结果的可重复性。质的研究采用目的性抽样,在研究中重视个体的整体性和丰富性,强调个体的独特性。因此,大多数质的研究者认为,"信度"这个来自量的研究的概念并不适合质的研究。不过,本研究中也用了课堂观察、量表和问卷调查和访谈的方法,这些属于量化研究的统计手段需要做一些信度方面的检验。

首先,保证课堂观察和录像是正常教学状态。在录像之前与各位教师说明研究的目的是要考察正常教学状态下口语课堂师生互动的情况。请教师按照正常进度讲课,和平时一样备课和教学就可以。以笔者自己多年的教学经验,在进行课堂观察和整理录像资料的时候,从教师的教学准备、学生的情绪状态和话语质量等方面来判断,认为所录的各位教师确实是其真实自然的教学。

其次,调查问卷设计好以后,请5位本专业专家对问题的设计和问卷的结构进行评审,并给出建议,然后根据专家的建议对问卷进行调整后开始实施前测。前测结束后,对信度系数不高的问题重新设计,最后才大范围地发放问卷。

再次,在问卷调查的时候,考虑到初级学生的语言水平和对问题的理解,分别做了两种语言的翻译。除了学生学习的目的语汉语以外,还使用了英语、蒙语问卷。确保绝大多数学生真正了解问题的意思,能够针对问题给出真实的回答。在发放问卷的时候,为了避免授课教师对学生影响,单独请一位教师到教室发放问卷并回收。

(二)研究的效度

"效度"也是量化研究的概念,主要是指测量工具或者手段能够测出的所需测量事情的准确程度。本研究中的效度涉及两个大的方面,一个是作为质的研究的自身效度,一个是所使用的量化工具的效度。关于质的研究的自身效度,不同学者有不同的观点,持建构主义观点的学者认为质的研究中不存在效度问题,还有一些学者讨论是否可以用"真实性""准确性"等词语来代替"效度"这一概念,另外一些学者则认为质的研究者需要面对"效度威胁"这样的问题。本研究认同最后一种观点,即在质的研究中,借用量化研究中"效度"的概念,表述基于个案研究的研究过程的真实可信性和研究结果的真实准确性。

其一,采用多案例的研究方法。选取一个学期的口语课教学的几乎所有教师。在具体论证过程中,不但对一个教师的课堂进行全方位的描写,也对同一级别口语课堂话语互动的情况进行比较分析,以提高个案研究的效度。

其二,采用"相关检验法"(又称"三角检验法")对结论进行检验。比如在课堂观察中发现中高级阶段的口语课堂中教师控制课堂的情况比较多,然后就这一问题分别对教师和学生进行访谈,了解他们对这种形式的看法。

其三调查问卷的效度主要用研究者自评和找相关专家进行评议的办法确定。

（三）研究的推广度

关于质的研究的推广度也有不同的观点,有学者认为质的研究的结果应该只适用于个案本身,有的学者认为研究者的责任只是把个案中的参与者及其所处环境做深入描写就可以了,至于推广的问题,那是读者的责任,但是大多数研究者还是坚持个案研究的结果可以应用于个案之外。笔者赞同后一种观点。

本研究选择的 D 大学的对外汉语教学在全国具有代表性,是具有典型性的个案。在研究过程中选取了一个学期几乎所有的口语课教学,（只有三个教学班因为教学目标的原因,没有进行课堂录像）并对其进行观察和描写。这保证了所得结论适用于国内各大学的基本口语教学。

（四）伦理问题

研究中的伦理是质的研究非常关注的问题,虽然研究对象是自己的同事和学生,但是笔者在研究过程中也时刻提醒自己保持对这一问题的敏感度。因为"在研究的开始令人满意地达成一个伦理形式,以及 / 或者得到伦理支持,这并不意味着伦理问题被遗忘"。所以,从一开始就十分重视"知情同意"（指在被充分告知足够信息的情况下做出同意）这一问题,首先找到学院领导说明自己的研究目的、过程、涉及的人员和自己将要做的事情,得到领导许可进入课堂前,对要录像班级的学生进行研究目的的说明和解释,并承诺对录像资料仅用于个人研究,相关人员使用匿名,而且绝对不会上传到网站,或者以此谋取利益。得到学生允许后才开始进行录像。在个别班级录像过程中,有的学生表示紧张,不要录自己,笔者立刻同意他的要求,并展示给他看,消除他的紧张情绪。还有一组学生在小组活动中需要到教室前面表演,表演前提出请我关闭摄像机,我也同意并照做,对其内容采用课堂观察笔记的形式进行记录。访谈的时候,每次约任课教师和学生之前,都先说明访谈目的和时间以及相关承诺,对访谈中涉及个人隐私部分,不转写,不与他人谈及。

第四章
对外汉语口语课堂话语互动现状考察

本章以课堂话语为基本视角,利用 COLT 课堂观察量表 [1] 和话语分析理论对所选 10 位教师的课堂话语互动现状进行观察和描述。COLT 量表的设计者认为该量表"A 部分是在情节和活动水平上描述课堂事件;B 部分是分析教师和学生或者学生与学生之间在每一情节或者活动中的口头交流的交际特点"。话语分析是"对口头和书面语言的句子如何构成更大的意义单位如段落、会话、采访等的研究","口头话语的分析有时称会话分析"。课堂使用的话语分析被看成"另一话语分析的焦点",其意义在于"这些分析有助于发现教学方法的效果及教师学生互动的类型"。因此,第一、二部分利用 COLT 量表描述对外汉语口语课堂话语的特点,对量表涉及的相关内容进行记录,然后通过对所得数据的统计分析得出结论。第一部分描述 COLT 量表 A 部分的相关内容,从活动类型、参与者组织形式、课堂话语内容、话语内容控制、学生话语模态和学习材料类型与来源等六个维度描述课堂话语互动的事件特征,"事件"是课堂话语发生的外部环境,对师生和生生之间的话语互动特点影响巨大。第二部分从目的语使用、信息差、持续发言、对语言形式与功能的重视、话语合并的方式、话语引发以及对使用语言形式的期待等七个维度分别考察了教师和学生两个课堂话语互动的参与者在话语互动中的具体表现。第三部分运用话语分析理论对师生话语互动中的特殊话语形式的特点和功能进行了分析。

一、对外汉语口语课堂话语互动的事件特征

（一）课堂活动类型以对生词、语法和课文地讲练为主

量表中课堂活动类型的设计主要是记录课堂活动内容,如点名、听写、句型操练、角色扮演等。这一维度设计的目的是要考察课堂活动类型对话语互动的影响,它是整个观察量表的基础,其他项目的观察和统计都是围绕课堂活动设计的。

从对所观察的 10 位教师的课堂中可以发现,对外汉语口语课堂经常组织的课堂活动类型主要包括角色扮演,口头报告,个人展示,做教材中的练习,读生词、语法及其相关的句子,用图片引导学生说出课文相关的话题,用动作引导学生说课文相关句子,用任务引导学生说课文相关话题,生词讲练,语法和句型讲练,课文讲练,课堂表达练习,课堂游戏等十三种。这些课堂活动类型与教学设计中各个教学环节的关系非常紧密。10 位教师虽然有的教学环节有缺失,但是都基本遵循课前汇报—复习旧课—导入新课—讲练生词、语法和课文—巩固型操练—小结—作业等流程进行教学设计。在每个教学环节,教师常常选择以一个活动类型为主,辅以其他类型活动的方式。表 4.1 是 10 位教师课堂活动时间分配。

表 4.1　　各活动类型的时间分配

	（课前汇报）①角色扮演②口头报告③个人展示	（复习）④做教材中练习⑤读生词、语法及其相关的句子	（导入）⑥用图片或者问题引导学生说出相关话题⑦用动作引导学生说课文相关词汇⑧用任务引导学生说和课文相关话题	（生词、语法和句型、课文讲解）⑨生词讲练	⑩语法和句型讲练	⑪课文讲练	⑫课堂表达练习⑬课堂任务活动	⑭课文游戏	其他（点名、总结等）
A	①5 分26 秒	0	0	22 分38 秒	13 分11 秒	16 分 29秒	⑫25 分46 秒	0	4 分多钟

B	0	0	⑦10分20秒	9分38秒	30分03秒	18分46秒	0	7分15秒	7分多钟
C	②22分18秒	⑤6分35秒	⑥6分54秒	10分54秒	22分20秒	11分30秒	⑫4分11秒	0	3分多钟
D	0	⑤12分23秒	0	44分57秒	0	28分14秒	0	0	4分多钟
E	0	⑤8分44秒	0	13分12秒	21分05秒	27分20秒	⑫18分26秒	0	1分多钟
F	③43分01秒	0	0	12分06秒	0	0	⑬33分31秒	0	2分多钟
G	0	④10分30秒 ⑤2分31秒	0	12分56秒	14分38秒	29分30秒	⑫18分55秒	0	4分多钟
H	0	0	⑥4分13秒	24分48秒	9分18秒	50分57秒	0	0	1分多钟
I	0	0	⑧6分48秒	0	57分27秒	57分27秒	0	22分40秒	1分多钟
J	0	④10分40秒	⑧9分43秒	9分	24分16秒	10分07秒	⑬23分43秒	0	2分多钟

说明：有的教师课堂不足90分钟，其原因是正式上课前与学生交流时间略长、回答学生问题用的时间比较长或者是因为是冬天的第一节课，等待迟到学生和课堂教学中间短暂的休息等等。

从上表中我们可以看出以下几个方面的现象。

一是有的教师课堂活动类型比较多，有的则很少。C教师的课堂活动类型最多，是7种；G教师和J教师是6种，A、B、E3位教师是5种；D、F、H、I4位教师是3种。学生课堂教学满意度高的3位教师（D、E、F）的课堂活动类型并不是很多。

二是有的教师有课前汇报，有的教师没有。A教师的课前汇报是角色表演，完成教师布置的作业，表演到饭馆点菜的过程，时间不长，只用了5分钟多一点儿。C教师是学生的口头报告，每个学生说出自己国家的特色饮食，用了 22 分 18 秒。F 教师的课堂中，学生个人展示时间占用课堂时间比较长，共计 43 分 11 秒，几乎是整个课堂时间的一半。

三是在复习环节，教师的活动类型是读生词、语法及其相关的句子，4 位教师（C、D、E、G）都使用了这种类型。其次是做教材中的练习，有 2 位教师使用了这种类型（G、J）。

四是不是所有的教师的课堂都有导入环节。在呈现该环节的课堂，初级阶段的教师是用图片或者问题引导学生说出相关话题、用动作引导学生说课文相关词汇，而 3 位在高级阶段设计导入环节的教师中有 2 位是用任务引导学生说和课文相关话题。

五是除了 F 教师的课堂以外，不管是初级还是中高级，课堂活动类型都是以生词、语法和句型以及课文地讲练为主。10 位教师中，H 和 D 教师在这三种类型上所用时间最多，分别是 82% 和 81%，用时最少的 C 教师也用了 42% 的课堂时间。

六是 5 位教师组织了课堂表达活动。即教师根据教材提供的话题让学生自由说话的互动。F 教师的课堂用时最多，是 33 分 31 秒。

七是有 2 位教师组织了课堂游戏。B 教师设计的游戏是让学生看学过的生词卡片后进行表演，其他学生根据表演猜卡片上的生词，用时 7 分 15 秒。I 教师设计的游戏是在学习生词的时候，把生词卡片分给学生，让学生先自己了解生词的意思，然后用汉语解释生词的意思，其他学生猜卡片上的生词，用时 23 分 43 秒。

八是 F 教师的课堂中，学生个人展示和自由表达占课堂总时间的 83%，是学生活动最多的课堂。

在所观察的 10 节课中，有 3 位教师设计了课前汇报的活动。包括 A 教师课堂中的角色表演、C 教师与 F 教师课堂中学生的口头报告。在随后进行的教师访谈中，有 2 位教师表示他们也经常安排类似的活动，如 J 教师，实际上是在学期初就安排每节课有 2 个学生进行课前汇报，但是录课的当天，因为是临近圣诞节假期，2 位学生都没有来，所以没有进行。B 教师也在访谈中表示她喜欢用课前汇报的形式，用以提高学生的表达能力和学习汉语的兴趣。课前汇报活动在初级阶段和中高级阶段有很大不同。初级阶段的课前汇报常常是教师在教学过程中安排给学生的（如 A 教师和 C 教师课堂中的活动）；而中高级的课前汇报常常是教师在学期初根据教材提供的教学内容，确定话题，由学生自愿选择自己喜欢的话题（如 F 教师课堂的个人展示，就观察到的课堂而言，F 教师的课堂报告中，学生在课堂中完全充当了教师的角色，像教师一样设计话题、组织讨论、回应会话等）。

在复习环节，大部分教师是回顾式的，采用读课文或者读 PPT 中的生词、句子和做教材中练习的方式。或用 PPT 展示上一次课学习的生词、语法或者课文。也有的教师用检查作业的形式。

用图片或者问题引导学生说出相关话题、用动作引导学生说课文相关词汇和用任务引导学生说课文相关话题是在导入环节常出现的活动类型。但并不是说所有的教师都会有导入环节。

生词、语法和句型、课文讲练活动是教师为帮助学生学习新的语言知识而设计的。在观察中，几乎所有的教师都没有在某一段时间内只是单纯地讲练其中的某一个内容，而是以一个为主，兼顾其他两项内容。如 D 教师的课堂，没有明显地讲练语法和句型的活动，而是把语法和句型相关部分地讲练融入生词和课文讲练过程中。因此表 4.1 中关于词汇、语法和课文的操练时间只是一个相对的划分。

课堂表达练虽然也是围绕课文、语法和句型，但是更关注学生自主生成句子，目的是为了帮助学生熟练掌握和运用课堂所学的内容。

在观察的 10 位教师中，有 2 位教师设计了课堂游戏活动。在课后的访谈中，2 位教师都谈到使用课堂游戏活动的主要目的是活跃课堂气氛。

（二）参与者组织形式以全班活动为主

主要从三个方面对课堂活动进行观察：全班活动（class）、小组活动（group）和个人活动（individual）。全班活动又包括师生活动（教师和学生共同进行学习活动）、生生活动（学生之间通过讨论或由学生领导完成学习活动）和全班合唱（全班或者一个小组一起重复教材或者教师提供的材料的学习活动）。小组活动是分小组进行学习活动，个人活动是学生个人单独完成学习活动，小组活动和个人活动分别又分为相同任务和不同任务。该维度的目的是希望能观察到课堂中学生是否有足够的"意义协商"的机会。传统的以教师为中心的课堂，学生一般都是被动地回答教师的问题，没有足够的时间运用学习到的语言形式和功能。以交际为中心的课堂多以小组活动和个人活动的形式，让学生能在课堂上有时间直接尝试运用自己学到的语言进行交际。从三个分类项时间分配上的多少可以看出课堂属于哪一种类型。10 位教师课堂的参与者组织形式在时间上的分配参见表 4.2。

表 4.2　参与者的组织形式时间分配

	全班活动时间			小组活动时间		个人活动时间	
	师生活动	生生活动	全班合唱	相同任务	不同任务	相同任务	不同任务
A	32 分 15 秒	1 分 55 秒	4 分 03 秒	4 分 15 秒	5 分 26 秒	36 分 44 秒	0
B	43 分 16 秒	14 分 20 秒	5 分 18 秒	0	7 分 15 秒	4 分 45 秒	0
C	47 分 19 秒	1 分 35 秒	7 分 07 秒	18 分 48 秒	0	5 分 48 秒	0
D	56 分 28 秒	5 分 29 秒	13 分 37 秒	0	0	9 分 50 秒	0
E	30 分 22 秒	32 分 07 秒	7 分 21 秒	0	0	18 分 26 秒	0
F	20 分 08 秒	43 分 01 秒	0	25 分 29 秒	0	0	0
G	48 分 30 秒	11 分 52 秒	5 分 08 秒	23 分 30 秒	0	0	0
H	81 分 37 秒	0	3 分 19 秒	0	0	4 分 30 秒	0
I	58 分 07 秒	15 分 21 秒	0	6 分 10 秒	0	7 分 19 秒	0
J	57 分 54 秒	0	13 分 14 秒	12 分 46 秒	0	3 分 35 秒	0

从上表中我们可以看出以下几点。

一是除了 A 教师外，其他 9 位教师的课堂全部都是全班活动时间最多，小组活动时间和个人活动时间少。

二是除了 D、E、H3 位教师的课堂没有小组活动外，其他教师的课堂都组织了小组活动。

三是在有小组活动的课堂中，组织相同任务的小组活动比不同任务的小组活动多，只有 2 位教师给小组设计了不同的任务。

四是 F、G2 位教师的课堂没有个人活动时间。其他有个人活动的课堂中，都只有相同任务的个人活动，没有不同任务的个人活动。

课堂中不同任务时间少，应该是对外汉语口语课堂的整体特点，就是教师更倾向少设计或者不设计不同任务的小组活动或者个人活动。从教师的问卷中也可以看出，10 位教师有 7 位教师表示自己基本不会在课堂上设计不同任务活动。

从图 4.3 中，可以更清楚地看出 10 位教师的课堂活动全班活动时间所占的比例。除了 A 教师课堂中全班活动时间是 42.4%，低于 50% 以外，其他教师的课堂全班活动时间都高于 60%。H 教师最多，全班活动时间三项在一起共占全部时间的 94.4%。

在口语教学中，生生活动、小组活动、个人活动时间比较多的课堂被认为是交际性强的课堂，因为这样的课堂给学生提供了比较多的自由表达和意义协商的机会。如果以此为标准分析课堂活动，可以看出虽然每位教师在师生活动、生生活动和全班活动的时间分配上有很大不同，但是只有 A、E、F 三位教师的课堂全班活动中，师生活动和全班活动加在一起的时间不超过50%，其他 7 位教师师生活动时间都比较多，H 教师的课堂有 90.7% 的时间是师生活动。这说明，大部分对外汉语口语课堂还是教师控制的课堂，学生在课堂中能自由表达和进行意义协商的机会并不多。

图 4.3　全班活动时间占全部课堂时间比例

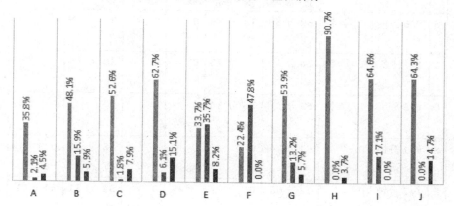

（三）话语内容受课本限制，且大多数与形式有关

COLT 量表中有关话语内容的观察主要从管理内容（management）、语言内容（language）、其他话题（other topics）三个角度考察。管理内容又分程序性（procedure）管理和纪律性（discipline）管理两个方面，程序性内容是指用于引导课堂进行的语言，纪律性内容是指用于维持课堂纪律的语言；语言内容分为形式（form）、功能（function）、语篇（discourse）和社会语言

学（sociolinguistic）等方面，语法、词汇、发音是语言形式，道歉、请求、感谢
等是属于语言功能，句与句之间的衔接与连贯是篇章，社会语言学是指与社
会语言学相关的内容，如方言等；其他话题分为宽话题（broad）和窄话题
（narrow），与学生生活和课堂教学内容相关的话题是窄话题，课堂以外的时
事政治、社会新闻、各类事件等内容是宽话题。

从这一分类项目中可以分析出课堂中的话语内容是以形式为主还是以
功能为主。

表 4.4　课堂话语内容时间分配

	管理内容		语言内容				其他话题	
	程序性	纪律性	形式	功能	语篇	社会语言学	窄话题	宽话题
A	约3分钟	1 分 钟多	37 分 38 秒	10 分 27 秒	0	0	36 分 44 秒	0
B	约6分钟	1 分 钟多	60 分 58 秒	13 分 56 秒	0	0	0	0
C	1分钟多	1 分 钟多	24 分 30 秒	34 分 10 秒	0	0	26 分 53 秒	
D	约3分半	1 分 钟多	60 分	25 分 34 秒	0	0	0	0
E	约1分钟	0	64 分 24 秒	0	5 分 36 秒	0	18 分 16 秒	0
F	约2分钟	0	12 分 06 秒	0	0	0	32 分 31 秒	43 分 01 秒
G	约1分钟	1 分 钟多	54 分 32 秒	7分45秒	0	0	16 分 43 秒	0
H	1分钟多	0	64 分 16 秒	0	0	0	22 分 41 秒	0
I	1分钟多	0	57 分 23 秒	6分39秒	0	0	23 分 27 秒	0
J	1分钟多	1 分 钟多	67 分 39 秒	0	0	0	19 分 50 秒	0

从表 4.4 中,发现 10 位教师在管理内容方面花费时间都不多。用于纪律管理的语言大概都在 1 分钟左右,有的教师没有明显的纪律性语言。用于引导课堂进行的程序性语言 B 教师使用最多,主要组织课堂活动的时候,解释活动的规则、回答学生有关问题等,其他教师在此项内容上花费时间都很少。

在语言内容方面,除了 E 教师的课堂有语篇内容以外,其他 9 位教师的课堂都与形式和功能相关,即学习词汇和语法,纠正语言错误。在这一内容的时间花费上,10 位教师所用时间从 12 分 06 秒(F 教师的课堂)到 85 分 34 秒(D 教师的课堂)不等。

图 4.5 是 10 位教师在语言内容方面的时间分配比例。从图中可以清楚地看出,大部分教师的课堂都是以语言内容为主,除了 F 教师以外,其他教师的课堂语言内容部分的学习都占全部课堂时间的 50% 以上,最少的是 A 教师,占 53.42%,最多的是 D 教师,占 95.08%。课堂内容占全部课堂时间超过 70% 的有 6 位。占全部课堂时间为 60%～70% 的有 2 位。在语言内容中又以形式为主,有 3 位教师(E、H、J)在语言形式方面所用时间占全部课堂时间的总量都超过了 70%,分别是 71.56%、71.41% 和 75.17%。10 位教师中,E、F、H、J 4 位教师的课堂完全没有语言功能的学习,只有 C 教师的课堂语言功能所用时间超过了语言形式所用时间。

在其他话题方面,B 教师和 D 教师的课堂没有其他话题内容,其他教师的课堂都设计了和课堂相关的话题内容。这说明教师在话题设计方面更关注和教材内容相关的话题。10 位教师中,只有 F 教师的课堂既有和课文相关的话题,也有和社会相关的话题。两类话题时间共占全部课堂时间的 84%,可以推断出,F 教师的课堂以话题为主,而不是以语言内容教学为主。

图 4.5　课堂语言内容时间分布比例

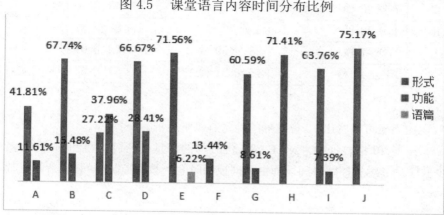

（四）师生共同控制话语内容时间多，学生控制时间少

有研究者认为，如果学习者能够参与课堂学习内容的共建会对学习者的语言能力的提高有帮助。内容控制（content control）是考察课堂话题由谁来控制，分为教师控制（teacher control）、学生控制（student control）、学生和教师共同控制（teacher and student control）。教师的课堂管理，没有学生参与的课堂讲授，教师领读生词、句子和课文以及教师课后的总结、布置作业等都可以看成是教师控制课堂话语内容；师生共同控制是指教师和学生就所学内容进行问答和互动的活动，包括教师引导学生思考和练习使用新的生词、句型或者语法等；学生控制的话语内容是指课堂中学生自己准备或者在全班学生面前的表达活动。

下表 4.6 是 10 位教师口语课堂中课堂话语内容由教师控制、学生控制、师生共同控制的时间。

表 4.6　内容控制时间分配

	内容控制		
	教师控制	学生控制	师生共同控制
A	8 分 46 秒	48 分 20 秒	32 分 15 秒
B	12 分 38 秒	26 分 20 秒	43 分 16 秒
C	10 分 27 秒	26 分 12 秒	47 分 19 秒
D	14 分 50 秒	25 分 47 秒	56 分 28 秒
E	8 分 40 秒	50 分 33 秒	30 分 22 秒
F	2 分 27 秒	68 分 30 秒	20 分 08 秒
G	7 分 20 秒	35 分 22 秒	48 分 30 秒
H	4 分 40 秒	4 分 30 秒	81 分 37 秒
I	1 分 47 秒	28 分 50 秒	58 分 07 秒
J	15 分 43 秒	16 分 21 秒	57 分 54 秒

由上表可以看出 10 位教师的课堂有以下特征。

一是 10 位教师中，A、E、F3 位教师的课堂，三类内容控制时间的多少顺序是：学生控制时间＞师生共同控制时间＞教师控制时间。其余 7 位教

师是师生共同控制时间＞学生控制时间＞教师控制时间。

二是 D 教师和 J 教师的教师控制时间比其他教师多，分别是 14 分 50 秒和 15 分 43 秒，D 教师主要是领读课文所用时间比其他教师多，J 教师的课堂中用于语法点讲授的时间多。

三是 H 教师的课堂，学生控制话语内容的时间仅有 4 分 30 秒，仅占全部课堂时间的 5%，其余时间都是师生共同控制时间。

四是 F 教师的课堂学生控制课堂话语时间是 68 分 30 秒，占全部课堂时间的 76%，远远高于其他教师。

五是学生控制时间和师生共同控制时间具有相关性，学生控制时间少的教师（H、J）用于师生共同控制话语的时间就多，而学生控制时间多的教师（A、E、F）用于师生共同控制话语的时间就比别的教师少。

（五）学生以听说为主，听的目的是为了说

学生语言模态（student modality）指的是学生在课堂上主要运用听、说、读、写哪一种语言技能。

10 位教师的课堂全部需要学生运用说的技能，在说的过程中，会运用到听、读、写的技能，目的都是为了更好地说。在听读写三种技能中，听的技能的运用主要是在与同伴练习对话时听同伴说话，或者为了理解生词、课文、语法等内容听教师讲解等，这种听的技能的运用与纯粹地听力技能训练中的听的性质完全不同。读和写的技能的运用也一样，在 10 位教师的课堂中，读的技能的运用主要表现为朗读课文或者句子、阅读课文后复述或者回答和课文相关的问题等，写的技能运用得很少，只有 C、D 教师的课堂有两三分钟学生会运用到写的技能，C 教师主要是讲到语法规则的时候要求学生把已经写在 PPT 上的语法规则记在笔记本上。D 教师是在学生完成和课文有关系的练习时，要求学生增加一个和课文有关系的新问题，教师读问题，学生记下来新的问题。所用时间都非常少，分别是 2 分 43 秒、2 分 36 秒。可以看出这里的写的技能的运用只是抄写和听写能力的运用，是为了更好地进行说的训练而进行的，和一般意义上的写作技能的训练没有关系。

总的来说，10 位教师的课堂中，学生的语言模态几乎都是以说为主，听读写作为辅助技能运用，听的技能运用得比较多，主要是因为听说一般都是一体，能听懂才能说。读写两种技能运用得非常少。尤其是写的技能，绝大部分教师的课堂不涉及这一技能的运用。

（六）学习材料以专门为汉语学习者设计的纸质材料（课本）为主

量表中教学材料（material）部分分为材料类型（type）和材料来源（source）两个方面。材料类型分为纸质材料（minimal）、扩展材料（extended）、音频材料（audio）和视频材料（visual）。材料来源分为 L2NNS（专门为第二语言学习者设计的课本、练习等）、L2NSA（专门为母语者使用的报纸、手册、广告等）、L2NSS（有目的语注释的材料）和学生自己创作的材料（studentmade）等。

从材料类型的选择上看，10 位教师在课堂上使用的学习材料的类型并不丰富，都是以纸质课本和 PPT 为主；都没使用视频材料。10 位教师的课堂中只有 1 位教师的课堂有一份不到两分钟的音频材料，是做报告的学生对一个中国学生做的为什么选择自己大学专业的采访录音，目的是给其他学生举一个例子，让大家说一说自己为什么选择学习汉语。在使用过程中，只是播放了一下录音，其他学生从中听到什么或者学到什么不能确定。

在课堂教学中，黑板、挂图、实物、PPT 等既可以看作是一种教学手段，也起到了提供教学材料的作用。因此，在学生课堂学习的过程中，除了课本上的材料以外，学生也会学到教师为帮助学生理解和练习使用课本中的词语、语法等学习内容而写在 PPT 或者黑板上的句子，挂图、黑板上的板书或者黑板和 PPT 上的图片也可以看作是教学的辅助材料之一。在这些扩展材料中，PPT 在教学中已经起到越来越大的作用，传统教师的常用手段——黑板，其作用越来越小。所有教师对黑板、挂图、实物的使用都非常少。大部分教师只是偶尔在黑板上写几个学生遇到的生词，都没有板书设计。E 教师使用了挂图和几件实物，挂图是在纠正学生拼音的时候用到时，实物是讲到"信、信封"两个生词时，教师采用实物展示的方式告诉学生生词所指代的事物，在讲量词的时候，教师通过指实物的方式让学生说出相应的量词，所用时间为 2 分 40 秒。10 位教师的课堂，除了 G、H、I 教师外，其他教师使用 PPT 作为学习材料展示的时间都比使用课本的时间长。使用 PPT 时间最长的是 E 教师，共用时 50 分 29 秒，占全部课堂时间的 56%。

G、H、I3 位教师的课堂使用课本时间长，这应该和学生自由表达活动时间不多，学习内容几乎都和课本提供的语言形式和语言功能密切相关。H 教师使用课本时间为 67 分 10 秒，基本活动都是学生读课文，讲解课文，或者利用课文的话题问学生几个问题让学生回答，没有讨论和小组活动。

表 4.7 学习材料使用时间分配

	纸质材料	PPT	板书	实物	挂图
A	20 分 12 秒	25 分 34 秒	2 分 55 秒	0	0
B	17 分 38 秒	16 分 14 秒	0	0	0
C	17 分 27 秒	26 分 23 秒	0	0	0
D	40 分 11 秒	42 分 04 秒	0	0	0
E	21 分 43 秒	50 分 29 秒	0	2 分 40 秒	17 秒
F	3 分 21 秒	27 分 52 秒	0	0	0
G	40 分 39 秒	28 分 53 秒	0	0	0
H	67 分 10 秒	3 分	0	0	0
I	29 分 57 秒	19 分 54 秒	0	0	0
J	23 分 36 秒	35 分 05 秒	2 分 54 秒	0	0

　　说明：① 如果教师把课文内容打在 PPT 上，在学生分组练习读课文的活动中，有的学生看 PPT 读，有的学生看课本读观察发现，读课本的学生比较多，所以在表的统计中，把学生分组练习读课文的时间都算作使用课本的时间。

　　② 利用 PPT 上的例句做活动的时间，没有计算在 PPT 时间内。

　　③ F 教师的课堂 PPT 使用时间包括学生做口头汇报时用的 PPT 时间。

　　④ 教师会在黑板上写一些词，但是不超过 10 秒钟的都没有计算时间。

　　在材料来源方面，10 位教师全部使用了专门为汉语语言学习者设计的材料（课本），除了 F 教师以外，其他 9 位教师都没使用 L2NSA、L2NSS 和学生自己设计的材料。F 教师的课堂使用了学生自己创作的材料，即学生在课前关于"中国教育"的个人展示中，使用了自己在课后查找的资料和采访的录音材料等，并在课堂上用这些材料组织了讨论和发言，一共用时 40 多分钟。虽然 A 教师和 C 教师也在正式讲新课之前组织了学生的角色表演和口头汇报活动，A、E、F、G、J 教师的课堂中也有学生的自由表达练习活动，但是这些学生创作的材料并没有被当作学习的材料供全体学生一起学习，因此这些材料只能被看作是学生学习的结果，而不是学生学习的材料。

二、对外汉语口语课堂互动中师生话语的交际特征

COLT 量表 B 部分主要考察教师和学生在课堂话语互动中的交际特征。设置了目的语使用、信息差、话语持续、对形式或者语篇的反应、与前一话语的合并、话语发起和对语言形式的相关限制等 7 个维度。因为两个量表针对教师和学生互动考察维度一样,因此,本文以量表的考察维度作为统计和说明的视角,分别从每一考察维度对教师和学生的话语特点进行阐述。

(一)课堂教学使用汉语

目的语的使用这一维度考察在课堂中目的语的使用程度。现代的一些研究认为,课堂教学中使用目的语越多,越有利于学生语言水平的提高。

10 位教师的课堂,教师无论是管理语言还是讲授语言均使用目的语——汉语。但在教学过程中,教师或者学生也有用英语表达或者学生用自己母语的情况。如初级班的 A 教师和 B 教师的课堂有使用媒介语——英语的情况。A 教师的课堂,教师有 12 次使用英语,主要是用英语解释学生不懂的生词,如对玩具、老公、班级的解释。还有是重复学生的英语单词,说出对应的汉语词,如 glasses, collect, safe, stamp 等。还有一次是向学生解释自己的教学指令说:"Choose one word to make a sentence。"B 教师有 4 次使用英语,一次是重复学生说的英语,确认学生的理解是正确的,如学生没听懂教师的问话:"你的电话号码是多少?"直接问教师:"Number?"教师重复学生说的这个词,然后确认学生理解正确。3 次是解释学生听不懂的生词,如name、taste、music 等。D 教师讲课过程中,问学生:"如果我寒假去韩国,只有两天时间,你们告诉我去哪儿?"希望学生用"最好"向教师推荐一个地方。几位学生用韩语确认后说了一个地方的名字。E 教师的课堂中,教师说"跳舞",一个学生没明白这个音节的意思问教师,班级的另一位学生直接说英语"dancing"告诉问问题的同学;还有,教师在说纽约的时候,学生直接用"New York"确认。F 教师在讲到生词"工商管理硕士"的时候,也使用了英语"master",H 教师在讲"此时此刻"的时候,学生用"right now"解释。

整体上说,学生都是在使用目的语学习目的语。但在一些特殊情况下,学生会使用自己的母语或者英语。A 教师的课堂最为典型,这个班共有 16

名同学,有三名俄罗斯学生,一名蒙古学生,一名日本学生,其余学生来自美国、英国、印度、吉尔吉斯斯坦等国家,大部分学生可以用英语进行无障碍沟通,因此,在课堂上当学生的语言能力不足以表达自己的想法的时候,他们很自然地选择使用英语进行交流。该教师的课堂,学生在上课过程中共有 18 次使用英语的地方。分别是以下一些情况:

1. 学生之间就教师布置的话题进行讨论。课前表演时,关于表演内容、角色分配,有两名学生在正式走向教室前面的时候有讨论。C 教师课堂也有类似的情形发生,当学生完成教师布置的作业,介绍自己国家的美食的时候,两个日本学生就日本寿司的最高价格用日语进行了讨论。

2. 发言的学生没听懂教师说的语,其他学生用英语向其解释或者该学生用英语向其他同学求助。如,在 B 教师的课堂,教师问学生:"你知道中国音乐吗?"学生没听懂,重复"音乐?",这位学生的同桌告诉他说:"Music, Chinese music" D 教师的课堂也有一次这样的情况,教师提问一个学生,该学生没听懂教师的意思,直接用母语问旁边的同学,旁边的同学用母语向他说明。

3. 学生说了一个汉语词,然后用英语确认自己想要说的意思。在回答教师的问题:"那乒乓球,乒乓球是一种什么呀?"学生说:"运动,Sport。"

4. 学生不知道自己想说的生词用汉语怎么说,直接用英语说出来。如一个学生说:"我很喜欢看书,我还喜欢 travel。"

5. 学生回答教师的问题,因为发音不准,教师没听懂,别的学生用英语解释。如,一个学生说"我喜欢晚学。"教师重复"晚学?"别的同学说:"Literature,文学。"其他教师的课堂中,学生也有恒用母语或者英语的情况,但是都没有 A 教师的课堂多。到中高级的课堂几乎没有学生再使用媒介语,但是偶尔会使用母语,主要是在被请求解释某一个不知道意思的词语时使用。

除了有声语言以外,很多教师还使用了体态语,有的学生也会使用,如不知道的时候,学生摇头、笑,说不出的时候用手指,等等。大部分教师是无意识地使用了体态语,伴随着自己的语言表达特定的意思,如 D 教师在教"小狗长得很快"的时候用手比画,一边比画一边说"小狗开始这么小,很快就这么大"。但 E 教师是例外,因为该教师非常注意在汉语初级阶段教师体态语的使用问题,可以说,E 教师是有意识地在课堂上使用了体态语,充分发挥了体态语在话语交际中的作用和功能。因此,他课堂上体态语的使用非常典型,具有多方面的功能。首先是提示的功能,用来指导学生说出相应的生词,如用手指耳朵,希望学生说出"听"这个词。遇到有反义词的生词,用一个特定的手势提示学生说出该词的反义词。其次是提醒的功能,用手势表示声调,提醒学生注意声调,纠正自己的发音。再次是管理的功能,如课堂秩序比较乱的时候,用手势告诉学生安静;或者用手势告知学生回答问题,等等。最后是辅助课文学习的功能,教师在讲授生词的时候,有意识地加进一些手势让学生说出相关的句子,而这些句子和课文相关,因此在学习课文的时候,教师通过手势的引导帮助学生在不看书的情况下说出整篇课文。学生对教师某些手势的特定含义很清楚,只要一出现该手势学生无须教师语言提示就会知道教师的意思。

(二)课堂话语互动中存在真实的和不可预测的信息

信息差是 COLT 量表的一个重要考察维度。第二语言课堂中,真实的和不可预测的信息的多少被看成是交际性课堂的一个很重要的指标。很多研究者认为,第二语言的课堂话语越接近真实的生活话语越好,而真实的生活话语互动中的问题常常是不可预测的,也不会经常告诉听话的人已经知道的信息。所以,第二语言的课堂教师要多提供不可预测的信息和提一些真实的问题,而不是总是告诉学生一些他们已经知道了的信息或者让学生回答那些已经知道了答案的问题。在 COLT 量表中,信息差这一维度包括给出信息(giving information)和请求信息(requesting information),给出信息是指回答问题时向对方提供的信息,请求信息是指提出问题时需要的信息。给出信息又分为可预测信息(predictable information)和不可预测信息(unpredictable information)。可预测信息是提问者已经知道的信息,如教师对学生说:"今天是晴天。""我们用录音机听录音。"等。不可预测信息是提问者不知道的信息,有的时候也指说话者主动谈自己的情况。如教师对学生说:"你说得不对。"或者教师主动说:"我喜欢喝茶。"等。请求信息又分为虚假信息(pseudo information)和真实信息(genuine information)两类。虚假信息是提问者已经知道答案的信息,如"'我'为什么喜欢上了中国?",这类信息常与展示性问题相联系。有的时候教师说出的可能不是一个问句,但是实际上需要学生回答的是一个问题,如教师指着 PPT 上的生词,说:"早起床的好处是?""是"脱长音,明显是希望学生提供一个答案,这样的也被看成是教师请求信息中的虚假信息一类。真实信息是提问者不知道答案的信息,如"你对父母是否应该打孩子的想法是什么?"这类信息常与参考性问题相联系。因此,这里所说的信息,不包括教师要求学生朗读生词和课文,或者要求学生背诵课文,也不包括教师让学生读自己在 PPT 上写好的句子。总的来说,给出信息一般是一个陈述,具有告知的功能,而请求信息常常是一个问题,具有提问的功能。表 4.8 显示了 10 位教师的课堂上教师话语中的信息情况。

表 4.8   教师信息差

	给出信息		请求信息	
	可预测信息 （次）	不可预测信息 （次）	虚假信息 （次）	真实信息 （次）
A	8	28	44	93
B	10	1	27	47
C	24	3	52	58
D	3	0	39	11
E	0	1	22（语言）/ 42（手势）	4
F	5	5	42	70
G	5	11	46	67
H	0	12	79	58
I	4	6	47	24
J	1	13	29	55

说明：1. 在计算教师请求信息中的真实信息时,有的教师一个问题会反复问不同学生的情况下,这种情况教师每提问一次,算作一个真实信息。主要考虑的是教师在每一次提问中,针对的是不同学生。

2. E 教师的课堂,手势语有的时候也具有提出问题的功能,因此,在具体统计时,分出了语言和手势,以便更精确一些。

从上表可以看出：

1. A 教师的课堂,教师给出信息中可预测信息和不可预测信息都比较高。请求信息中,真实信息多于虚假信息,是 10 位教师中真实信息最多的。

2. B 教师的课堂,教师给出信息中可预测信息比较高,几乎没有不可预测信息；请求信息中真实信息多于虚假信息。

3. C 教师的课堂，教师给出信息中可预测信息非常高，不可预测信息少；请求信息中真实信息多于虚假信息。

4. D 教师的课堂，教师给出信息中没有不可预测信息，可预测信息也不多；请求信息中虚假信息多于真实信息。

5. E 教师的课堂，教师给出信息中没有可预测信息，不可预测信息也只有 1 个；请求信息中虚假信息由有声语言和手势语提出，真实信息是 10 位教师中最少的。

6. F 教师的课堂，教师给出信息中可预测信息和不可预测信息都是 5 个；请求信息中真实信息多于虚假信息。

7. G 教师的课堂，教师给出信息中不可预测信息多于可预测信息；请求信息中真实信息多于虚假信息。

8. H 教师的课堂，教师给出信息中没有可预测信息，不可预测信息是 12 个；请求信息中虚假信息多于真实信息，是 10 位教师中虚假数量最多的课堂。

9. I 教师的课堂，教师给出信息中可预测信息和不可预测信息都不多，分别是 4 个和 6 个；请求信息中，虚假信息多于真实信息。

10. I 教师的课堂，教师给出信息中，可预测信息只有 1 个，不可预测信息多一些，共是 11 个；请求信息中，真实信息多于虚假信息。

总的来说，教师请求信息的数量远远高于给出信息的数量，大部分教师的课堂是教师请求信息中，真实信息多于虚假信息，也就是教师提出的展示性问题多于参考性问题。而教师给出信息中，除了 B 教师和 C 教师，大部分教师的课堂都是不可预测信息多于可预测信息。

从课堂观察和转录的材料分析可以看出，大部分教师的课堂给出信息中都是不可预测信息高于可预测信息。中间值是 3—6 个，多为教师和学生之间关于学生学习、复习情况的交流以及对学生提出的有关词语的问题进行解答，如果有的教师不可预测信息高于 6 个，就可以从教师的个人授课特点和课堂中没有预测到的事件两方面找原因。比如，A 教师的课堂不可预测信息最多，其中只有几个是回答学生的问题，如学生用手机查到自己想要的词以后，拿着手机问："这是什么？"教师告诉学生是"雪橇"。但是大部分不可预测信息给出的原因并不是因为学生的请求，而是教师在向学生提出一个问题之后，等学生说完自己的情况，该教师也会介绍自己的情况。如当问完学生："你有什么爱好？"以后，教师先说："我的爱好是喝茶，还有收集邮票。"然后再问学生的情况,或者先让学生说,然后再说自己的情况。J 教师的课堂中教师给出的不可预测信息中有 10 个,是教师在讲句型"A 远没有 B……"时,没有讲清楚"远"的意思,学生没听明白,因为不明白,学生有许多疑问,所以产生了比较多的不可预测信息。

而教师的可预测信息的产生,绝大多数都不是学生主动要求教师给出的,而是教师为了确认学生是否了解了生词、语法或者课文的意思而主动说出的信息。尤其是可预测信息高于不可预测信息的两位教师的课堂中,C 教师设计了让学生说出自己国家特色菜的活动,在这一活动中,当某一位学生说出了一些信息之后,教师面向全体学生解释说明该学生介绍的部分内容或者对其内容进行扩展性重复;还有就是遇到需要学生完成的信息,该教师也常常和学生一起说出。B 教师的可预测信息的产生更为特别,一般的可预测信息的产生都是提出问题者或者引发问题者是学生,教师给出信息是针对学生问题的回答,但是 B 教师的课堂,问题的提出者或者引发者常是教师本人,当教师提出问题,学生不能回答时,该教师常常直接给出答案,让学生跟着教师本人重复。就信息内容来看,教师给出信息中没有以课文内容为话题的交流。

在教师请求信息中,除了的 D、E、I 三位教师以外,其他教师的课堂都是真实信息多于虚假信息。这说明绝大多数口语教师的课堂真实的交际不少。其中,虚假信息大多数与生词和课文的理解相关,在 C 教师和 F 教师的课堂也和学生在课堂中提供的材料有关系,即教师利用某一学生提供的材料中的内容问其他学生以确定核实其他学生是否听懂。10 位教师的课堂中有 4 位教师虚假信息的数量在 40—50 之间,这应该是常态。最多的是 H 教师,这和该教师处理生词的方式有很大关系,该教师更倾向通过提问让学生学习生词,比如会问学生"下一个词怎么读?""这个词是什么意思?"等,比较少的两位教师(B 和 J)在教学中更喜欢自己领读生词,另外 B 教师的课堂也没有设计就课文内容提问的活动。

值得一提的是 E 教师提出虚假信息的方式很丰富,有语言和手势语两种,语言包括有声语言提出的问题和写在 PPT 上的问题,比如在学习"电脑室"这个词以后,教师问学生:"都有什么'室'?"这是有声语言;学习"关"这个词的时候,教师做关门、开门、开窗、关窗等动作,学生说出相应的词,这是手势语;在学生学完课文以后,教师用 PPT 给出和课文有关的问题,让一个学生读,一个学生回答,这是用 PPT 直接给出问题的方式。下面的这种情况在 E 教师的课堂中特别多。

例 1

T：（指下一个生词）

S：营业员。

T：（1 的手势）

S：一个营业员。

T：（指一个学生）

S1：一个。

T：一个。

S1：营业员。

T：一起来。（手势 1）

Ss：一个营业员

T：还可以说（手势 1）——

S：一位。

T：好。一起来。

Ss：一位营业员。

E 教师不是用提问题的方式问："这个怎么读？"而是直接用手指，学生读，即使是在学习量词的时候，教师也没问学生"一什么营业员？"或者"营业员的量词是什么？"在例 1 的末尾处，当教师想了解学生是否知道营业员还可以用另外一个量词的时候，只说了"还可以说"，"说"后面拉长音，学生直接说出"位"这个量词。一般的课堂都是用问题的形式提出，但是这里都是用手势表达，学生直接给出答案。教师没有提出问题，虽然手势有提出问题的作用，但实际上和教师与学生之间已经建立的默契关系有关，学生可以判断教师希望自己说什么，但如果从量表的交际性特点出发，后面两个都可以算作交际，算成学生给出的可预测信息。

大多数教师是用有声语言提问，有的教师也用 PPT 提出问题（如教师在 PPT 上写出问题"你的爱好是什么？"让学生回答），就笔者所观察到的课堂来说，除了 E 教师以外，没有教师用体态语的方式提出问题。

10 位教师真实信息来源主要是两类。一类是和真实情境有关系，如 C 教师在正式讲课之前，问学生"你们周末过得怎么样？你们周五吃饭吃得怎么样？"这是教师已经知道学生周末要一起吃饭，而恰好教学内容也是和吃饭有关系，所以顺势让学生介绍周末一起玩和吃饭的情况。还有的真实情境是和课堂管理、课堂教学程序有关,如点名的时候一个学生没来,教师会问"他怎么啦?"等等。另外一类是和课本提供的词汇、语法和课文主题有关系,比如课文生词有"爱好",教师会问学生"你有什么爱好?"。10 位教师中,E 教师的课堂真实信息只有 4 个,应该和其提问的方式有关系,即把问题写在 PPT 上展示,而不是直接用语言问学生。还有一个原因就是 E 教师的课堂有明显的听说法的特点,重视生词、课文理解和语法结构的操练,所有课堂时间都紧紧围绕课本内容进行。

就课堂中的真实信息和虚假信息来说,教师提问对象有一些不同。虚假信息常常只针对某一个或者某几个学生,而真实信息常常是针对所有的学生。这说明,真实信息确实是用来交流的,即一个学生的回答不能代表所有学生,而虚假信息的交流作用就比较弱,主要是教师该实学生是否理解了所讲内容,因此某一个或者某几个学生回答对了,就可以表示全班大部分学生都明白了。

10 位教师的课堂中,除了 F 教师的课堂外,学生给出信息和请求信息都不多,具体数据可以从表 4.9 中看出。

表 4.9 学生信息差

	给出信息		请求信息	
	可预测信息 (次)	不可预测信息 (次)	虚假信息 (次)	真实信息 (次)
A	46	90	0	9
B	32	27	11	1
C	57	65	5	3
D	33	20	11	0
E	42	30	4	1
F	37	144	7	39
G	34	71	0	11
H	105	84	0	8
I	34	47	16	6
J	21	77	1	13

说明：1. 不同学生回答教师的同一问题，按照回答的次数计算。如，教师问："你喜欢什么运动？"有 17 个学生对此问题进行了回答，那么在此表中不可预测信息一栏计 17 次。

2. E 教师的课堂大量使用了手势语，因此，把学生按手势语的要求提供的可预测信息也计算在内。

从上表可以看出：

1. 学生给出信息的数量远远高于请求信息的数量，这说明大多数教师的课堂具有一定的交际性，但是学生在构建话语方面没有占有主动和支配地位。

2. 学生给出信息中不可预测信息的数量高于可预测信息的数量，请求信息中真实信息的数量高于虚假信息的数量。

3. 除了 D、I、B 三位教师的课堂外，其他课堂中学生请求信息中没有虚假信息或者虚假信息非常少。

4. F 教师课堂中学生给出信息中的不可预测信息和请求信息中的真实信息是最多的。说明该教师的课堂具有足够的交际性。

5. H 教师的课堂中学生给出信息中的可预测信息最多。

通过课堂观察和对转录材料的分析发现，学生给出信息中的可预测信息大部分与教师请求信息中的虚假信息有关，不可预测信息多与教师请求信息中的真实信息有关系。如 A 教师的课堂中，学生给出的可预测信息几乎都是用来回答教师展示性问题的，不可预测信息多是用于回答教师提出的参考性问题。而 H 教师课堂中的可预测信息非常多，主要是由教师询问下一个生词的读音和要求学生解释词语的意思而产生的。J 教师的课堂学生的不可预测信息多，主要是因为在回答教师同一问题时，学生是一个词、一个词地说，每说一个词，教师重复一下，学生再说下一个词。

但是 F 教师的课堂比较特别，该教师课堂学生提供的不可预测信息，多是回答同学的问题，其中有一些信息非常有意思。这些信息一方面是回答教师的问题，一方面又同时有另一个学生给出的信息。如下面的一段课堂互动：

例 2

T：那个叫什么？

S：（一个）简历。

T：或者书上我们一会儿要学一个词。到底叫什么，一会儿我们就知道了。那是一个专门的词。还有呢？

S1：然后你们为什么要选择这个面试，选择这个工作？

S2：因为我的工作是很大的公司嘛。（众笑）能给我大的安慰。

T：还有呢，还有问题吗？

S3：还有你的爱好是什么？

T：你的爱好是什么？

S4：很容易。

这段对话中，话题是围绕教师给出的问题进行讨论。教师的问题是："如果你是面试官，你会给应聘者提一些什么样的问题？"教师在学生回答完一个之后，用"还有呢？"引导学生说下一个面试官常问的问题，S1给出了自己的信息："你们为什么要选择这个面试，选择这个工作？"但是这个针对教师问题的答案出来以后，它又变成了一个问题，虽然这位学生没有重复这个问题，但是另外一组作为应聘者中的一位学生S2针对S1的问题给出了答案"因为我的工作是很大的公司嘛。能给我大的安慰"。S1的话就兼具两种功能，即针对教师提问，它是给出信息，而它自身又有请求信息的作用，所以S2针对这个问题给出了自己的信息。

还有下面一段互动：

例3

T：还有什么问题？

S5：你有没有经验？

S6：有，有啊。

S5：你有经验的话，那为什么你没有以前的工作？为什么换工作？

S6：我刚刚毕业了，所以我一直申请你们的。

S5：那你有打工？

S6：我在大学的时候平常去帮帮人，免费的，所以没有打工的时间。

……

这里"你有没有经验？"也具有一样的特点，既是给出信息，也具有请求信息的功能，所以围绕这个问题，生5和生6进行了信息交流。

另外，有的学生给出的信息，有的时候并不是完全回答教师的问题，而是与教师给出的问题相关的内容。如J教师的课堂有下面一段对话：

例4

T：对。不如意的。旅行中碰到不如意的事情是必然的，比如说，它举例子了。误了火车，什么叫误了火车？

S：坐错了。

T：做错了啊？坐错了叫误了？

S：过站。

T：过站也不叫误了。这个"误"我感觉是耽误的意思，就是说火车开走了你才来。这个叫误了火车，还有呢？航班晚点。遇见了天气不好的时候，飞机不能准时起飞。

S：南方航空。

T：南方航空？好。航班晚点。哪个航空公司都有这样的问题啊。

S：南方航空比较多。

T：比较多。

S：南方航空。

S2：中国航空。

T：中国航空，还有什么啊？

S：都差不多。

T：你原来在哪个机场啊？

S：仁川机场。

T：仁川机场。仁川机场怎么样？飞机经常晚点吗？

S：这不是机场的问题吧。

T：那是什么呀？

S：航空公司。

T：航空公司的问题。

S：机长问题。

S2：态度问题。

T：因素很多啊，天气因素，飞行员的驾驶技术，还有比如说旅客的因素，万一飞机上有人打起来了呢。

S：这个不是，这是正常的吧，下雨天。有的航空公司，一刮风就晚点，三个小时之后到。

T：嗯，三个小时候到。这是为了安全考虑，晚点就晚点吧。

S：那个，同时。同时说2点起飞，要4点起飞。

这段对话是师生讨论"误了火车"的意思，其中包括教师引导学生理解"误了火车"的正确意思，然后过渡到"误了飞机"，在谈误机问题的时候学生给出了"南方航空"这一新的信息。然后围绕"南方航空"是否经常有航班晚点这样的事情，教师和学生之间有几句简短的对答，学生又提出了"中国航空""仁川机场"等新的信息,同时还谈到机长问题、态度问题等信息用以反驳教师的想法,支撑自己的观点。

在学生提出的请求信息中,只有 D、F、I 三位教师的课堂虚假信息略多一些,有 5 位教师(A、B、C、G、H)的课堂学生完全没有提出虚假信息。D 教师和 I 教师的课堂中学生虚假信息是学生按照教师的要求就课文有关问题向其他学生提问产生的,是学生被动产生的问题。F 教师课堂中的虚假信息是学生之间在完成教师给出的任务活动中产生的。从这些统计结果看,学生除非是为了完成教师布置的课堂活动,否则在一般情况下,不会问一些已经知道答案的问题。在真实信息方面,除了 F 教师的课堂以外,大部分教师的课堂中学生请求信息中的真实信息都很少,D 教师的课堂学生请求信息中没有真实信息。其他教师课堂中的真实信息可以大致分为以下几类:一是和课堂程序有关系,如 E 教师的课堂中的 1 个真实信息是学生问教师自己应该在哪儿讲自己准备的话。二是和课堂真实情境有关系,如 B 教师课堂中的 1 个真实信息是学生被问道:"你知道我们班有多少人吗?"的问题时,指着自己旁边的一个座位问教师:"她在哪儿?"三是学生问自己不会的语言问题,如 C 教师课堂中的 3 个真实信息,其中有一个就是学生想表达的时候,遇到自己不会的词语,用手机查找后,不知道自己要表达的意思对应哪个汉语词,所以问教师。I 教师的课堂中也有学生不知道"练习"怎么写,问教师,等等。

课堂中真实信息的多少,也和学生的性格特点或者课堂中的疑难问题有关系。如 A 教师的课堂中有 9 个真实信息问题,但是这些问题中有 5 个是同一个学生提出的。而 J 教师的 13 个真实信息,其中有 10 个是在教师讲"A 远没有 B+ 形容词"这一句型结构的时候产生的。这种真实信息具有实际的交流意义,但是在课堂上出现时,偶然性因素比较大,因此,可借鉴的意义并不多。

(三)教师持续发言多,学生发言以超小型发言为主

B 部分的第四个考察维度是话语持续,包括超小型发言(minimal speech)、小型发言(small speech)和持续发言(sustained speech)三种类型。超小型发言是指只有一个或者两个词语组成的话轮。这三种类型的发言都是以话轮的构成来考察。按照 Levinson 的定义"话轮是某一讲话人在一个典型的、有序的、有多人参加的会话中单独讲话的时间段"。小型发言是指两个

词以上的短句或者有一两个主语的句子组成的话轮。持续发言是至少有三个主语组成的话轮。例如：

例 5

① T：那她在做什么？

② Ss：爬山。

③ T：你们喜欢爬山吗？

④ S：我喜欢爬山。

⑤ T：朱莉喜欢，法赫利喜欢，那你们在长春爬山吗？

⑥ S：不爬山，在长春不有山，长春没有地方爬山。

⑦ T：对，长春没有地方爬山。但是长春现在可以滑雪了。现在，可以滑雪了。你们可以去试试。

例 5 师生话语互动中，②是超小型发言，①③④是小型发言，⑤⑥⑦被看成持续发言。

这一维度主要考查学生在课堂中输出的是扩展性的话语还是仅限于单句、短语或者词语。当前第二语言教学理论认为，学习者的语言输出能够有效地帮助学习者习得语言，因此，在课堂上，应该多创造机会让学生进行连续性的表达。

在 COLT 量表中，教师话语持续和学生话语持续分别列在教师话语和学生话语两个部分，为了论述方便，笔者将两个表格合为一个表格，以更清楚地了解每个课堂的特点。

表 4.10　教师话语持续和学生话语持续

	教师话语持续			学生话语持续		
	超小型发言（次）	小型发言（次）	持续发言（次）	超小型发言（次）	小型发言（次）	持续发言（次）
A	98	108	103	202	205	24
B	112	95	79	251	136	2
C	114	189	64	157	73	28
D	159	228	65	241	354	9
E	305	61	10	922	225	17
F	20	117	60	213	129	53
G	143	122	85	181	209	10

H	87	116	88	73	63	19
I	20	73	74	126	49	2
J	133	75	61	86	73	10

从上表中可以看出以下几个特点。

1. 除了 B、E、G 三位教师以外,其他教师的课堂小型发言的数量都高于超小型发言和持续发言。

2. F、I 两位教师的超小型发言最少,都只有 20 次。而 E 教师的超小型发言最多,高达 305 次,远远高于其他教师的数量。在小型发言中,D 教师的小型发言最多,为 228 次。

3. E 教师持续发言数量最少,只有 10 次,而 A 教师的高达 103 次。

4. 除了 A、D、G 三位教师以外,其他教师的课堂中学生话语都是超小型发言的数量高于小型发言和持续发言的数量。E 教师的课堂学生话语持续数量最多,高达 922 次,远远高于其他教师的课堂。H 教师课堂学生话语持续数量最少,只有 73 次。

5. D 教师课堂学生的小型发言最多,为 354 次。而 I 教师的最少,只有 49 次。

6. B 教师和 I 教师的课堂学生持续发言数量最少名,只有 2 次。F 教师的课堂,学生持续发言的数量最多,为 53 次。

通过课堂观察和对转录材料的分析发现,教师的超小型发言,主要是教学指令、领读生词、重复学生的词语等几种类型。因为每位教师的授课特点不同,课堂上超小型发言的类型也不一样。大部分教师超小型发言都集中在领读生词和学生回答问题后重复学生说的词这两种类型,但 E 教师的超小型发言有 80% 以上都是"再来""再说一遍"和点学生的名字让学生回答问题等教学指令,只有在十分必要的情况下才会领读生词和重复学生回答问题时说的词语。这种以简单的教学指令为构架的教学方式,有效地加快了课堂教学的节奏,使学生有更多的机会练习,这应该是该教师课堂学生话语数量远远高于其他教师学生课堂话语数量的重要原因之一。

教师的小型发言包括领读课文,向学生提出问题,讲解生词、语法,纠正学生的错误等类型。D 教师的课堂,教师和学生话语在这一类型上数量都是最多的。说明该教师有明显的句子训练意识。D 教师主要用以下方法训练学生成句的表达能力：①让学生在句子中学习生词，主要的生词，教师都是把含有该生词的句子写在 PPT 上，让学生朗读和熟记；②紧紧围绕课本中的课文，让学生学习并熟记课文中的句子；③鼓励学生用完整的句子回答问题。

教师的持续发言主要是讲解生词、语法和课文。10 位教师中，A 教师的课堂教师持续发言数量最多，以下 3 个例子非常有代表性。

例 6

T：（换 PPT）（指图片）这个是？

Ss：电视。

T：电视。

Ss：电视。

T：那你们现在的房间有电视吗？

S：（不同学生）有。有。我没有。

T：你没有。那你们看电视吗？

S：不看。不看。（笑）不看。

T：不看电视。为什么？

S：（不同学生）我们听不懂。中文，我们不明白。我听不懂，教师。

T：对。我觉得你们是听不懂。那我们看电视，看电视。电视里面看什么？看的是电视节目（指 PPT，等学生，和学生一起说）。电视节目。那你们为什么不看电视？因为中文节目你们听不懂（教师用手指耳朵，有学生跟教师一起说不懂）。中文节目你们现在听不懂。但是我很喜欢看电视。我很喜欢看电视。好，这个，旧课。那我们今天学第 20 课，什么是旧课？

例 7

T：我的朋友很喜欢收集玩具。

S：玩具？

T：Toy。

S（几个学生）：Toy。

T：啊，玩具，Toys。

S（又有几个）：Toys。

S（阿里）：Toys？他多大？教师？

T：（指黑板）收集，收集。那我还喜欢养宠物。

S（阿里）：教师，教师。

T：glasses？眼镜，眼镜，啊。

S（阿里）：教师，教师，你的朋友多大？

T：我的朋友多大？我说的这个朋友其实是我老公。（学生没反应）My husband，（全班学生笑）他今年过生日，所有的礼物都是玩具。每个每个朋友都是玩具。好了，（换 PPT）我们继续看，继续看。你一般多长时间给家里打一次电话？

例 8

T：啊。现在啊，现在，一个人，一个人，问两个人。他周末干什么？干什么。一会儿告诉我。比如说，伊拉说，朴恩周末打算做什么，做什么。好。一个人问两个人啊。问两个人。

例 6 是在学习"电视"这个词的时候，教师和学生的对话，其中最后一句，教师由电视引发的话语非常长，也引出"电视节目"这个词。例 7 是和课文主题相关的一个问题"你有什么爱好？"教师在问完学生之后，自己主动谈论丈夫的爱好，最后一句是学生明白了刚开始没有听懂的"玩具"这个词的意思之后，提出问题，教师的回答。例 8 是教师组织课堂活动的时候的说明，也是比较长。

通过比较可以发现，在处理生词和课文的时候，A 教师和 E 教师的特点完全不同。如，同样是学习生词，A 教师关注生词的意义理解，通过不断在语境中说出生词来达到让学生理解的目的；而 E 教师则关注生词的读音，反复帮助学生练习并纠正学生的发音，对于生词的意义主要限定在理解课文中的句子。所以，A 教师常常是尽量多说，让学生通过多听来反应和理解；E 教师则常常是尽量少说，用最简洁的指令引导学生多说。因此，E 教师的课堂学生发言的数量非常高，是学生开口率最高的课堂。

学生超小型话语主要是跟教师读生词、句子或者课文的时候产生的，也有一部分是回答问题，还有一些是学生在听教师说话时遇到的问题。如：

例 9

①T：下面，下面来。晚上。

②Ss：晚上。

③T：现在什么？早上。然后？

④Ss：中午。

⑤T：上午，然后？

⑥Ss：中午。

例 10

①T：他说，对行李减重，或增加行李空间最简单的方法是什么？旅行的时候只带一双鞋，你们出门的时候带几双鞋？

②S：出门？

③T：嗯。出去旅行的时候。

④S：1 双。

以上例 9②中，全体学生"晚上"是跟读生词，而④句"中午"是回答教师的问题，例 10 中句子②，是学生听到教师问题中"出门"这个生词，所以简单地用重复和句尾升调的形式向教师提出问题，教师明白以后，回答了学生问题，学生也很顺利地给出了"1 双"这个答案。"晚上""中午""出门""1 双"等在统计中都是学生的超小型话语。

关于学生的小型发言产生的原因，一类是读句子、课文、完成课后的练习以及回答教师的问题时产生的，另一类是学生有问题或者完成教师要求的活动时产生的。前一类是被动产生的，后一类有学生的思考，是主动学习的结果。如：

例 11

T：这个，我们前面问的这些问题，可能什么工作都需要，你的年龄，你的姓名，你的爱好，也许都需要，我们这次练习的不是专门的工作，对，不是专门的工作。还有什么问题吗？

S：还有，还有会什么运动？还有唱歌，会跳舞的。（众笑）就是以后，有个比赛的话，公司需要的。（哈哈）

S2：你的问题奇怪的。

T：友子也觉得你的问题有些奇怪，那你为什么会问这样的问题？

S：就是公司里需要运动，会运动的人。

T：公司里需要运动，运动很厉害的人。

S3：（一个）团队生活比较重要。

T：啊，他替你解释了，如果你运动，需要那种团队生活，看看你在团队里面的表现怎么样？可能听起来也是个陷阱？不是比赛，还有别的问题吗？

S4：还有，还有那个我们需要的话，可以加班吗？如果有孩子呀，有家人呀的话。所以加班吗？

S5：为了公司盈利，我们可以，如果需要的话，你可以给我些钱。

T：他提问题了，一会儿有机会提问题，啊。

S6：周末也可以吗？

S5：周末？周末也可以，如果你需要的话。（笑）

S6：（一个）可以！

S7：你喜欢工作，一个人还是大家在一起？

S5：在一起。嗯。

S7：还有，你有没有什么优势？

……

这段对话是学生在讨论教师的"招聘者和应聘者在面试过程中都关心什么问题"这一课堂活动的过程中产生的。学生的句子基本都是小型发言，有的句子有错误，但是基本能够准确表达自己的意思，整个对话完整的、具有真实的交际意义的句子非常多。

学生持续发言的产生有两大原因，一个是读课文，一个是完成教师的课堂口头表达任务。从学生话语输出需要投入的思维来看，读课文是被动产生，学生不需要投入太多思考，简单模仿即可；完成教师的课堂表达任务需要学生投入思考，自己组织语言和语篇结构，是主动输出的过程。B 教师和 I 教师的课堂缺少这两项课堂活动，所以课堂中学生几乎没有持续性发言。D、G、J 三位教师的课堂学生持续发言少，也是因为缺少课堂口头表达任务活动。F 教师的课堂，学生持续性话语数量非常多，主要是该教师通过学生报告和课堂讨论等两个任务型活动引导学生进行连续的表达。

总的来说，大部分教师的课堂，教师以小型发言为主，而学生以超小型发言为主。但是 E、F 两位教师的课堂与其他教师的课堂有极大的不同。E 教师学生话语总数量远远高于其他教师的课堂，而 F 教师的课堂，学生持续发言的数量也要比其他教师的课堂多得多。关于其产生的现象和原因，除了以上的分析外，在第六章还通过访谈分析了两位教师的教学理念的不同及其对课堂话语的影响。

（四）以对语音、词汇、语法等形式上的反应为主

量表中有教师和学生对形式或者语篇的反应一项，这一项和量表 A 中的语言内容部分相关，主要观察学生和教师更关注语音、词汇、语法、语篇等哪一方面的错误。对语音、词汇、语法的反应被看成是对话语形式的反应，而对语篇的反应则被看成是对话语意义或者话语内容的反应。很多第二语言研究者认为第二语言的学习应该和第一语言的习得一样，关注话语意义的生

成,而不是对形式的纠正。

表 4.11 和表 4.12 分别是 10 位教师的课堂中,教师和学生对形式或者语篇的反应的数量。

表 4.11　教师对形式或者语篇的反应

	A	B	C	D	E	F	G	H	I	J
形式(次)	11	7	7	22	31	12	5	3	5	6
语篇(次)	0	0	0	0	1	0	0	0	0	1

表 4.12　学生对形式或者语篇的反应

	A	B	C	D	E	F	G	H	I	J
形式(次)	2	0	0	0	1	1	0	0	0	0
语篇(次)	0	0	0	0	0	0	0	0	0	0

从两个表中,我们可以得出以下结论:

1. 除了 E 教师和 J 教师以外,其他教师的课堂都是只有对形式的反应,没有对语篇的反应。

2. E 教师对形式反应的数量最多,D 教师次之。

3. 10 位教师的课堂中,只有 4 位教师的课堂有学生对形式或者内容的反应,并且无论是对形式还是语篇的反应,数量都非常少。

教师对语言形式的反应主要是对语音和语法的纠正。尤其是 B、D、G、H 四位教师的课堂,全部是对语音和语法的反应。

例 12

T:蔡俊,这个。

S:激到。

T:知道。

S:激到。

T:知道。

S:激到。

T:舌头,知知,这儿,这儿。知道。

S：激到。

T：哈哈,跟我读,知道。

例 13

S4：聪明的学生不努力也不能学好汉语。

T：学好。

例 14

T：你,说说。

S：你吃吃。

T：(哈哈)不不不,不吃。吃吃,我们去商店,这个我说好吃,你们喜欢吃,你们喜欢吃巧克力吗? 巧克力? 可以,可以。巧克力,我说你尝尝。你尝尝,跟我读,你尝尝。

例 15

S：这个衣服你一直穿头。

T：这个衣服没什么穿头。

例 12 和例 13 都是对语音的纠正,例 12 是学生的拼音"zh"和"j"发音混淆,教师纠正。例 13 是学生读句子的时候,句中停顿不对,学生将"学好"分开读,变成"也不能学好汉语",改变了句子的意思,所以教师纠正。在语音方面,除了这两种以外,还有对多音字的纠正,比如"重(chóng)新"学生读成"重 zhòng 新","长 zhǎng 得"读成"长 cháng 得",还有一些对声调的纠正,等等。例 14 是学习动词重叠的时候,学生看教师给出的图片之后用"你吃吃",教师纠正为"你尝尝"。例 15 中,学生用语法词"······头"说句子,说得不对,教师直接改成正确的句子。

10 位教师的课堂所有对形式的反应中,一共只有 3 次是对词汇偏误的反应。包括两种情况。

例 16：

S：(一个学生)我说,我的专业是,就是建筑,然后第二个是汉语。其实,小时候,小时候不是这个选择的。小的时候是警察,可是,那时候,小时候看起来警察,经常看起来很紧身。

T：警察看起来很什么?

S：我觉得很好看,衣服很好看,比较紧身。

T：比较紧身?

S：不是。怎么说呢? 这个?

T：很合身？

例17

S：日本的最第一次的大学。

T：最早建立的大学。最早。

例18

S：还有水桶。

T：嗯？

S：水桶。

T：水桶，是水杯还是水桶？

S：是水杯。

T：水杯啊，这个叫水杯啊，（用手比画）这样的叫水桶。

例16和例17是学生在自由表达的时候出现的，例16是学生找不到合适的词语表达自己想要表达的意思。例17是学生将"最早"和"第一次"混用。例18是学生在回答教师参考性问题时出现的，学生将"水桶"和"水杯"混用。

10位教师的课堂中，只有I教师的课堂有1次关于汉字书写的纠正，并且是应学生的请求写的。一个学生问教师"练习"怎么写，该教师请一个学生到黑板上写，学生写完之后，教师进行纠正。

从课堂观察和对课堂转录的材料分析中发现，教师对具有语篇特点的话语的关注度不高，明白学生表达的意思就可以了。如下面几个例子。

例19

T：那么，哪一位韩国的同学来给我们介绍你们韩国的菜呢？韩国的同学，咱班韩国的同学最多，对吧？来，给我们介绍一个韩国的菜。

S★★：我先。

T：好。

例20

S★★：我介绍韩国特色的菜，炒年糕。炒年糕是韩国的最有名的小吃，特别在冬天的时候，在街上有很多大排档，炒年糕做的方法很容易，烹饪时间只是大概二十分钟，我们准备年糕、米糕、蔬菜、糖，还有辣椒酱，水开的时候加入辣酱、糖，然后加入年糕、鱼糕（xxx），接着加入蔬菜，最后煲几分钟，那么完了。但是真的好吃。

例19中，"我先"和例20中"那么完了"都属于汉语语篇表达方面的偏误，一个是集体说话中开始话轮，一个是自己表达时结束语轮，可以看出学生对这方面的掌握有极大欠缺，但是教师都没有及时提示和纠正。因此，10位教师的课堂中，仅有的两次和语篇相关的纠正也和句子结构的意义相关，而与上下文语境关联程度较少。这两个句子是学生说"坐电梯远没有走路好"和"要是你喜欢喝茶，就和我一起去酒吧，"教师直接将"走路"改成"爬楼梯"，而第二个句子教师说："喝茶一般不能去酒吧，所以说'就和我一起去喝茶'，喝茶"。相比较来说，学生对语篇的纠正，更关注意义理解本身。下面的两个例子中，例21是教师在对一个学生的发言内容做理解式的说明时，另外一个学生认为教师理解得不对，提醒发言的学生，纠正教师的理解偏差。例22是教师在讲授生词的时候，说错了学生的姓，学生提醒纠正。

例 21

T：对，番茄就是西红柿，对吧？红颜色的，西红柿，番茄就是西红柿，所以用西红柿做的酱蘸着吃，这个和我们在麦当劳和肯德基吃的差不多，对吧？

S1：（摇头）

T：不对？

S1：她说这个和麦当劳差不多。（对 S** 说）

S**：哦，不是。

例 22

T：国家一样，我说中村和本田一样，都是日本人。

S4：本同。

T：本同，对不起啊，本同，中村和本同一样，都是日本人，对吧？都是日本人。下一个词，故事。

学生对形式的反应很少，只有3位教师的课堂中出现，而且都是1次。A教师的课堂是一位学生在回答教师问题时说："长春不有山。"紧接着班级另一位同学说"长春没有山。"E教师的课堂是学生发言时，刚开始说"卖"，后来意识到自己发音有问题，自己改成"买"。F教师是主持发言的学生请班级一位同学读自己准备的材料时，纠正读材料的学生的发音。

总之，对外汉语口语课堂中，主要以教师对形式的反应为主，学生的反应数量很少。在对形式的反应中，对语音和语法的反应数量远远高于对词汇的反应，对词汇的反应只有在学生自由表达的活动和回答展示性问题的时候才出现。教师和学生对于语篇的反应都不多，教师对语篇的反应主要是针对语义表达的准确性,而学生更关注话语意义的正确性。分析这些现象的原因应该是产生和教师课堂活动类型、教师对错误的容忍程度和学生在课堂投入程度等因素有关。

对形式或者语篇的反应是课堂话语修正的一部分,有关课堂话语修正的研究在本章第三部分有进一步的探讨和分析。

(五)与前一话语的合并方式以重复为主

COLT 量表中,与前一话语的合并包括细化(elaboration)、扩展(expansion)、点评(comment)、改述(paraphrase)、重复(repetition)和弃置(no corporation)。细化是对前一话语的详细说明;扩展是在前一话语的基础上向外延展话语内容;点评是对前一话语的好坏进行评说;改述是保留前一话语的意思,但是换一种方式说;重复是只重复前一话语内容,在课堂话语互动中主要表现为完全重复和不完全重复两种类型;弃置是不再讨论前一话语,直接转换为下一话语内容。这一维度主要是考察说话人是否能够将前一话语的相关内容有效纳入自己的话语体系中。第二语言习得研究的结果表明,如果教师在课堂教学中鼓励或者创造机会让学生对自己的话语进行整理,学生就会有机会掌握更准确的表达技巧。

例 23

① T:我们今天学习第二十课,我喜欢逛街。好,你们谁喜欢逛街?

② Ss:(有学生举手)

③ T:都喜欢?逛街?那你们在长春去哪儿逛街?

④ S1:桂林路。

⑤ T:桂林路。

⑥ S2:百脑汇。

⑦ T:百脑汇。

⑧ S3:红旗街。

⑨ T:红旗街。还有吗?

⑩ S4:重庆路。

⑪ T:重庆路。对。长春这三个地方买东西。好,我们看前面。

⑫ S5:还有欧亚卖场,欧亚商都。

例 24

① S2:我一星期两天我打电话。

②T：一星期打两次电话。一星期打两次电话,啊。阿里呢?

③S3：我每天。

④T：我每天。

⑤S3：我每天给我家里打电话。

⑥S4：我也每天打电话。

在例 23 这段对话中,⑤⑦⑨句是教师对学生前一句话语的重复,⑪句除了对前一话语的重复以外,还有点评"长春这三个地方买东西。"⑫句是学生的进一步补充,可以看成是对前一话语的扩展。例 24 中,②句是教师对学生"我一星期两天我打电话。"这句话进行了改述。⑤句是学生 3 对自己原有话语的细化,而⑥句是学生 4 在原来话题之上的扩展,由原来谈论学生的事情改成谈自己的事情。

这一维度主要是考察师生在自由或者半自由对话过程中,后一话语与前一话语之间的关系,因此,在做统计的时候,没有将教师指令下学生重复教师说的话计算在内。包括教师领读生词、课文或者句子等,也包括教师指令学生必须说的句子,下面例 25 句中,学生对"我的电话号码"的重复是在教师要求下的,因此,不计算在统计数字之内。

例 25

T：你说,我的电话号码是

S：我的电话号码是 1551……（不能继续）

另外,有的话语合并方式是以"重复＋点评""重复＋改述""重复＋细化"等方式呈现的,在统计时,都计算在后一种类型里,在"重复"一栏中不做统计。如例 26 中,教师先重复"签了合作计划书",然后对"签"做了解释,在统计时,算"细化",而不在"重复"中重新计算。

例 26

S：双方公司最正式的签了合作计划书。

T：好,签了合作计划书,签了,签,就是签名。

表 4.13 是教师在"话语合并"中的表现。

表 4.13　　教师各种"话语合并"方式的数量统计

	弃置（次）	重复（次）	改述（次）	点评（次）	扩展（次）	细化（次）
A	0	94	11	5	8	14
B	0	22	2	2	0	3
C	0	66	5	2	0	20
D	0	15	1	4	1	7
E	0	4	6	18	0	0
F	0	58	9	1	0	17
G	0	65	6	3	1	19
H	0	69	3	3	0	15
I	1	29	8	3	0	23
J	1	86	6	0	0	18

从 4.13 表中可以看出：

1. 除了 E 教师以外，教师话语合并形式以重复和细化两种类型为主。其中，A 教师的话语重复最多，I 教师细化类型最多。

2. E 教师的话语合并方式，除了点评以外，在其他各个类型中都是 10 位教师中最少的，尤其是没有细化这一类型。

3. I 和 J 教师的课堂中，各有一次话语弃置现象，其他教师都没有。

4. D 和 J 教师的课堂中，各有一次话语扩展，A 教师的课堂有 8 次话语扩展现象，其他教师的课堂没有。

下面是对各话语合并类型的具体分析。

首先，在所有教师的课堂中，只有 2 次话语弃置现象。下面是两次话语弃置现象发生的过程。

例 27

①T：比如说今天有人迟到，他为什么迟到了？他之所以迟到，是因为他起晚了。

②S：不是。我等 30 分钟公交车。我七点起床。

③T：那还是晚啊，所以你应该更早起床。

④S：不是，我 7:35 分出发了。

⑤T：但是你还等公交车、坐车呢，所以你应该早起一点儿。

⑥ S：打车不容易，公平路打车很不容易。你去过公平路吗？

⑦ T：如果你早点起的话，那时候没人，所以容易。

⑧ S：没有。

⑨ T：有，你可以试一下儿。

⑩ S：去北方市场的人很多。

　T：我们看一下例句，小明之所以没来上课，是因为他生病了。看一下上面的两个例子，"小明没来上课"是一个结果，他没来上课的原因是什么呀？他怎么啦？南至瑞，他怎么了？

　……

例 28

① T：她需要添置一些衣服，对吧，她需要添置一些衣服。好，那夏天，我需要添置一些裙子，啊，冬天我需要添置一些厚衣服，厚衣服，夏天，我需要添置一些裙子。好，添置。

② S：就是买一件？

③ T：嗯，对。

④ S：需要买？

⑤ T：看一下这个例子。

⑥ S：我们学校需要添置一些电脑。

⑦ T：我们学校需要添置一些电脑，这个经常会出现问题，需要添置新的电脑，好。快要过新年了，家里面怎么样？你来说。

⑧ S：家里又添置了一些新的家具。

⑨ T：嗯，快过年了，家里又添置了一些新的家具。新的家具，买了新的沙发。接着来看。这个，这个是什么？

　例 27 是教师在讲授"之所以……是因为……"结构的时候，举例子说有学生上课迟到的原因是起晚了。当天迟到的学生不服气，跟教师辩论。辩论几个回合之后，教师不再讨论此话题，开始接着讲新的内容。从转录的对话中可以看到句和句之间有一次明显的弃置现象。例 28 在句和句之间有一次弃置现象。在分析的时候，无法判断原因，但是在课后就录像的访谈中，该教师认为自己没有听见学生的问话。

　从这两个例子可以看出，如果不是特殊情况，教师对学生前一话语问题都会有反应，一般不会用弃置的方式处理前一话语。

　其次，改述包括两种形式：一种是对学生话语错误的改正；一种是使用其他的表达形式对学生话语进行加工。如下面两个例子。

例 29

S5：我常常上网我的房间。

T：好。怎么说？（和学生一起）我常常在我的房间上网。再来一遍。（一边做手势一边和学生一起说）我常常在我的房间上网。非常好。

例 30

S：……我们常常做作业，所以在学校里边很多恋爱的人，毕业后结婚的人，也很多。但是对我来说，不一样。

T：他没有和同学一起做作业，所以他的老公不是同学。

S：我就做作业吧。

T：她只做作业，不谈恋爱。

例 29 中，S5 说的句子不对，教师在反馈的时候，直接改正了句子。例 30 中学生谈论自己上大学的时候的专业以及学习的情况，说"我就做作业吧"。教师反馈中说"她只做作业，不谈恋爱"对学生的话进行了重新加工。从对转录材料的分析看，教师对学生话语的改述多是第一种情况，第二种情况比较少。分析其原因应该是第一种情况是显性的语言错误，教师认为是必须改的，因此，发现了学生的语言错误就会改正；而对第二种情况，则是由教师的个人特点和喜好而定，有的教师（如 C 教师和 F 教师）在与学生的对话中倾向有一个总结或者概括式的语言告诉学生，在话语合并中，使用这一形式的情况相对比较多一些。

再次，教师的点评一般都是和重复在一起，一般有对学生话语内容本身的点评和对话语语言准确性、正确性等语言形式方面的点评两种方式。下面例句 31 中，学生说自己喜欢传统锅包肉后，教师重复，然后对学生这一喜好做了评价，这是对学生话语内容的点评。例 32 是教师对学生说话的内容做了一个概括，表明自己对食堂和饭馆买东西的价格评价。例 33 是教师对学生说出的句子的赞扬。

例 31

T：你喜欢吃什么呢？

S：传统锅包肉。

T：传统锅包肉，哈哈。还喜欢传统锅包肉，很有追求，很有追求啊，下一个。这个词是什么？

例 32

　　T:……,一般都是多少钱? 一般。

　　S:十五。

　　T:十五块钱,一般十五块钱,那食堂呢?

　　S:食堂一般 8 块。

　　T:8 块,所以食堂便宜一点,对吧。

例 33

　　T:×××,你来说一下儿。

　　S:……不为别的,就为了想帮助老人。

　　T:对。他说得非常好,不为别的,就为了想帮助老人。金英美,说一下你自己的,他说他想帮助老人。只要是自己的就可以。

　　在所有教师点评这一类型中,大部分教师都是以"好""非常好""不错"作为评语。尤其是 E 教师,他的所有点评都是以"好"或者"非常好"为评语,其后就是要求全体同学重复刚说过的词或者句子。因为大部分教师教学过程中,更关注语言形式,因此,针对语言形式的点评比针对语言内容的点评多得多。

　　第四,扩展一般是由某一学生某一方面的事情,谈到该学生其他方面的事情,或者由某一学生某一方面的事情谈到其他学生某一方面的事情。一般来说,教师的扩展范围和所用时间都不长,很快就结束话题,换下一个问题。如:

例 34

　　T:除了烤鸭还喜欢吃什么?

　　S1:还喜欢中国菜。

　　T:还喜欢中国菜的什么?

　　S1:锅包肉。

　　T:锅包肉,啊,在长春的同学很多都很喜欢锅包肉。你呢? 杜勇,除了烤鸭以外呢,还喜欢吃什么呢?

例 35

　　T:好。那我的爱好,第一个,喝茶。那我还喜欢收集邮票。

　　S:(任一)邮票。

　　T:记得邮票?

　　S:(任一)Stamp。

T：Stamp。邮票。邮票。我喜欢收集邮票。收集邮票啊，你们有喜欢收集邮票的吗？没有？

S：（几个）没有。

S：（任一）我喜欢收集书。

T：收集书？

S：（点头）嗯。

T：我的朋友很喜欢收集玩具。

S：（几个）玩具？

T：Toy。

S：（几个）Toy

T：啊。玩具。Toys。

S：（又有几个）Toys。

S（阿里）：Toys？他多大？教师？

T：（指黑板）收集。收集。那我还喜欢养宠物。

例34中教师由S1喜欢锅包肉，扩展到"在长春的同学很多都很喜欢锅包肉"，但是，教师并没有延续这一个话题，而是很快转移到下一个学生，提出同样的问题。例35中，由问学生的爱好，谈到自己爱好喝茶，然后又扩展到自己喜欢收集邮票，又由收集邮票扩展到自己的朋友喜欢收集玩具，最后还谈到自己喜欢养宠物。这些和其主要的教学目标学习功能句型"你有什么爱好？"有一定相关性，但是因为主要是谈教师自己，所以一般教师很少用这样的方式，但却是A教师在该课堂中使用较多的方式之一。从课堂观察来看，学生对此有兴趣，而且有积极的反应。比如在后面，引出了一个新的话题，一名叫阿里的学生询问教师的朋友多大。

最后，在教师细化这一类型上，一般有两种形式，一种形式是补充上一话语不足的成分或者给上一话语增加修饰成分，另一种形式是对上一句话语的全部或者部分内容进行解释。下面两个例句中，例36中，教师将学生话语补充完整，在学生原有句子"心情好的时候"的基础上增加了"会请大家吃饭"。例37中，教师在对学生反馈时，在学生回答的"风景"一词前增加了形容词"漂亮的"进行修饰。例38中，教师除了重复学生话语中的关键词"出示"以外，还对"出示"做了进一步地解释。这些都属于细化。细化常常是在解释课文生词和对课后练习的答案进行解释的时候使用。

例 36

T：……那喜悦呢？如果韩国同学请客常常是因为什么呢？

S：心情好的时候。

T：哦，心情好的时候会请大家吃饭，哦，哦，太好啦。我希望有心情好的朋友啊。

例 37

T：他的老家，嗯，家乡。那你觉得这次你最大的乐趣是什么？

S：风景。

T：嗯，漂亮的风景，还有吗？

例 38

S：出示学生证。

T：出示，出示是什么意思，你知道吗？出示？对，给大家看，啊。那这里说要买什么请出示学生证？是不是所有的要买学生票的人？所有要买学生票的人，那我说所有要买学生票的人，我用哪个词更好一点？

表 4.14　　学生各种"话语合并"方式数量统计

	弃置（次）	重复（次）	改述（次）	点评（次）	扩展（次）	细化（次）
A	0	30	4	0	3	4
B	0	5	1	0	0	0
C	0	7	1	0	1	4
D	0	5	1	0	0	1
E	0	5	2	0	0	0
F	0	11	4	1	0	0
G	0	8	0	1	0	0
H	0	5	0	1	0	0
I	0	3	0	0	0	1
J	0	11	0	0	0	2

从表4.14看,学生话语合并主要是以重复为主,除了重复以外,学生运用改述的方式进行话语合并的情况也相对较多,这和教师话语合并中细化方式较多不同,分析其原因,主要是由于教师在课堂上以讲授为主,而学生在课堂上以学习为主。

学生改述和学生意识到自己的语言发生错误有关系,包括学生之间互相改述的形式和在教师引导下,学生自己改述的形式有两种。例39中,学生在听完教师的介绍后,用新学的语法"才"说出了教师描述的情况,使用很恰当。例40中,在讨论过程中,S3说完以后,S4对S3的话语进行改述。例41中,教师和学生之间关于"兽医"这个词的使用而发生的话语行为,教师希望学生使用兽医这个词,但是学生没有意识到,在教师提示"兽医"这个词之后,还是使用"动物的医生"这个词。例42中,一个学生对另一个学生语音错误的纠正,也算作改述的一种方式。

例39

T:嗯。很好。那我,最晚。我八点起床。(学生笑)我每天八点起床。

S:(一个)八点?

T:嗯。八点。因为我第二节课。

S:(一个)嗯。对。(一个)八点才起床。

例40

S3:我和塞得要去南湖滑冰。

T:要去南湖滑冰。

S4:我们打算去南湖滑冰。

例41

S:就是我高中以后,上的一个大学,那个是,那个时候是第一次,就是第一年级嘛,就是就业以后开始上大学,那个是动物医生,动物的医生。

T:我们说是"兽医"。

S:对,动物的医生。

T:动物的医生,兽医。

例42

S:对,我学了19天,然后

S1:挂科,挂科的话需要重 zhòng 新学习。

S:需要重 chóng 新,重 chóng 新学习。

从课堂观察看,点评应该是和学生的性格特点有关系。以下是10位教师课堂中,总计出现过的 3 处学生点评的例子。

例 43

T：啊,自己做饭? 做韩国菜吗?

S：这个也是不容易。

例 44

T：还有呢,还有问题吗?

S：还有你的爱好是什么?

T：你的爱好是什么?

S3：很容易。

例 45

S：我没关系。随便什么地方都睡觉。

T：随便睡,那咱俩一样。我一出门坐车就困,想睡一觉就到地方了。多远都不害怕了。

S：这么厉害。

因为受课堂语境限制,学生在话语互动中一般不会用点评的方式。以上三个例子,例 43 是在讨论经常在哪儿吃饭时,学生对教师询问自己是否能够自己做饭的态度;例 44 中,教师引导学生以应聘者和受聘者的身份讨论应聘者应该问哪些问题的时候,S 作为应聘者一方提出"你的爱好是什么?"这一问题,而作为受聘者一方的 S3 认为这一问题"很容易";例 45 中,师生讨论出去旅行的时候,路上都做什么的时候,学生评介教师的行为。从这三个例子中可以看出,课堂交流的内容很可能对学生使用点评的方式进行话语交流有影响。

学生话语扩展是在前一话语基础上,谈及其他,如下面几个例子。

例 46

Ss：听录音啦,复习旧课啦。预习新课啦!

T：你真是个好学生。你晚上干什么? 看电视,和朋友聊天。

T：我也喜欢聊天。你不喜欢看电视吗?

Ss：不喜欢。

T：为什么?

Ss：我听不懂中文节目。

S1：对。我也听不懂中文节目。

例 46 是全体学生一起读课文,读完课文以后,其中一个学生说自己的情况。

　　学生话语细化与教师话语细化不同，主要是通过补充成分或者增加修饰成分让句子内容更丰富完整，缺少对词语或者句子解释的形式。下面例 47 中 S3 "我每天给我家里打电话"是对前面话语内容的细化。而例 48 中学生 S** 最后一句也是对前面所说话语的细化。细化可以使句子信息更多，表达内容更丰富。从例 1 中我们可以看出 S3 在经过听 S2 的回答与教师的纠正后，自己组织的句子，信息完整，句子结构也非常准确；而例 48 中，学生的信息更丰富了，但是句子结构还不能准确地表达自己的想法。这说明，学生话语能力的提高需要一个过程，话语细化可能是促进其水平提高的一种方式之一。

　　例 47

　　S2：我一星期两天我打电话。

　　T：一星期打两次电话。一星期打两次电话，啊。阿里呢？

　　S3：我每天。

　　T：我每天。

　　S3：我每天给我家里打电话。

　　S4：我也每天打电话。

　　例 48

　　T：很好，你们吃的什么？

　　S**：我不知道，辣白菜，可以烤。

　　T：辣白菜，可以烤，对吗？

　　S**：我不知道，辣白菜（★），烤辣白菜和啤酒。

　　总的来说，在与上一话语合并的方式上，教师和学生都是以重复为主要形式。在其他形式的使用上，教师多使用细化的形式，而学生多使用改述的形式。从学生的话语合并形式中可以看出，学生在语言活动中和回答参考性问题时才会使用点评、改述、扩展和细化等形式。而重复这种话语形式在课堂话语互动中具有多种功能和意义，不仅仅在话语合并这一维度中出现。因此，笔者将在本章第三部分内容中专门用一些文字讨论对外汉语口语课堂中重复性话语的特点、功能以及类型分布等问题。

（六）学生引发话语机会少

　　在 COLT 量表中，教师引发话语和学生引发话语是分列于教师话语互动和学生话语互动两个量表中的维度。为了论述和比较方便,将其列在一个表格之中。

表 4.15　教师引发话语和学生引发话语数量

	教师引发（次）	学生引发（次）
A	54	11（主动）
B	26	1（主动）+11（被动）
C	44	2（主动））+10（被动）
D	20	8（被动）
E	12	9（被动）
F	58	66（主动）+5（被动
G	57	2（主动）
H	49	11（主动）
I	32	7（主动）+16（被动）
J	25	12（主动）

话语引发这一维度主要是考察学习者是否有机会引发话语。一些研究者认为学生话语引发量也是考察第二语言课堂交际性特征的一个非常重要的指标之一。主要是因为在真实的话语互动中,一个说话者通常既是话语的回应者,也是话语的引发者,课堂教学中学生引发话语的机会少就意味着学习者无法了解目的语中和引发话语相关的一些功能,从而会使这些学习者无法在真实的话语互动中顺畅自如地表达。

课堂话语引发主要是指在师生课堂话语互动中,谁引发会话,因此,表4.15 中,由教师主导的机械性操练不计算在内。另外,学生的表演和游戏,只要没有涉及全班的话语互动都没有计算在此表的引发数量内,也就是说,小组活动中,学生之间的话语引发数量没有计算在此表内。在计算话语引发数量的时候,教师的一个问题,会问不同的同学,计算时算作一个话语引发。因为学生的话语引发有的时候是为了完成教师的课堂活动,不是主动的表达,所以分为主动和被动两种,主动的话语引发是指学生自主发话,自主表达想法的情况;被动的话语引发是学生为了完成教师的课堂任务(如教师要求学生一个问问题,一个回答问题,或者教师要求学生用固定的结构完成句子)而产生的话语引发。

从表 4.15 的数据可以看出,除了 F 教师以外,其他教师的课堂都是教师话语引发数量高于学生话语引发数量。D 教师和 E 教师的课堂,没有学生主动引发的话语。学生被动的话语引发是完成教师课堂任务时产生的。F 教师的课堂,学生话语引发数量相当高,绝大部分学生引发的话语都是在教师设计的两个课堂活动中产生的。

一般课堂的话语引发都是由教师引发到学生结束或者由学生引发到教师结束,但是 F 教师的课堂中学生引发——学生应答(教师应答)——学生结束的情况比较多。例 49 中 S1 引发问题,S2 试图回答,在回答过程中,为了弄清楚 S1 的问题是什么,两个学生、教师之间有几个话语回合的对答。这是非常理想的口语课堂中由学生引发的话语回合。

例 49

S1:如果你有一个朋友在这描述你,他会说什么?

T:如果?

S1:对,如果你有一个朋友在这给我描述你是什么样的人?他会说什么?

S2:描述?

T:描述,说说你怎么样,说说任俊勇你是一个什么样的人?

S2:自己说?

S1:不是自己说。

T:你觉得别人会怎么描述你自己?

S2:啊,我觉得朋友会说我是个很好的人(众笑),是因为我平常去都帮帮别的人。

教师话语引发一般都是围绕课堂教学内容的。有的时候也会问学生一些和真实生活有关系的问题,如"你昨天复习了吗?""昨天怎么没来?""下次课该谁汇报了?"等等,但是都不多。

教师引发话语的方式有很多,最常见的是用 PPT 上的生词、图片、句子或者课本中的句子,有的时候也会用动作。

学生话语引发多是在回答教师问题过程中出现。例50中，教师通过PPT上的图片，教学生"乒乓球"和"队"这两个词，但学生在学习过程中，S1有疑问，不明白"班"和"队"有什么区别，所以引发话语"班，也可以吗？教师？"于是教师和学生有后面的对答。

例50

T：打乒乓球。啊。打乒乓球。（指下一个图）那他们，他们是一个乒乓球队。

S（部分）：队。他们，乒乓球队。

T：乒乓球队。Team，乒乓球队。

S1：班，也可以吗？教师？

T：嗯？

S1：一班。

T：一班？不可以。班就是我们班，a class。

S1：啊（表示明白了）。

下面两段对话也有这样的特点。例51中，由教师引发的话语"你喜欢爬山吗？"谈到滑雪。学生问教师"你去好吗？"例52是学生在回答教师的问题时，想知道班级某一个学生是不是应该被计算在内，所以引发话语"在哪儿？"

例51

T：对。长春没有地方爬山。但是长春现在可以滑雪了。现在，可以滑雪了。你们可以去试试。

S：你去好吗？

T：不会。我是长春人，但是我不会滑雪。

S2：这个周末，我们去滑雪。

T：啊，滑雪。真好。

例52

T：……，你知道咱们班有多少个学生吗？

S：我不知道。（指旁边的座位）（哈哈）在哪儿？

T：她现在好像回日本了。

大部分话语引发都是由问题开始，只是偶尔会有因为一个请求或者学生在教师讲解中突然说出的一个句子而引发的情况。例53中，学生不明白教师讲的句子结构，希望教师进一步讲清楚。用"最后面的句子，完成，你告诉我们意思。"这样的句子引发了后面教师和学生关于所学句子结构"A远没有B……"的讨论。例54中，学习生词"乐此不疲"的时候，学生用"乐此不疲"说的一个句子，引发了后面的对答。

例53

T：这个是拿私家车和公交车做比较，哪一个方便？远没有。

S：最后面的句子，完成，你告诉我们意思。

T：来，我们找一名同学说一下这个句子，白天聪。

S：出国读书远没有，远没有，在国内读书容易。

T：这个A远没有B怎么样，是进行一个比较啊，进行一个比较啊，A远没有B，如果你的后面加的是"方便"，A远没有B方便，是谁方便？是谁方便？

S：B（全体）。

T：是B方便对吧，这个A远没有B好，是谁好？

S：B好。

T：就是这样的一个意思。他俩比较之后发现，B，是好的。

例54

T：疲倦。它说形容对某事特别爱好，从字面的意思来翻译，乐是什么？喜欢，动词的时候乐是喜欢的意思，喜欢做这些事情而不感到疲倦，不感觉到累，就叫作乐此不疲。

S：上口语课乐此不疲。

T：哎呀，好句子啊。

S：是说谎。

T：是说谎啊。那可不行。他说上口语课乐此不疲，是说谎的。

学生的话语引发有的时候不是用语言，而是用动作示意。如下面关于排队问题的对答。

例55

T：哦，不排队。那等车、等公共汽车的时候都要排队，对吧？排队，一个接一个。

S（部分）：（笑）

S1：（用力摇头）

T：你也不排队？

S★★：很多人的时候（★）。

Ss：插队。

T：没有排队？

S★★：没有排队。

T：你坐的是哪个车？什么车？

S1：出租车。

S★★：但在飞机场上出租车你（xxx）

T：坐出租车的时候，你看到有很多人都过去，没有排队。

S★★：在那先排队。

T：在那排队。

S★★：一个警察（★）看看（……）。

T：排队？

S★★：一定要排队。

T：一定要排队。下一个的话。

在学习"排队"这个词的时候，教师先解释排队的意思，然后问学生去食堂吃饭的时候是不是排队，学生说不排队，然后教师说"等公共汽车的时候要排队"，但是学生用笑表示否定，其中一个学生用坚定的摇头引起教师的注意，于是教师和学生继续后面的对答，引出"插队"和"在飞机场排队"等话题。

另外一种情况是，学生在回答问题的过程中，不知道某一个词怎么说，引发话语。例56是在教师指导学生理解并使用"纪念"这个词时发生的。教师解释了"纪念"这个词的意思后，问学生"可以纪念什么？"这是一个由教师引发的话语，有两个学生回答了教师问题，紧接着第三位学生想表达"纪念第一个孩子出生"，但是一直没有说清楚，于是引发了后面的对答。

例56

T：结婚纪念日，那么结婚这件事情一定是已经过去了，对吧？已经过去了，那么纪念的一定是已经过去的这个人或者事情，对吧？一定是已经过去的人或事情，比如他们说的，结婚纪念日，对吧？结婚纪念日，对吧？还有纪念什么？我们还可以纪念什么？

S1：结婚。

S2：他给我礼物。

S3：纪念生日。

T：那是过生日。

S3：我们（★）怀孕。

T：哦，怀孕。

S3：怀念她生孩子。

T：很重要的纪念日。

S3：第一次，第一孩子。

T：第一个孩子。

S3：第一个孩子，纪念，上岗（xxx）。

T：出生。

S3：出生。

T：你觉得很有意义。这是一个纪念日，对吧？可以啊，可以。最后一个词，最后一个词是，当作。

（七）不同教师对学生使用特定语言形式的期待不同

对语言形式的相关限制这一维度是考察教师是否期待学生使用特殊的语言形式。通过课堂观察和对课堂转录材料的分析可以看出，不同教师对学生使用特定语言形式的期待不同。有的教师对学生使用特定语言形式没有特别的期待，如在 A 教师的课堂，经常出现类似下面的课堂对话：

例 57

T：好吧。晚上你一般干什么？晚上你一般干什么？阿里，你晚上一般干什么？

S：（几个学生）睡觉。睡觉。（笑）

S1：晚上。晚上几点？教师？

T：没有几点，吃完饭。

S1：吃晚饭。吃晚饭以后我散步。

T：散步？

S1：对。

T：还有呢？

S1：还有（思考）散步和我的朋友。

T：和我的朋友散步。

S1：还有，没有了。

T：没有了？

S1：没有了。

T：好的。左轮呢？

S2：做作业。

T：做作业？太好了。地博呢？

S3：嗯。吃饭。

T：吃饭。

S3：还有——复习。

T：复习。

S3：还有——嗯——（有一个学生提示，听音乐）认识穆罕默德。

T：（笑）认识穆罕默德。

Ss：（笑）

T：好了。穆罕默德，你晚上一般都干什么？

S4：学习，看看书，没有了。

T：你们每个人晚上都是学习和看书吗？伊拉呢？

S5：我一般上网。

T：上网。

S5：和家人聊天。

T：和家人聊天。你们每天都不上网，不和家人聊天。

Ss：（笑）

S5：看电影。

T：嗯。

S5：睡觉。

T：睡觉。那法赫利呢？

S6：我看看手机。

T：看手机。

S6：不看书。

T：不看书。

S6：……（发音不清楚，教师没听清）

S：（一个学生）运动场。

这段对话中，教师的教学目标是让学生学会就"你晚上一般做什么？"这一句型进行问答。但教师在整个过程中只用该目标句型问了 2 次，其他都是省略句式，"你呢？"或者"×××呢？"。有 6 位学生回答了这一问题，但都只是简单的词语，没有一个学生使用完整句子回答，更没有学生以此

句向其他学生提问。教师在整个过程中没有提示过学生要使用完整句型提问
或回答问题。

　　而另外一些教师则是特别注重学生使用特定的形式,如 E 教师在课堂
中,限制学生使用特定的语言结构的练习就特别多,甚至给出结构化或者半
结构化的形式让学生用这些形式进行语段表达的练习。从课堂观察来看,大
部分教师在处理语法学习内容的时候,都会给一些练习,让学生练习使用特
定语法形式或者结构说句子。有几位教师在学生用一个词或者词组回答问题
时,会提醒学生,要求学生用完整的句子回答问题。从课后访谈中看,这些不
同的做法和教师对于形式训练的意识关系很密切。

三、对外汉语口语课堂互动中特殊话语形式分析

　　COLT 量表在设计的时候充分地考虑到了影响课堂话语互动的各种因
素,如,从话语的参与者——教师和学生两个角度分析;以课堂话语互动的
促成因素——话语引发、话语反馈(话语合并)以及话语语境(活动类型、
话语内容、材料、信息差等)、话语表现形式(学生话语模态)和互动媒介(目
的语使用)等几个方面为考察维度,通过时间分配和数量多少的比较,看出
课堂话语互动是否帮助学生实现在课堂中进行话语交际的目标。通过对量表
提供的大量的数据的分析,我们可以较为全面地了解对外汉语口语课堂教学
的现状,但是受考察维度和分析方法的限制,难以对一些特殊的形式做详尽
的描写。笔者尝试用话语分析的方法就对外汉语口语课堂话语互动中一些特
殊的话语形式与功能做一些比较详细的分析,着重探讨课堂话轮转换以及在
前两部分没有论述充分的课堂话语修正、重复和课堂话语沉默现象,希望可
以更加全面描写对外汉语口语课堂话语互动的特点。

(一)对外汉语口语课堂话轮转换分析

　　话轮是 Sack 等提出的理论概念,Edmondson 用这个术语来表示两个
方面的意义:一是指在会话过程中的某一时刻成为说话者的机会;二是指
一个人作为讲话者时所说的话[2]。Levinson 认为话轮(turn)是某一讲话
人在一个典型的、有序的、有多人参加的会话中单独讲话的时间段[3]。李悦
娥认为"话轮是指在会话过程中,说话者在任意时间内连续说的话,其结尾
以说话者和听话者的角色互换或各方的沉默等放弃话轮为标志"。刘虹提出

了两个衡量话轮的标准，"一是，说话者是否连续，即在一个语法语义完成序列的末尾有无沉默。如有沉默，那么说话者的话就不止一个话轮。二是，是否发生了说话者和听话者的角色互换。如果发生，就标志着一个话轮的结束和下一个话轮的开始"。自然话语交流中离不开话轮转换，许多学者也对话轮构建成分、话轮转换规则进行了细致深入的研究。其中最主要的特征可以归纳为两个，一个是一段时间内只有一个人说，两人或者多人同时说话的情况有，但是非常短暂；另一个是，说话人会轮流变化，不会一个人一直保持话轮。

国内关于第二语言课堂话轮转换的研究主要集中在英语教学领域，对于对外汉语课堂教学的研究还比较少。本文希望能够通过对 10 位教师课堂话轮转换情况的描写，分析当前对外汉语口语课堂话轮转换的现状。

1. 对外汉语口语课堂话轮转换形式

从课堂观察来看，除了 F 教师的课堂以外，其他 9 位教师课堂话轮转换一般由教师控制，通过教师直接选定下一个说话人、学生主动索取话轮和直接获得话轮三种方式进行课堂话轮的转换，也就是说，在这些课堂，教师具有话语分配的权利，只有一些特别的活动中，如角色扮演活动，课堂模拟会话活动等，某一个学生才会获得话语分配权。F 教师的课堂和其他教师的课堂相比，学生直接选定下一个说话人和教师通过直接插话获得话轮的方式比其它课堂多。从总体上说，对外汉语口语课堂话轮转换主要有以下一些形式。

（1）教师直接选定下一个说话人

通过课堂观察发现，教师经常使用点名和体态语的方式选择下一个说话人，有时也会利用语境和背景知识。

例 58

① T：嗯。好。禹英陈。

② S3：第一，早起床。

③ T：（纠正）早起床。

④ S3：就有时间吃早饭，对身体好。

⑤ T：嗯，再快一点儿啊。（示范）第一，早起床就有时间吃早饭，对身体好。（☆）

⑥ S3：第一，早起床就有时间吃早饭，对身体好。

⑦ T：非常好，再说一遍啊。（用手指 S4）

⑧ S4：第一，早起床就有时间吃早饭，对身体好。

⑨ T：非常好。对身体好，对身体好啊。很好。（指着 S5 的书）第一，早

起床。

⑩ S5：早起床。

例 59

T：这个辣椒酱红颜色的，对吧？有一点点辣，有一点点咸，用它炒出来的，注意这个词啊（xxx）。韩国的同学你们都喜欢吃炒年糕，对吧？因为这个是韩国的一道菜，是吧，炒年糕。朝鲜的同学来给我们介绍朝鲜的一个菜。你们三个，谁来？

S2：（……）

T：谁来？朝鲜的一个菜。你们三个，谁来？

S2：我们国家的火锅。

T：火锅。说一说吧，怎么做的？

例 58 中，①句，教师用点名的方式选择 S3，⑦句用手势选择 S4，然后又一边用手指着 S5 的书，一边提示答句的开头让 S5 回答问题。例 59 中 S2 说话是语境和背景知识在起作用。教师用"朝鲜的同学来给我们介绍朝鲜的一个菜"划定了范围，在本班课堂语境下，师生都知道朝鲜学生是哪三位同学，然后按照朝鲜的习惯，一般是年纪大的人先说，所以 S2 主动接话，开始新的话轮。

（2）学生索取话轮，教师选定

在课堂环境下，也有学生主动索取话轮的现象，这样的学生常常通过某些体态语，如对视、举手等让教师知道自己想说话，或者通过某些语言希望教师允许自己说话，然后由教师选定后说话。

在 E 教师的课堂，学生要发言的时候常常先举手示意，然后教师点名或者示意其可以说话之后，学生开始说话。有时，学生会通过一些简单的语言来争取自己说话的机会，如下。

例 60

T：……下一段？谁来读？

S：教师，我！我！

T：好，你来读。

教师用问话表示自己要放弃话轮，学生用"我！我"索取话轮，教师允许后，进行下面正式的话轮交接。

（3）学生直接获得话轮

学生通过直接回答问题的方式获得说话权，偶尔还会用打断的方式获得发言权。

例 61

T：对。这里说的是招聘，它想的是男性，那他这个条件拒绝了什么？什么人不能报这个职位？

S：女性。

例 62

S：远没有后面不可以不好、不方便，这样的？

T：可以，可以，那就要看你这个词来决定他们两个谁好谁方便。如果我说。

S：但是……

例 61，中学生直接回答了教师问题获得了说话的权利，这种情况在课堂语境下，当教师没有具体指明下一个发言的学生时经常发生。例 62 中教师想要具体解释，但学生急于表达自己的想法，月"但是"打断教师的话获得发言权。

（4）学生直接选定下一个说话人

在 F 教师的课堂，有学生控制课堂话语权的时候，所以掌握话语权的学生具有选择下一个说话人的权利。

例 63

S：薛江雪，请你读。

S1：国家奖学金，一等奖是 3000 元，二等奖 2000 元，三等奖是 500 元，其他 400 元。

例 64

S：国家奖学金能得的一二三等奖。我从国家教育大学毕业，汉语教师专业，我的学校 1951 年成立，学校由 12 个部分组成。蒙古最好的大学是蒙古国立大学，它成立在 1942 年。中国的最早的大学是什么？（转头问教师）

T：有人说是北京大学，也有一种说法是湖南大学。但是，一般来说是北京大学。

例 63 中，学生用直接点名的方式进行话轮转换。而例 64 中，掌握发言权的学生用体态语（头转向教师）转交话轮。

（5）教师直接获取话轮

F 教师主要用评价学生话语、纠正学生话语错误、就学生的话题提问、向学生提供语言帮助等方式直接获取话轮。

例 65

S：吴仁高。

S5：我的专业是中文,嗯, ……我没想到会选择这个专业。

T：你没想到,大家都没想到（众笑）。

S5：但是选择的时候觉得非常难。我真的真的不想学习。想放弃,但是我只能努力学习,努力学习的时候,越来越有意思。

在这段对话中,教师在主持发言学生（S）和被指定发言学生（S5）之间插入会话,直接获取话轮。在课堂上,教师获取话轮之后的话语和学生获取话轮后的话语有很大的不同。教师获取话轮后的话语常常是评价性的或者纠错性质的,而学生常常是回答问题式的,这主要是由于教师在课堂中比较权威的地位和指导者的角色决定的。

总的来说,课堂有教师掌握话语权和学生掌握话语权的情况。当教师掌握话语分配权时,学生通过被指定说话、索取话语权或者直接获得话语权等方式说话；当一个学生掌握话语分配权的时候,该学生在课堂上暂时行使教师的掌握话语权分配的权利,因此可以指定课堂中某一学生或者教师说话,有时教师也可以直接获得话语权。

2.不同类型课堂活动话轮转换特点

从本章第一部分关于课堂活动类型的统计中我们可以知道, 10 位对外汉语口语教师的课堂共使用过角色扮演,口头报告,个人展示,做教材中的练习,读生词、语法及其相关的句子,用图片引导学生说出课文相关的话题,用动作引导学生说课文相关句子,用任务引导学生说课文相关话题,生词讲练,语法和句型讲练,课文讲练,课堂表达练习,课堂游戏等十三种课堂活动类型。下面分别考察每种课堂活动类型话轮转换的特点。

（1）角色扮演

A 教师的课堂设计了角色扮演活动,四位学生分别扮演饭店服务员和顾客,用时 5 分 26 秒,基本呈现下面的话轮转换方式：

例 66

S1：你们要吃什么？这个点菜。（拿出菜谱）

S2：谢谢。你们喜欢吃什么？

S3：我喜欢又酸又甜。

S4：我喜欢吃辣的。

S2：来一个锅包肉？

S3：OK，我喜欢锅包肉。

S2：你可以吃一个吗？

S4：可以。

S2：那好。来一个这样的。

四位学生中 S1 扮演服务员，S2、S3、S4 为顾客，整个过程涉及服务员欢迎客人、客人点菜、客人结账和与服务员就账单讨价还价等去饭店吃饭的各种常见情况。话轮转换基本都是服务员通过问问题发出移交话轮信号，S2 直接获取话轮，从语言表达上看，感觉 S2 语言能力相对较好，性格也比较活泼，S3 和 S4 按照顺序获取话轮，其顺序的排列应该和两位学生平时对彼此关系的认定有关系，是按照语境和背景知识不自觉地选择说话时机，进行话轮转换。

（2）口头报告

C 教师的课堂有口头报告的活动，让学生在课后准备，然后在课堂上说。在这样的活动中有两种典型的话轮转换方式：

例 67

T：在这可以，可以。大家认真听。

S1**：我介绍韩国特色的菜，炒年糕。炒年糕是韩国的最有名的小吃，特别在冬天的时候，在街上有很多大排档，炒年糕做的方法很容易，烹饪时间只是大概二十分钟，我们准备年糕、米糕、蔬菜、糖，还有辣椒酱，水开的时候加入辣酱、糖，然后加入年糕、鱼糕（xxx），接着加入蔬菜，最后煲几分钟，那么完了。但是真的好吃。

例 68

T：怎么吃的呢？朝鲜的火锅和中国的火锅有什么不一样呢？

S2：还没吃过中国的火锅。

T：还没吃过，那朝鲜的火锅都放什么？

S2：肉。

T：肉。什么肉？（*）什么肉？

S2：肉、蔬菜、海参。

T：肉、蔬菜、海参。还有什么？

S2：鸡蛋。

T：鸡蛋。

S1：蘑菇。

T：蘑菇，恩。放在什么里面？放在什么里面？这个东西放在哪里？是放在锅里面炒吗还是用水煮？

例67中，教师用"大家认真听"，转交话轮，S1准备得很好，直接接过话轮开始做介绍。例68中，S2准备得不好，教师不断用问题转交话轮，但是S2一直没有像教师期待的那样做成段介绍，所以这种话语结构基本就是教师引发—学生应答—教师用重复学生话语的方式反馈，然后再重复这一结构，话轮转交一直在教师和学生之间，教师用问题转交话轮，学生用简单的词回答后，就结束自己的话轮，教师只好继续提问，不断重复，直到相关问题的基本信息都被了解。

（3）个人展示

F教师的课堂安排了个人展示活动，并且做个人展示的同学还组织班级学生做了一个讨论活动，因此，在该课堂的个人展示活动环节，有以下几种比较典型的话轮转换形式。

例69

S：我觉得我们大学的这四年，我觉得我们学习、工作、生活，我们在四年能学习过很多，掌握很多知识。对我来说，大学的生活是难忘的几年。（换PPT）这是我大学时候的照片。

S2：你在哪儿？

S：（笑）我在哪儿？这是三年级的时候，汉语节目比赛。第二个是呼和浩特学习照片，我三年级的时候，实习在呼和浩特。这是吃苹果比赛，

T：这是什么比赛？

S：吃苹果。

例70

①S2：我的专业是中文和英文，我选择的时候不太那么，嗯，不太想学中文，我以前很喜欢学韩语，韩国的语，但是我的大学没有韩语教师，所以我选择学习中文。

②T：因为"韩语"和"汉语"听起来差不多。韩语、汉语。

③S3：小时候我很想当运动员，我现在还是觉得运动员是很幸福的人，因为他们工作是喜欢的东西，也可以赚钱（笑）。所以，小时候也很有意思。我的大学是哈萨克斯坦国立女子大学，都是女孩儿，没有男生。所以不太有意思。不过，他们提供很多好的东西，比如说公费和自费的都可以住在宿舍，还有免费的食堂。我们都免费地吃饭。

④ S4：我的专业是小学教育,小学没有,那个毕业以后可以中学教育,中学到另一个,别的专业是政治啊、经济啊,那样的有关系的。还有,这几年学的是中国的经济,还有,现在学习中文,小学教育。

⑤ S：还可以说大学的。

⑥ S5：我的大学也是教育大学,所以当教师的人,当教师的人学习的大学。还有,我的大学比较小,小的大学,都认识的。

⑦ S4：日本的最第一次的大学。

⑧ T：最早建立的大学,最早。

⑨ S4：建立的大学。

⑩ T：对,最早建立的大学。日本最早建立的大学是什么大学?

⑪ S4：啊,东京大学。

⑫ S5：我的大学是教育大学,所以当教师的人,都在大学里。我的大学比较好,他们都认识吧,最早建立的大学,公立的。

⑬ S6：我说第三个问题,我的大学比较小,所以没有那么多的教师,教师和学生一共没有1000。

例69是S在做个人展示,介绍了自己的大学和大学生活。S2用提问的方式直接获取话轮,中间也有教师用提问的方式直接获取话轮。例70是S2、S3、S4、S5、S6按照顺序获取话轮,一个说完,另一个接着说,中间有教师用评价语言(②句)和纠正发言学生语言形式偏误(⑧句)的方式直接获取话轮,S用提示的方式(⑤)句直接获取话轮。

(4) 做教材中练习

下面一段对话是师生在做教材练习时典型的会话。

例71

T：好,我们做一下127页的边学边练,127页的边学边练,127页的边学边练。都做了吗?做了的话,那我们开始啊,好,你开始,第一个。

S：(……)低碳的生活方式。

T：啊,低碳的生活方式,低碳的生活方式,啊,第二个。

这段对话是典型的IRF的课堂话语结构模式,教师以点名的方式引发,学生以回答题目的方式应答,教师再以重复的方式反馈,教师以点名的方式转交话轮。

(5) 读生词、语法及其相关的句子

例 72

① T：第一部分生词，复习一下啊。上节课学完了，复习一下。好，第一个词，读一下，是什么？

② Ss：中间。

③ T：对。中间。

④ Ss：中间。

⑤ T：好，（指 PPT）读一下。

⑥ Ss：照相。

⑦ T：（学生发音不准，纠正）照相。（指 PPT 上的句子）

⑧ Ss：照相的时候，教师一般坐在学生的中间。（读得断断续续）

⑨ T：好。跟教师说一遍啊，照相的时候。

⑩ Ss：照相的时候。

⑪ T：照相的时候。

⑫ Ss：照相的时候。

⑬ T：教师一般坐在学生中间。

⑭ Ss：教师一般坐在学生中间。

⑮ T：今天你们谁坐在教室的中间？

⑯ S1：我。

⑰ S2：我。

⑱ T：啊 你们两个，今天，谁呢？禹英陈和朴敬植坐在教室的中间。对。教室的中间。

⑱ T：好，第二个，怎么读？

例 73

T：好，我们来上课，我们来上课。先复习一下，我们先复习一下。（指 PPT）一起来。

Ss：图书馆。

T：（手势）　　　　Ss：图书馆。

T：（手势 ）　　　　Ss：图书馆。

T：（手势 ）　　　　Ss：图书馆。

T：（指 S1）　　　　S1：图书馆。

T：（指 S2）　　　　S2：图书馆。

T：（指 S3）　　　　S3：图书馆。

T：（指 S4）　　　S4：图书馆。

T：（指 S5）　　　S5：图书馆。

T：（指 S6）　　　S6：图书馆。

T：（指上网）　　　Ss：上网。

例 72 是学习生词时常见的课堂会话，这段主要是学习两个生词"中间"和"照相"，包含几种结构形式：①—③句是典型的 IRF 模式，教师用问题转交话轮。④句是学生巩固式重复。⑤—句是学习"照相"这个生词的时候，教师交出话轮，让学生读。⑦句是教师用手指 PPT 上的句子，提示学生接过话轮。⑧⑨句是教师通过"跟我说一遍啊"这个指令使学生明白以后话轮转换的方式，即教师一句，学生一句。⑮句是教师用问题查看学生掌握的情况，⑯和⑰句是两个学生同时接过话轮，这是和语境有关系（这两个学生坐在教室中间，两个学生同时回答了教师的问题）。最后⑲句是教师总结式的话轮，然后用语言（第二个，怎么读）重新开始下一话轮回合。例 73 的话语结构模式和话轮转换方式，在语言的表现形式上只有学生应答，没有教师引发和教师反馈，但仔细观察课堂会发现，教师的手势语具有引发话语和反馈话语的作用。在要求学生一起读的时候，教师用表示一起的手势；在学生应答结束，教师希望学生改正声调的时候，用加强某一声调力度的手势。这些情况下，教师的手势就具有指定下一说话人的作用。

（6）用图片、动作或者任务引导学生说出课文相关的话题

例 74

T：没有？旅行过？然后看我屏幕上这两幅图，有很多东西，对吧？左边这幅图，地上摆的什么？

S1：衣服。

S2：鞋子。

T：衣服、鞋子，还有？最重要的东西没有看到，这是什么？

Ss：行李箱。

T：行李箱，对吧？右面这幅图呢，行李箱，里面塞了很多东西，怎么关上呢？

例 75

T：（拿出电话，拨学生电话号码）我什么？（和学生一起说）打电话。

Ss：打电话。

T：（给学生打电话）我打电话，他什么，他？我说喂，你好。他，他什么？

S1：我，我上课。（哈哈）

T：可以了，可以了。他——他——接——电——话，明白了。我打电话，他接电话。跟我说……

例76

T：如果没有想好这次去哪里旅行的同学，可以回忆一下以前你出去旅行的时候你都带了什么，没有想好旅行的同学，现在开始回忆上次旅行你都带了哪些东西。

T：你去旅行，你的皮箱里都装了些什么东西？都装了什么东西？旅行的时候你都带了些什么？写完了吗？好啊，看看我们的同学们旅行的时候都带了些什么？杨万妮。

S：我说吗？

T：嗯。

S：啊，钱。

T：钱。

S：衣服。

T：衣服，你要带几件衣服呢？

S：两件。

T：嗯，两件，两件，还有呢？

例74、例75、例76分别是用图片、动作、任务引导学生关注课文话题内容，无论是用图片、动作还是用任务的方法引导学生，其课堂基本会话模式都是IRF的话语结构，教师用问题移交话轮。

（7）生词、语法和句型、课文讲练

例77

T：运动会的时候还要一个杆子，这样跑过去这样跳，这样叫什么？

Ss：跳高。

T：对，跳高，这叫跳高。跳远，对吧？这个"跳"就是指你的脚离开地面，对吗？离开地面，称作跳。下一个词，江。

例78

T：嗯。非常好。听我的问题，听我的问题。丽莎每天晚上做什么？

S：（全）做作业啦，听录音啦，复习旧课啦，预习新课啦。

T：很好。那杰夫每天晚上做什么？

例 79

T：啊。他是从新加坡来的。好的。你问别人一个问题。啊，你问一个，你问谁？你想问谁？（指旁边的学生）啊，崔洛城。好，你问一个吧。

S2：铃木的。

T：好。铃木的培训。

S2：培训怎么样？

T：啊。铃木的培训怎么样？崔洛城？不看书。

S3：挺不错的。但是每天有很多东西要学。

T：但是吗？但是？但是？

S3：额，没有但是。

T：对。挺不错的。

S3：挺不错的。每天都有很多东西要学。

T：嗯，都有很多要学的东西。

S3：都有很多东西要学。

上面三个例子是学习生词、语法或者句型以及课文的时候比较常见的会话结构。基本都是 IRF 结构模式或者其变化形式。只是例 79，教师用一个学生问一个学生回答的形式检查学生对课文的掌握情况。这时候的话语结构是教师引发—学生 1 应答（引发）—学生 2 应答—教师评价，有的时候中间有教师修正或者提示话轮的插入。在这样的结构中，教师引发后的学生 1 应答语，既是应答也是引发，然后是学生 2 应答和教师反馈。这种情况下，通常是学生 1 通过应答教师引发问题获得话轮，同时用点名的方式指定下一个话轮的说话人。

（8）课堂表达练习

在学习过程中，教师为了帮助学生巩固和掌握所学内容，会设计一些课堂表达的练习。课堂表达练习的表现形式主要以学生的独白式语篇为主，中间会插入教师的修正话语。如例 80 中，教师以点名方式指定下一位说话人 S6，S6 回答过程中有教师修正话轮，在 S6 应答结束和 S7 开始话轮之间有一个教师修正的话语边界回合，然后教师用动作（举手示意）和语言"最后一位"指定下一位说话者，所以 S7 主动站起来回应教师的提示。

例 80

T：好。非常好，不是"以后""以后我不会说汉语"。而是，应该是现在，现在我汉语说得不好。啊。汉语说得不好。这样说。好。（举手示意）（叫学生

名字）

　　S6：来中国以后，我不知道在哪儿电影院。

　　T：不知道——电影院——在哪儿。

　　S6：（对教师纠正没有反应）昨天我朋友告诉我，在重庆路有一个电影院。我很高兴以后可以常常去看电影。

　　T：好了？好。不错，不错。

　　T：（鼓掌）

　　T：在重庆路，一起来，在重庆路。

　　Ss：在重庆路。

　　T：再来。

　　Ss：在重庆路。

　　T：好。什么什么路。有一个电影院。（有学生跟着教师一起说）非常好。再来一位，最后一位。（举手示意）（一位学生主动站起来，教师示意其到前面）

　　S7：来中国以后，我，我不知道，额，在哪儿买好看衣服，好看的衣服。昨天我的朋友告诉我，有一个超市，在桂林路，我很高兴找到这个超市。

　　（9）课堂游戏

　　B教师的课堂设计了课堂游戏，是学生看生词后，用动作表演生词，每组四个学生，第一个看后表演，依次表演到第四个学生猜出生词为胜。整个游戏活动，学生只说出教师卡片上的生词，没有会话。

　　总的来看，角色扮演、口头报告、个人展示三类活动的会话类型比较接近自然口语中的会话结构模式，话轮转换方式比较多样。而做教材中的练习，读生词、语法及其相关的句子，用图片引导学生说出课文相关的话题，用动作引导学生说课文相关句子，用任务引导学生说课文相关话题，生词讲练，语法和句型讲练，课文讲练等活动课堂话语活动形式单一，都是以IRF课堂话语结构模式为基础或者类似IRF话语结构模式的形式，课堂表达练习常常以学生独白式语篇为最终表现形式，是有一些变化的一种课堂话语模式，因此话轮转换形式也略微复杂，但是没有角色表演活动的话语形式自然。观察到可以用于分析的会话结构，因而，没有涉及话轮转换方面的内容。

（二）对外汉语口语课堂话语修正分析

　　于国栋在其《会话分析》中对纠错与修正做了区分，"纠错指的是用正确的形式代替错误的",而修正指的是"会话过程中被交际者认为可能存在问题的方方面面。这些问题可能由交际者没有听清楚对方的话语造成,也可能由交际者在自己构建话轮的过程中发现了可以被修正的内容造成"。因此,"纠错实际上只是修正的一种类型"。本文按照这种概念区分对外汉语口语课堂会话中的修正现象。

有关会话中的修正结构模式的研究是从 1977 年社会学家 Schegloff, E. A. 等人在《语言》杂志第 53 期上发表《会话中修正结构的自我更正优先》一文开始的。在研究过程中,他们从修正的发起者和最后完成者两个角度将修正划分成四大类:自我发起——他人修正,自我发起——自我修正,他人发起——他人修正,他人发起——自我修正等。中国学者李悦娥、范宏雄则着重从阻碍(指交际中的障碍)、引导修正和修正方法等方面对自然会话和课堂教学会话中的修正现象进行研究,认为课堂上用的修正方法与会话中不同,主要表现在自我修正和他人修正的比率上。本文在这些研究的基础上,重点分析汉语口语课堂的修正方式及修正发生后教师和学生的行为。第二语言课堂的修正与自然会话的修正目的有本质的不同,自然会话中的修正行为其目标是为了消除交流的阻碍,澄清误会,使会话正常进行,关注的是会话的意义。而第二语言课堂的修正则分为两种情况,一种是类似自然会话中的交流,在课堂环境下,师生和生生之间的正常的人际交流或者教师设计的交际活动中,学生接近自然会话的交流;另一种是为了学生学习语言而进行的修正。研究修正方式及修正后教师和学生的行为可以帮助学生提高话语的准确性。

1. 口语课堂话语修正产生的原因

首先,对外汉语口语课堂的会话是人类正常交际会话的一种,话语修正是自然会话的一个重要组成部分。会话过程总有交流不顺畅的情况发生,话语修正是扫除交流中的阻碍,保证会话交流正常进行的唯一方法。

其次,对外汉语口语课堂会话是帮助学生学习汉语会话规则的一个重要方法。对外汉语口语课的一个重要目标是提高学生的口语交际能力,在学习过程中,学生会出现各种偏误,教师对学生的纠正也会产生话语修正。

最后,对外汉语口语课堂中学生一般都是认知水平高于语言水平,当学生无法表达或者无法准确表达的时候就会产生话语修正这种现象。

从错误的来源上看,有教师出错和学生出错,但是绝大部分是学生出错。10 位教师中只有 B 教师使用简化了的错误的语言形式的情况比较多,如"再一遍""小的书""越来越没有"等,这和该教师对课堂管理语言的理解有关系。在访谈中,该教师表示:"这些学生刚来,太复杂的语言听不懂。"(TBF)其他教师只有在讲解过程中偶尔出错,应该判断为"口误",而不是语言偏误。在第二语言教学中,"偏误"是指学生在习得语言的过程中出现的不合目的语语言规范的形式,是有规律性的一种语言现象,而"口误",则是指偶然出现的说话者说错的句子,没有规律性。

2. 口语课堂话语修正的对象

(1)教师对学生语言偏误的修正

教师对学生语言偏误进行纠正,是对外汉语口语课堂话语修正的一个重要的方面。修正一般包括语音、词汇、语法、句子结构等语言形式方面的内容,也包括口语表达中的语言功能和篇章规则等各个方面,还包括在会话这种动态的语言结构体系中如何遵循会话的基本原则,如礼貌原则、合作原则等开始和结束会话或者插入会话的修正。例81很有代表性:

例81

① S1:小的时候我想学秘书(笑),我喜欢那个,秘书。

② T:小的时候你想学秘书还是美术?

③ S1:美术。啊,不好意思,美术。

④ T:秘书是什么? 秘书是什么?

⑤ S2:帮助老板的人。

⑥ S1:美术,美术。

⑦ S3:画画儿。

⑧ S1:高中毕业之前,我想,我考什么,学什么? 第一个美术,但是我没练习,不练习。

⑨ T:喜欢美术,但是不会画画(笑)。

⑩ S1:不能画画,考试,为了考试,需要练习,但是我没练习,(笑)所以我觉得美术差不多的专业是建筑,但是我不选建筑。

⑪ T:为什么?

⑫ S1:容易找工作的专业选。就这些。

学生有语音偏误,把"美术"说成"秘书"(①句),有语法形式的偏误,不知道该用"没练习"还是"不练习"(⑧句)。也有句子结构的偏误"所以我觉得美术差不多的专业是建筑"(⑩句)"容易找工作的专业选"(⑫句)等。在教师帮助下,学生对语音错误进行修正。⑧句,学生不能确定用"没练习"和"不练习"哪一种否定形式,自己进行话语修正。⑨句中,教师对发言学生的发言内容进行总结,"喜欢美术,但是不会画画",学生修正,认为自己是"不能画画"。教师和学生都没有对⑩句和⑫句进行修正。

根据本章第二部分教师和学生对形式或者语篇的反应一项的结论我们还可以知道教师对学生在会话结构中出现的偏误一般不给予提示和纠正。

（2）师生在学生表达出现困难时的修正

学生话语表达过程中常常出现自己想表达的内容不知道用汉语怎么说的情况,主要有两种类型:一种是学生大概知道某一个语言形式,但是不太确定,所以修正;一种是学生不知道怎么说,不能继续,在教师帮助下学生完成整个句子。例82是第一种情况。学生知道"机械"这个词,但是不太确定自己的发音是否准确,意思表达是否正确,所以说得慢,犹豫,用重复的方式修正等等。例83是学生完全不知道"证书"这个词,所以表达时停住,得到教师的帮助后才继续。

例82

S：我最后吗？我的专业是机械工学？机械,机械,因为我觉得毕业以后那个专业容易找工作,所以选择这个。

T：嗯。机械。

例83

S4：我学汉语,我小的时候想当教师,可是我的高中的时候学得不好,不会上教育大学。可是当教师的方法有两个,第一个是上教育大学,第二个是上一般的大学以后进修教师课,可以给我——

T：证,资格证书。

S4：资格证书,所以,我选择也没想到学汉语,现在也不明白为什么学汉语。（笑）可是我妈妈推荐我中文有前途,所以我上大学以后,进修教师课,取得资格后,现在学汉语。

（3）师生在发生理解困难时的修正

在学生表达过程中,因为语言形式不正确或者表达方式不准确,影响对句子意义的理解,教师和学生对相关内容进行修正。如下面的例子:

例84

S：还有水桶。

T：嗯？

S：水桶。

T：水桶,是水杯还是水桶？

S：是水杯。

例 85

T：电脑游戏。电脑游戏。阿里喜欢什么？

S17：（沉默）

T：阿里呢？

S17：阿里爱好是什么？对不对？（自己笑）

T：嗯。对。

S17：阿里喜欢，在我国家，我喜欢这个，collect money。

T：挣钱？

S3：不是。这个。（做动作）

T：收集钱。

S17：在，在别人的国家，Money。钱。

S2：阿里，你喜欢什么。你喜欢的。

S4：花钱。花钱。

S6：我喜欢花钱。I like spend money.

S17：不是 spend money，No，no，no。这个。（做动作）

S7：Save money.

T：（在黑板上写"收集"的拼音和汉字）

S17：收。

T：收集

S17：收集。对。对。

S1：收集。Save money.

T：收集。Collect money.

S（几个）：Collect .

S17：收集。收集钱。

T：收集钱。

S17：收集钱。

T：各个国家的钱。啊。

S17：别人的国家的钱。

S3：收集。

例 84 中，学生说出去旅行要带水桶，造成理解混乱，但是因为有上下文语境提示，所以教师能够迅速判断学生的问题，直接提示，然后学生自己修正。但是例 85 中，因为全体学生汉语水平都不高，学生想要表达的意思，教师没有完全理解，其他学生也不知道怎么用汉语表达，所以全班学生和教师一起就发言学生所说的"collect money"进行了几个话语回合的澄清，最后确定为"收集钱"，相对来说，这是一个比较复杂的修正过程，但是在初级汉语口语课堂却是常常发生的情况。

（4）学生或者教师表达过程中的自然修正

例 86

S：……我第一次上汉语课，那时候汉语教师一般是 50 分钟，但他教我们 45 分钟，然后 5 分钟呢，他在中国生活中的照片给我们看看，他用 PPT 这样的，哦，不是，没有 PPT。那时候，他给我们看看他的东西。那时候，他每次 5 分钟，最后 5 分钟，给我们介绍中国的文化，那时候，我非常非常对中国很感兴趣，所以我比较努力学习。

学生开始说"他用 PPT"，然后修正"哦，不是，没有 PPT"这类修正和自然会话中的修正类似，属于自然谈话中对自己表达不清或者不准确的部分的修正，希望自己传达的信息更准确、真实。

（5）学生对教师理解或者话语表达内容的修正

从本章第二部分教师对学生和语篇的反应一项的结论中，我们可以知道，学生更关注意义理解本身的修正。在仅有的两个学生对教师修正的例子中都是学生对教师意义理解错误或者表达中的错误进行了纠正。

3. 口语课堂常见话语修正方式

从材料分析来看，对于学生语言形式的偏误，10 位教师的课堂共涉及以下几种纠错的方式。

（1）其他学生纠错，教师确认

例 87

T：朱莉喜欢。法赫利喜欢。那你们在长春爬山吗？

S1：不爬山。

S2：在长春不有山。

S3：长春没有地方爬山。

T：对。长春没有地方爬山。但是长春现在可以滑雪了。现在，可以滑雪了。你们可以去试试。

教师面向全体学生提问，学生回答的时候，S2 出现偏误，S3 纠错，教师以重复 S3 话语的方式确认其正确。然后扩展下一个话题，由爬山转换到滑雪。

（2）教师直接纠正后进行其他活动

例 88

T：乒乓球。还有呢？

S16：啊,还有,啊,还有游戏,电游戏。

T；电脑游戏。电脑游戏。阿里喜欢什么？

例 89

S4：你知道他喜欢颜色吗？

T：颜色,你知道他喜欢什么颜色吗？

S5：不知道。

例 88 是学生说错了词,教师直接纠正后问下一个学生问题。例 89 是在教师布置的一个学生用"你知道……吗？"问另一个学生问题的时候,S4 的句子结构有问题,教师直接纠正后,S5 直接回答。

（3）教师提醒学生自我纠错后,要求全班学生一起说出正确形式

例 90

T：啊 你们两个,今天,谁呢？禹英陈和朴敬植坐在教室的中间。对。教室的中间。好,第二个,怎么读？

S：cháng。

T：cháng 吗？看生词,看生词,怎么读？

S2：zhǎng。

T：zhǎng。

Ss：zhǎng。

T：zhǎng。

Ss：zhǎng。

例 91

S14：营业员（不准）。

T：怎么说？

S14：营业员（还是不准）。

T：一起来。

Ss：营业员。

S14：（自己纠正）营业员。

T：非常好。再说一遍。

S14：营业员。

T：一起来。

S：营业员。

T：再来。

S：营业员。

例 92

T：好。（指 PPT 上图片）这是什么？

Ss：信封。

T：好。（1 的手势）

S（部分）：一个，一个信封。

S（有的）：一张。

T：这是什么？（学生比较乱，教师做停止手势，学生不说话）这是？

S（有的）：一张。

T：一张，一张信封（摇头）？（教师指一个学生）

S：一个。

T：（二声四声手势）一个，一起来。

S：（全）一个。

T：（指 PPT）

S：（全）这是一个信封。

T：好。一起来。

S：这是一个信封。

T：好。非常好。（指 PPT 下一个词）

三例中，都是学生读错后，教师提示学生，让学生先对偏误进行自我修正，然后再带领全班学生一起读正确的形式。不同的是提示的方式不同，例90 中，教师是用语言直接提示学生看 PPT 上的生词再读。例 91 中，教师用语言提醒学生有错误，先让发言学生自我修正，发言学生没能准确修正后，让大家一起修正，发言学生再修正，最后是全体学生一起说出正确形式。例 92 中，教师用体态语提示学生"一张信封"是错误的，然后点名让学生再说，最后大家一起说出正确的形式。下面的例子也是同样的形式。

例 93

T：这是听吗？（用手指耳朵）这是听。

S（有的）：听。

S（有的）：停。

T：停。对。停

Ss：停。

学生把"停"读成"听"，教师用手指着自己的耳朵说"这是听"，学生知道发音不对，开始纠正，有的读一声，有的读二声，最后教师确认，然后全班学生一起读出正确声调。

（4）教师提示全班学生一起纠错

例94

S5：和（学生读成喝）。

T：是喝吗？一起来。

Ss：和。

教师用"是喝吗？"提示学生，然后要求学生一起说出正确的读音。

（5）教师用问题提示学生纠错，对问题进行解释后，进行其他活动

例95

S：肠胃药。

T：嗯，还有肠胃药，嘿嘿。

S：还有水桶。

T：嗯？

S：水桶。

T：水桶，是水杯还是水桶？

S：是水杯。

T：水杯啊，这个叫水杯啊，（用手比画）这样的叫水桶。

S：还有自拍杆。

学生回答教师问题时出现用词错误，教师用问题提示学生，学生改正后教师解释。

（6）学生表达过程中出错，教师与学生一起修正后，学生继续表达

例96

S2：我来中国以后，我不知道在哪儿买衣服。三个月，我的朋友说我在哪儿买衣服。然后我朋友和我一起去那儿买衣服。然后，我也不知道在哪儿吃饭。我的朋友告诉我，我 xīnlǎi 了。（看教师不明白，重复）我 xīnlǎi 了。

T：什么意思？

S2：xīnlǎi 了。xīnlǎi 了。

S6：新来了。

（学生们看教师，教师还是不懂）

S2：（重复）新来了。（发音还是不准，类似 xīnlǎi了）新来了。

S5：新来了。

S2：（手势）新来了。

T：新来了。

S2：（手指自己）我，新，来，了。

T：我是新来的。

S2：我是新来了。

T："的"。新来——的。我们都是。我们一起说。（和学生一起说）我是新来的——什么？

S1：学生。

T：学生。

S2：新来的学生。然后他告诉我——额——食堂在——额——师训大楼的——对面。

T：还有吗？还有？

S2：我很高兴。常常我自己去食堂吃饭。

上面一段对话是一位学生在表达过程中因为发音不准，影响了意义的理解。因此，教师需要学生修正。学生自己修正后，教师还是不明白，其他学生帮助发言学生修正，三次话语回合之后，教师大概明白了学生意思，帮助学生改正，学生继续表达。

（7）学生全部发言结束后，教师纠正

例 97

T：好。非常好。不错，不错。（学生回座位，教师走上讲台）我的朋友告诉我。我们不说我的朋友说我。常常说我的朋友告诉我。（一起手势）

Ss：告诉我。

T：啊，常常这样说。我的朋友告诉我。

如果学生正在进行成段表达或者两个学生正在做对话活动，很多教师都像上例中的教师一样，对不影响交流的语言形式问题进行归纳，等学生全部表达结束后，再进行纠错。纠错之后，教师强调正确形式。

（8）教师直接增加词语以修正学生偏误句后,进行其他活动

例 98

S1：你知道现在几点?

T：吗。

S：现在几点吗?

T：（指 S2）现在?

S2：现在不知道。

T：（指 S3）现在?

S3：十点五十分。

（9）学生自己纠正,活动正常进行。

例 99

S5：我要卖,我要买两个信封,多少钱?

S6：一个三毛,两个六毛。

S5 把"买"读成"卖",然后自己意识到错误,自己改正。课堂活动正常进行。

（10）其他学生纠正

例 100

S2：挂科,挂科的话需要重 zhòng 新学习。

S：需要重 chóng 新, chóng 新学习。

S2 说错了, S 纠正他的错误。

（11）教师发现问题,但是没有明显的修正行为,只是在接下来的反馈中修正了学生话语

例 101

S：就是法律要求是什么样的,按照那个法律。

T：按照劳动法的规定,劳动法让做什么他就做什么,这样的职业就是好的职业。所以你看,由子当老板,面试的时候说你要不要加班? 可是她说好的职业是不加班,有周末,然后这样按照劳动法可以休息。

这段对话中,学生回答的时候用的是不太完整的句子,教师在反馈的时候换了说法,是一种潜在的修正行为。

4. 口语课堂话语修正存在的问题

在修正的过程中,有一些不完全的修正或者师生都没有意识到的修正,属于课堂话语修正中存在的问题。

（1）教师纠正之后还有问题的句子

例 102

S1：你知道多少孩子吗？（哈哈）

T：你知道多少汉字？嗯，可以。没有"吗"。你知道汉字吗？有"吗"。你知道汉字吗？汉字！

　　学生按照教师的要求用"你知道……吗？"问学生一个问题，学生的理解和该句型的要求有出入，因为是初级班，教师没有进行解释，试图在学生原句的基础上改正，但是改后的句子也不准确。

（2）教师没有意识到学生的话语错误，甚至重复

例 103

S3：他的爱好睡觉。

T：他的爱好睡觉。（笑）啊，那还有呢？伊拉爱好什么？伊拉？

（3）教师引导学生自我纠正，但没有说明形式规则，致使后面接着出现类似错误

例 104

S5：要是你喜欢，就你也买这个东西。

T：嗯。就你买这个东西。（摇头）

S：（说不同的词序）

T：好。一起来。

Ss：要是你喜欢，就（教师一只手指指）（学生说不同的词）一个；就你——

T：就你还是——

S：（部分）他。

T：怎么说？（叫一个学生回答）

S1：就你喜欢他。要是你喜欢他，就告诉他。

　　教师纠正 S5 的偏误时，没有说清楚语言形式的规则，学生没有意识到，所以后面学生接着出现错误。

（4）教师忽略的学生话语错误

例 105

S7：他周末打算听音乐啦，看看电影啦，做作业啦，然后睡觉。

T：然后睡觉。那阿琳娜，林木打算做什么？

　　表示列举的"……啦"一般是用在表达经常性发生的事情，但是学生用来表示某一天的计划，严格来说不是很合适，但是教师没有特别指明。

另外一类关于错误的纠正和上述这些在口语表达过程中出现的偏误略有不同,是学生在做课堂练习题的时候出现的错误,对于这类错误,教师一般用以下两种方式处理。

第一,选词填空题,学生选错,教师做完最后一题试图引起让大家讨论,以帮助学生理解。

例 106

T:最后一道题选的原本,对吧,那第四个选什么呢?

Ss:自始至终。

T:自始至终,为什么呢?

S:(沉默)

T:第五题,第五题。它说:有了这条高速公路以后,原本十几小时的路程,只需要三四个钟头,是表示它原来用时很长,现在缩短了。第四个呢? 这次活动的组织和安排,自始至终都由他负责的,原本由他负责的也没有问题。明白我的意思啦?

S:两个都没有问题。

T:对。也就是说第四题,可以用原本,也可以用自始至终。

S:那第五个呢?

T:第五个一定只能用原本呀。

S:好吧。

第二,教师直接解释错误原因。

例 107

S:不为别的,就因为我们不能熟视无睹那个问题。

T:×××说的是我们熟视无睹的那个问题,她想表达的意思是我们对那个问题熟视无睹。就是我们对这个问题熟视无睹了。熟视无睹后面不能跟问题,它后面不能,就是我们不能说我们熟视无睹这个现象了。我们对这个现象熟视无睹了。熟视无睹后面不能跟宾语。

S:我们不能熟视无睹了。

T:对。如果单说的话,不看前面的话,可以说我们不能熟视无睹,然后,但是他说这是个老问题了,意思是很多人都对这种现象熟视无睹。你们对上课迟到的现象怎么看呢,这是个老问题了,很多人对这个都熟视无睹了。虽然大家都看了,但是不关心。看第二个,×××。

有的时候教师在授课过程中也会说出一些不完全正确的语句,如下面的例子：

例 108

S4：我们打算去南湖滑冰。

T：真的？

S4：真的。

T：南湖现在不可以滑冰。（学生笑）要过几天，过几天。现在滑冰不安全。It's not safe. 不安全。啊。真的。真的。不要去。阿里，阿里，问谁了？

"南湖现在不可以滑冰。"是不合汉语语法规范的句子，但是教师不自觉地说出来了，自己没有意识到，也没有自我修正。实际上在与教师聊天过程中，汉语教师常常会觉得自己的语言能力退化，有时会丧失对语言的敏感性，失去判断力，有的时候也会受学生常见语言偏误的影响，不自觉地说出一些不正确的汉语句子，这也是值得研究的现象。

（三）对外汉语口语课堂话语重复分析

重复是话语交际的一个重要的现象，也是课堂互动最常见的话语形式。目前关于重复的研究集中在语言学，主要研究日常会话和特殊语境下重复性话语的形式、分类和功能，进而说明不同语境下的语篇建构，揭示说话人的心理模式。根据李悦娥的概括总结，重复可以有多种划分的角度。"从语言本身来分析，可以分为形式上的重复和语义上的重复……；从其出现的位置来分，可以分为直接紧随和语篇紧随……；从内容上来分，可分为全部重复和部分重复……；从重复的对象来讲，有自我重复和他人重复。"可见，因为研究视角和目的的不同，对于重复的分类会有很大的不同。本文主要探讨课堂话语形式对教学的影响，因此，仍以课堂话语的参与者为中心，以功能为标准，分别从教师话语重复和学生话语重复两个方面对课堂中的话语重复现象进行分析。

1. 教师话语重复类型

根据课堂观察和转录语料的分析，10 位教师课堂重复包含李悦娥研究中所谈及的各种类型。按照功能划分，教师重复主要有以下几种类型：

（1）习惯性重复

例 109

T：（换 PPT）那我们看看他们说什么？（指 PPT，和学生一起读）

S：（全）周末你想干什么？爬山，从这儿往西有一座山。挺漂亮的。

T：挺漂亮的。挺漂亮的。

根据上下文分析，教师重复"挺漂亮的。"似乎没有什么特别的作用，因此判断其为习惯性重复。

（2）肯定式重复

例 110

S1：不爬山。

S2：在长春不有山。

S3：长春没有地方爬山。

T：对。长春没有地方爬山。但是长春现在可以滑雪了。现在，可以滑雪了。你们可以去试试。

教师面向全体同学提出问题"你喜欢爬山吗？"，有三位学生响应了教师的问题，教师对其中一位学生回答的"长春没有地方爬山"进行肯定后重复了该句。

（3）改述式重复

例 111

S：就是我高中以后，上的一个大学生，那个是——那个时候是第一次，就是第一年级嘛，就是就业以后开始上大学，那个是动物医生，动物的医生。

T：我们说是兽医。

S：对，动物的医生。

T：动物的医生——兽医。

例 111 中，学生在表达过程中用词不够准确，教师直接改正，"我们说是兽医"一句可以看成是教师对学生"动物的医生"的重复，是直接修正了学生使用不当的词语，只不过在这个例子中，学生没有领会教师的意思，再次重复了自己不恰当的词"动物的医生"。

（4）强调式重复

例 112

T：好了。好了。朴志勇，朴志勇，他周末喜欢干什么？他周末打算干什么？

S：（大部分）爬山。

T：爬山。爬山。啊。那阿里喜欢爬山吗？

S：（大部分）不喜欢。

T：不喜欢。为什么？

教师提出问题，反复说自己的问题可以看成是强调式重复。教师提出问题"他周末喜欢干什么",但是重复的时候,教师换了一个词,把"喜欢"换成了"打算"。

（5）铺垫式重复

例112中,教师在后面重复了学生的话"不喜欢",然后就此提出"为什么"这一问题,重复具有为后面提出问题做铺垫的作用。

（6）纠正式重复

例113

①S2：朱博周末打算滑雪。（滑雪说得不是很清楚）

②T：滑雪。

③S2：滑雪。兰格周末打算跟朋友见面。

④T：跟朋友见面。法赫利。

⑤S3：我和塞得要去南湖滑冰。

⑥T：要去南湖滑冰。

⑦S4：我们打算去南湖滑冰。

这段对话中有几种重复的形式,其中②句教师重复"滑雪"是纠正S2说得不准确的发音。S2接着重复了教师的词,是属于确认式重复。④句和⑥句是教师重复学生答句的一部分"跟朋友见面"和"要去南湖滑冰"是确认式重复,⑦句是学生的重复,具有详细描述的意义,有强调的功能。

（7）问题式重复

例114

S：我的中国朋友是我的同屋。

T：是你的同屋？

教师重复学生的回答,并用升调,有提出问题的作用。

（8）帮助式重复

例115

S：你知道——（小声）银行

T：银行

S：你知道银行——你知道银行在哪儿

T：吗

S：你知道银行在哪吗？

T：你知道银行在哪吗？哈哈！

学生在回答问题的时候,因不能确定自己说的词是否正确,所以声音小,不清楚,教师重复"银行"帮助学生确认,然后鼓励学生继续说。

（9）回应式重复

例 116

T：酒。你喝了几瓶啤酒？

S1：什么？

T：你喝了几瓶啤酒？

教师问学生问题,学生没听懂,用动作或者语言请求教师再说一遍,教师重复自己的问题。

（10）回溯式重复

例 117

S1：一般日本人不会做寿司。

T：为什么呢？

S1：（……）

T：一般的日本人不会做寿司？

教师围绕课文提相同的问题,要求每个学生回答,开始几个学生用"你呢"来问,几个学生回答后,再重新回到开始问题,完整重复一次问题,再问别的学生。

有的时候重复兼具几种功能。

例 118

①T：你们和中国朋友在一起,用英语聊天还是汉语聊天？

②S：（一个）我和我的中国朋友学习汉语,每天。

③T：每天？

④S：每天。

⑤T：那你们聊什么？

⑥S：什么？

⑦T：你们常常说什么？ You talk about what？

⑧S：汉语。很多。

⑦句中,"你们常常说什么？"是对学生"什么"的应答,有应答式重复的特点。但是也是对自己前面"那你们聊什么？"这一问题的重复,在重复的时候讲"聊"（应该是刚学不久的生词）改成"说"以便让学生听明白问题。

但是在观察和转录的语料中,也发现了一些教师重复学生错句的现象。下面两个例子是教师无意识地重复了学生错误的句子。例 119 中,这种重复发生后,教师随即修正了句子。例 120 中,教师似乎没有注意到自己重复了学生错误的句子,直接进行后面的教学内容。

例 119

S:你知道吃面包吗?

T:你知道吃面包吗? 你知道哪儿的?

S:哪儿的?

T:面包好吃吗? 你知道哪儿的面包好吃吗? 哪里? 哪里的面包好吃?

例 120

T:桂林路,什么名字? 你们都去了吗?

S1:几个人不去。

T:只有几个人不去,大部分都去了,对吗? 桂林路什么饭店?

2. 学生话语重复类型

(1) 机械性重复

例 121

① T:我和我的朋友常常喜欢聊天,聊什么,比如说:我喜欢聊旅游。你们知道旅游?

② S:旅游。

③ T:Travel

④ S1:Yes

⑤ T:旅游。

⑥ S21:旅游,知道。

②句中 S1 重复"旅游",实际上并不知道旅游是什么意思,只是听到这个音节,重复出来,教师看表情了解了学生的问题,用英语解释了意思,所以④句学生说 yes 的时候才是明白了这个词的意思。

(2) 确认式重复

例 122

S:我和我的中国朋友学习汉语,每天。

T:每天?

S:每天。

例 123

T:没有排队?

S★★:没有排队。

例 122 和例 123 都是学生回答教师的问题过程中,教师对学生所答内容有疑问,表示不太相信或者不太理解,用升调疑问语气重复学生的关键词汇表示疑问,学生重复该关键词汇表示确认。

这种话语结构基本都是学生回答问题——教师重复学生的答案表示疑问——学生确认。

（3）疑问式重复

例 124

① T：听音乐。听音乐。基博,你问了谁?

② S11：（用手指同学）他听音乐,还有。

③ S12：（被指同学）滑雪。

④ S11：滑雪? 滑雪。

⑤ T：滑雪,滑雪啊。

④句中 S11 第一个"滑雪?"是表示疑问,表示该学生没有明白滑雪的意思。但是紧接着第二个"滑雪",学生通过重复思考,明白了该词的意思。教师接着用两个"滑雪"确认。

（4）澄清式重复

例 125

S：你知道中国音乐吗? （教师没有肯定,学生重复）中国音乐。

T：中国音乐,啊, Music。

例 125 中,学生说出了"中国音乐"这个词组,但没有得到教师反馈,于是又再一次重复了这个词组,希望教师能明白。

（5）理解式重复

例 126

S18：我喜欢学习晚学（听起来的发音）。晚学, Literary。（教师没听清楚）晚学, Literary。晚学。

S：（看教师没反应）Literary,晚学。

T：文学。

S：（几个学生）文学。

这段对话中,S18 回答问题的时候想说"文学",但是发音不清楚,看教师没有反应,重复了自己说的词,但是教师还是没有反馈,从课堂观察判断,班上另外一个同学根据 S18 说的英语知道他想表达的意思,所以重复 S18 的话,最后应该是教师通过学生提供的英语词汇猜出学生要说的词,然后给出确认式重复,最后是几个学生理解式重复。这里 S18 是自我重复,其他几个学生最后的重复有一部分是因为自己原来不知道该词的意思,属于理解式重复。

（6）回应式重复

例 127

T：有那个年糕对吧？白颜色的,长长的,对吧？有年糕,还有什么？

S1：鱼糕。

T：什么糕？

Ss：鱼糕。

学生回答问题时,教师没听清楚,追问学生,学生重复自己的答案,属于回应式重复。

（7）解释性重复

例 128

S1：运动。

T：运动,运动也是陷阱？

S1：就是打篮球,还有打排球的话,如果几个人在一起打的,这个是集团。

T：也就是说看一下你和别人怎么相处,对吗？

S1：对,相处。

S2：我的丈夫联系的公司,希望那个,希望运动。

S1：就是需要会运动的人,那个,一个公司没有运动的人,参加不了。

S1 在回答教师问题的时候开始说"就是打篮球,还有打排球的话,如果几个人在一起打的,这个是集团。"然后又解释自己的话"就是需要会运动的人,那个,一个公司没有运动的人,参加不了"。后一句是对前一句的解释。

在观察中,还发现有教师和学生分别重复的现象。例 129 中,④句和⑤句是教师和学生听到发言学生的回答以后分别重复,具有确认的功能。

例 129

①S4：我的专业是,一个是旅游管理,一个是旅游管理,还有一个是经营,我现在是,我的家乡是济州岛,在韩国是很有名的旅游的地方。那个地方是对我的专业。

②S3：很有帮助,是吧？

③S4：对。很有帮助。

④T：旅游管理。

⑤ S6：旅游管理。

（四）对外汉语口语课堂话语沉默分析

沉默现象在各种场域的话语互动中广泛存在,研究者对自然会话中的沉默也给予了很多关注,其看成是具有实施能力的一种言语行为。学者们对沉默现象的认识有一个逐渐发展的过程,在 Flanders 课堂观察量表（1970）中,将沉默与混乱归为一类,认为它们都属于课堂中的无意义行为,其后,随着对课堂话语研究的深入,越来越多的学者才慢慢意识到课堂沉默在教学中的特殊性。在中国,已有的研究成果主要集中在对大学英语课堂的研究,如王健、张静（2008）[4]、滕明兰（2009）[5]等学者的研究,另外一些研究者则用某种理论解释课堂话语沉默现象,如孟凡韶用建构主义理论（2009）[6],陈晋华从语用和文化角度（2011）[7],于大伟用图式理论（2014）[8]等。针对对外汉语课堂教学领域的研究起步晚,成果还不够丰富,比较好的是张楠（2011）[9]、付艳华（2014）[10]两篇硕士论文。

刘虹区分了自然会话中"沉默"与"停顿"两个概念。认为停顿是"用来指出现在语法和语义完成句后面的较短的无人说话的情况,一般在 2 秒左右的时间以内",而沉默则是"指话轮完成后较长时间无人说话的情况"。但在第二语言课堂中,因为说话人的语言能力和课堂语境的缘故,"较长时间无人说话的情况"并不仅仅发生在话轮完成后,也常常发生在学生说话的过程中。因此,本研究中的"沉默"主要是从话语互动的角度出发,指的是第二语言课堂中,教师和学生在话语互动过程中发生的 2 秒或者 2 秒以上时间内没有话语交流的情况。

在对 10 位教师课堂沉默的研究过程中,分析其上下文语境,通过对沉默的类型与类型的分布、沉默发生的时间、教师应对课堂沉默的方式等数据的统计,分析出当前对外汉语课堂话语沉默现象的特点。

1.对外汉语口语课堂话语沉默的类型

关于课堂话语沉默的分类,不同的关注点可以有不同的分类方式。比如,以课堂教学效果为标准,可以分有效沉默和无效沉默；以学生的态度为标准,可以分积极沉默和消极沉默；以沉默的引发者为标准,可以分教师引起的沉默和学生引起的沉默。在研究过程中,有的学者用语用关于话轮的研究理论将沉默分为话轮内沉默、话轮间沉默和话轮沉默[11]；有的学者从思维、情感和行为三个方面将沉默分为思维沉默、情感沉默和行为沉默三种类型[12]。这些已有的研究成果对本文的研究有很好的借鉴意义。

在这些研究的基础上，本研究首先对 10 位教师的课堂进行观察，发现沉默现象主要发生在师生和生生话语互动之间（如教师提问后，学生回答问题之前常常会有 2—3 秒钟的沉默）和师生说话过程中间。从课堂话语互动的角度，根据课堂话语参与者及其话语互动类型将对外汉语口语课堂中的沉默划分为五种类型：（1）教师自己说话过程中的沉默，包括教学环节转换中的沉默（T1，如 PPT 转换、讲完生词到开始讲解课文之间的转换等），教师为帮助学生理解内容造成的沉默（T2，比如板书、画画或者做动作等），教师课堂指令执行过程造成的无话语交流的情况（T3，如教师发出指令要求学生打开书到学生翻开书之间没有人说话的情况），教师陈述性话语需要学生给予反馈、补充造成的无话语交流的情况（T4）；（2）教师引发与学生应答之间的沉默，包括教师对一个学生（T—S）和教师对全体学生（T—Ss）；（3）学生说话过程中的沉默，包括回答教师问题过程中的沉默（S 答）和按照教师要求问别的同学问题过程中的沉默（S 问）；（4）学生引发与学生应答之间的沉默，包括一个学生对一个学生（S—S）和一个学生对全体学生（S—Ss）；（5）学生引发与教师应答之间的沉默，包括学生主动问教师问题，教师回答（S 主—T）和学生回答问题过程中，教师主动对学生解答进行补充或者进行赞扬、同意、鼓励等性质的反馈（S—T 主）。课堂小组活动过程也有沉默，但是因为受条件限制，无法对每个小组都进行观察和录像，所以不在本研究的考察范围内。

2. 对外汉语口语课堂话语沉默类型分布

根据以上分类标准，10 位教师课堂话语中各类型沉默的具体数据见表4.15。

表 4.15　课堂话语沉默类型分布

类型　　教师	（1）				（2）		（3）		（4）		（5）		总次数
	T1	T2	T3	T4	T—S	T—Ss	S 答	S 问	S—S	S—Ss	S(主)—T	S—T(主)	
A	7	3	3	2	16	6	31	0	0	0	1	0	69
B	15	8	5	9	35	11	16	6	2	0	1	6	116
C	4	3	4	2	16	12	9	0	1	0	1	3	55

续表

D	1	0	9	2	6	5	5	2	0	0	0	13	43
E	4	2	18	0	3	1	11	0	1	0	0	1	41
F	1	0	1	2	5	13	8	1	6	4	0	0	41
G	5	0	4	0	8	2	4	0	0	0	0	0	23
H	2	2	1	0	12	11	6	0	0	0	0	0	34
I	7	6	6	7	18	24	1	0	0	9	0	0	78
J	5	3	4	1	6	13	2	0	0	0	0	2	36

从上表中我们可以看出以下几点：

a）初级水平课堂（A—E）的课堂话语沉默总数量通常比中高级水平的课堂（F—J）高。

b）S（主）—T 类型沉默非常少，除了 A、B、C 三位教师的课堂各出现一次外，其他教师的课堂没有出现这种类型的沉默。

c）除了 D 教师和 E 教师的课堂以外，其他教师的课堂沉默现象大多集中在 T—S、T—Ss 和 S（答）三种类型上。D 教师的课堂沉默主要集中在 S—T（主）这一类型上，而 E 教师的课堂沉默主要集中在 T3 这一类型上。

d）三位学生课堂满意度高的教师（D、E、F）的课堂沉默总次数都在 40 次左右，分别是 43、41、41 次。

e）除了 F 教师以外，其他教师的课堂没有 S—Ss 这种沉默类型。

f）B 教师和 I 教师课堂沉默总次数相对较高，而 G 教师的课堂沉默次数最少。

g）D 教师和 E 教师 T—S、T—Ss 类型沉默非常少，而 T3 类型的沉默占他们课堂沉默总次数的比例相对较多，分别是 20% 和 43%。

h）D 教师 S—T（主）类型沉默次数为 13 次，远远高于其他教师。

3. 对外汉语口语课堂话语沉默次数与时间

对课堂话语沉默次数与时间的考查可以看出教师在处理课堂教学细节问题时对课堂时间和节奏控制方面的技巧。如果教师能够有效控制课堂沉默的次数与时间，就可以明显加快课堂节奏。

表 4.16 课堂话语沉默次数与时间

	2 秒次数	3 秒次数	4 秒次数	5 秒次数	6 秒次数	7 秒次数	7 秒以上次数
A	33	20	6	1	0	1	2
B	53	32	10	9	5	2	6
C	33	9	3	3	2	2	4
D	29	7	1	2	0	0	3
E	22	10	3	3	1	0	1
F	23	11	5	0	1	1	0
G	16	2	2	0	1	0	2
H	20	11	1	1	0	0	1
I	17	17	12	11	6	2	13
J	15	7	5	2	1	1	5

　　从表 4.16 中我们可以看出教师的课堂沉默时间都集中在 2—3 秒左右。10 位教师 2 秒和 3 秒的沉默次数占总次数的比例，按从高到低顺序排列是 D（84%）、F（82%）、E（78%）、G（78%）、A（77%）、C（76%）、H（75%）、B（73%）、J（61%）和 I（43%）。3 位课堂满意度特别高的教师排在前列。

　　另外，通过分析课堂录像发现，除了 B、I 和 J 教师的课堂以外，造成 7 秒及 7 秒以上课堂沉默原因，大部分是由于教师等待学生完成教学指令或者等待学生完成活动回到自己的座位。如，D 教师的 3 次课堂沉默都是因为学生要完成教师课堂指令，E、F 教师的 1 次沉默是因为学生完成活动后回到座位，A 教师的 3 次沉默 1 次是学生活动结束回到自己座位，1 次是教师板书，还有 1 次是学生有不会的词请教师看自己的手机。而 B、I、J3 位教师 7 秒和 7 秒以上的课堂沉默原因主要有两种：一是课堂 PPT 转换；二是教师提问后，等待学生回答. 这两种原因造成的沉默分别占 3 位教师 7 秒和 7 秒以上时间沉默次数的 62%、86% 和 83%。

　　4. 教师应对学生沉默的方式

　　"学生沉默"指的是学生是沉默的主体。教师应对学生沉默的方式主要是在课堂话语互动过程中，轮到学生说话，学生不说话或者学生只说了一部分就沉默不说时，教师采用什么方式让话语交流继续。

　　通过观察统计分析，教师应对学生沉默的方式有：①重复问题或者问题中的部分词语，②换一种方式问问题或者对问题进行解释，③重复学生说过的句子,继续等待,④等待学生回答直到学生说出答案,⑤等待学生回答直到学生示意放弃,⑥教师对学生回答进行肯定、提示,⑦教师直接纠正、补充或者给出答案,⑧问别的学生或者让全体学生一起说,⑨教师换别的问题,⑩通过追问,希望学生继续说或者澄清学生说话的内容。表 4.17 是 10 位教师在应对学生沉默时所采用的方式的分布情况。

表 4.17 教师应对学生沉默的方式

	①	②	③	④	⑤	⑥	⑦	⑧	⑨	⑩	总次数
A	2	3	0	47	0	0	1	2	0	0	55
B	11	3	5	47	2	4	14	0	1	1	89
C	8	5	1	17	1	4	7	0	0	1	44
D	3	0	1	13	0	13	1	2	0	0	33
E	0	0	0	15	0	1	0	1	0	0	17
F	3	2	0	30	1	1	2	0	1	0	40
G	0	0	0	12	0	2	0	0	0	0	14
H	3	3	1	15	0	1	2	1	1	0	29
I	7	13	1	17	1	3	5	11	1	0	59
J	1	2	0	13	2	3	2	1	0	0	24

因为此表统计的是教师应对学生沉默的方式,所以总次数的数值与表 4.15 和表 4.16 不同。教师自己话语过程中的沉默(表一中 T1、T2、T3)和学生问,教师答之间的沉默(S 主—T)不在此表的统计范围内,表一中 T4 的沉默类型是教师和学生同时不说,除此之外,表一中其他类型都是学生不说,因此表三中的总次数最后与表一中 T4、T—S、T—Ss、S 问、S 答、S—S、S—Ss、S—T(主)的几种类型的总次数大致吻合。

通过此表的统计数字可以看出第四种方式远远高出其他方式,也就是说,10 位教师在应对学生沉默的时候,主要采用等待学生回答直到学生说出答案这种方式。在采用这种方式的时候,D、E、F、G 教师的候答时间均在 2—3 秒之间,A 教师的候答时间在 2—4 秒之间,B、I 教师有 5 次 5 秒或者 5 秒以上的等待,J 教师有 4 次 5 秒以上等待,C、H 教师各有 1 次 5 秒以上等待,其余都在 2—4 秒之间。

除了第四种方式的数值比较高以外，大部分教师在第六种和第七种方式上的数值也比较高，这表明，当学生沉默时，教师也常通过对学生回答进行肯定、提示、直接纠正、补充或者给出答案来打破沉默。从表中次数可以看出，D 教师在课堂上采用提示或者对学生已回答内容进行肯定或者提示的方式非常多。而 I 教师的课堂与其他课堂不同，采用第二种方式比较多，其次是第八种方式，而且其他方式也都有使用，不像其他教师集中在某一方式。这种现象的原因在课堂观察和后来对学生和教师的访谈中，发现与该班学生学习态度的关系更为密切。

另外，通过统计，在教师用第四种方式应对的沉默中，学生沉默后，最终回答的正确率在 95% 以上。按照 Long & Sato 对误堂问题的分类方法，把教师问题分为展示性问题和参考性问题，那么教师用第四类方式应对的沉默中 98% 以上与展示性问题或者教师给学生准备时间后再让学生回答的参考性问题相关。这对教师控制自己待答时间也是有启示性作用的。

关注课堂沉默，是因为它是对外汉语口语课堂中一个很重要的现象，影响课堂教学的气氛和参与者的心理，在这些基本的数据之上，希望能够找到各种沉默类型产生的原因和影响因素，并在此基础上提出应对沉默现象的具体的策略，能够对对外汉语教师的课堂教学水平的提高有所帮助。

注释：

[1] 关于选用 COLT 观察量表的原因、COLT 量表的内容及应用在论文第三章的第二部分"研究工具的选择与设计"中有介绍。

[2] Edmondson,W. Spoken Discourse: A Model for Analysis[M]. London:Longman. 1981.

[3] Levinson,S. Pragmatics[M]. Cambridge University Press.1983,295-296.

[4] 王健,张静. 大学英语课堂沉默现象的解析与对策 [J]. 中国大学教学,2008,(1):81-84.

[5] 滕明兰. 大学生课堂沉默的教师因素 [J]. 黑龙江高教研究,2009,(4),146-148.

[6] 孟凡韶. 建构主义理论指导下课堂沉默现象预防策略研究 [J]. 外语教学,2009,(7).

[7] 陈晋华. 从语用和文化角度对大学英语课堂沉默现象的再研究 [J]. 湖北函授大学学报,2011,(3):134-135.

[8] 于大伟. 基于图式理论的大学英语课堂沉寂现象研究 [J]. 黑河学院学报,2014,(5).

[9] 张楠. 跨文化视角下审视对外汉语课堂的静默语 [D]. 长春：吉林大学,2011.

[10] 付艳华. 对外汉语课堂沉默的实证研究 [D]. 上海：华中师范大学硕士学位论文,2014.

[11] 郭坤,田成全. 从认知语用学角度看英语课堂会话中的师生沉默 [J]. 外语教育,2010,(10):134-138.

[12] 滕明兰. 大学生课堂沉默的教师因素 [J]. 黑龙江高教研究,2009,(4):146-148.

第五章　研究结论

　　从课堂观察和对 COLT 量表列出的各观察维度所得数据，以及对学生和教师的调查问卷的综合分析中可以看出每位教师的课堂都有自己的所长，也都有自己的不足，其中有很多是整体性的特点。本章主要是基于课堂观察、利用量表和会话分析理论对课堂话语互动现状的分析以及与调查问卷的相互印证，并以现代第二语言课堂对交际性的要求为标准，得出的结论。全章共分三个部分，第一部分是总结教师在课堂教学中实施的影响口语课堂话语互动效果的积极因素；第二部分和第三部分利用会话分析理论和访谈结果，从课堂话语互动的语境设置、话语主体（教师和学生）意识、话语质量控制和课堂话语互动评价五个方面分析了对外汉语口语课堂话语互动存在的问题及问题产生的原因。

一、影响口语课堂话语互动效果的积极因素

（一）教师具有良好的口语课型意识

　　教师良好的口语课型意识是提高学生话语交际能力的重要教学基础。针对来华留学生的汉语教学和国外进行的汉语教学在教学模式上有很大的不同。针对来华留学生的教学大多数都采用"一门汉语综合课＋四门汉语技能课"的模式，区分听说读写课型，因此，课型意识在课堂中很重要。从第四章对"学生话语模态"的分析中可以看出，在对外汉语口语课堂上，学生的语言模态以说的训练为主，没有以提高听力、阅读和写作的能力为目标的训练。这符合一些研究者对口语课性质的论述，即口语课"是专项技能课，目标是培养口头交际能力，重点训练的是学生口头表达技能，课堂教学以'说'为训

练的核心。但是这并不意味着口语课只是让学生说。……在交际中，人们不但要表达自己的思想，还需要听懂对方观点意思，即还要有'听'的能力"。[63]这说明在口语课中，单纯只有口语输出的训练是不可行的，需要有其他技能的参与，但是一定要以"说"的训练为主。

在访谈中，10位教师均表示"口语课就是要训练学生的口头表达能力"（TCF），"口语课上应该给学生机会，让他们多说"（TGF），还有教师明确提出"口语课的主要目标是要培养学生的口头交际能力"（TDF）等。从COLT量表B部分信息差（表4.8教师信息差和表4.9学生信息差）中的数据也可以看出，10位教师的课堂交际有一定的真实的和不可预测信息，说明教师在课堂上的确是努力做到以"说"为中心，使课堂具有一定的交际性特征。

从课堂观察来看，大部分教师的课堂，学生的参与度都比较好，能够积极回答教师的提问，配合教师的各种课堂活动，有的课堂学生更积极活跃一些，学生之间愿意互相开玩笑，愿意问教师问题等等。从学生对自己上课说话机会的调查来看，有82%的学生认为自己获得了足够的说话机会。这一结果是从对学生问卷第13题的统计结果（图5.1）中得出的。第13题的问题是"你觉得在口语课上，你说话的机会多不多？"在294份有效问卷中有98份选择了多，占总调查人数的33%，有149人选择了不多也不少，占总调查人数的大约一半（49%）左右，两项加在一起的人数占全部调查人数的82%，在参与的全部调查学生中，只有18%的学生认为自己说话的机会不多。这表明口语教师在课堂上基本能够让绝大部分学生有机会进行口语表达。

图5.1　学生对自己说话机会的评价

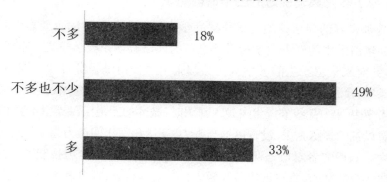

（二）教师能够恰当地利用媒介语

　　学生语言能力对课堂话语互动有很大影响。一方面，学生语言能力影响课堂使用哪种媒介语。在量表中由"语言使用"一项，可以看出初级阶段的教师和学生使用媒介语或者学生自己母语的比例远远高于中高级阶段。当学生有表达的愿望，而目的语水平还不能满足交流需要的时候，学生会寻找一种媒介语交流。如果一个班来自同一国家的学生人数不多，媒介语自然就是英语，如果一个班的学生都来自同一个国家，那么用学生自己母语交流的情况就会出现。但是随着学生语言水平的提高，用媒介语交流的情况会逐渐减少，但是学生用自己母语交流的情况还会偶尔出现，原因在于学生用自己的母语交流比较方便，课堂上的疑难问题比较容易解决。偶尔也会出现学生模拟声音来解释说明自己想表达的意思的现象，当一个学生听不懂"狗肉"这个词的时候，另外一个学生模拟狗的叫声让其明白。还有学生不明白"婚礼"，有学生就哼唱一段教堂婚礼进行曲，使其明白自己要表达的意思。这些都是由于学生的语言水平不高造成的。另一方面，学生语言能力影响也会影响教师话语方式。初级阶段的课堂与中高级阶段的课堂，教师的话语方式有很大的不同。初级阶段的教师语言都比较简单，短句多。除为了练习课文中的句子以外，都不使用长句子。管理语言和指令性语言都简单明了。如"再来""再说一遍"。A 教师向学生解释"雪橇"一词的时候更是很突出地显示了这一特点，她说："雪橇。就是你冬天，冬天有很多狗在前边跑，后面有一个车，你坐在车里面"。B 教师在说句子的时候多次出现明显的拉长音的情况，如"我不知道教师的电话号码""我们说'我们上课吧'"这样的句子，有的时候还出现不合乎汉语语法规则的短语，如"再一遍"等。

　　初级阶段教师使用手势语比中高级阶段多，比如 A 教师讲听音乐时用手指着自己的耳朵，B 教师打电话的时候，就用手做打电话的动作等等。E 教师的手势语更多，管理语言和指导语言大部分用手势语代替，如纠正学生的声调，学生只要看到教师的手势就知道自己应该读第几声进行自我纠正。另外，学生话语能力也影响教师教学导入方式。从第四章表 4.1 的统计中可以看出，初级和中高级的课堂在导入新课时，教师的课堂活动类型不同。初级阶段，教师是用图片或者问题引导学生说出相关话题和用动作引导学生说课文相关词汇两种活动类型。3 位在高级阶段的教师中在设计导入环节时，有2 位使用的是用任务引导学生说和课文相关话题的活动类型。这说明学生语言能力会限制教师课堂活动类型的使用。

因此，教师在教学的时候，需要注意根据学生不同的语言水平，选择使用媒介语。通过课堂观察和记录发现，10 位教师的口语课堂教学中，教师使用的媒介语基本是汉语和英语两种，E 教师还大量地使用了手势语。

因为学生汉语语言能力不强，教师课堂需要注意所使用汉语的语速和难度。从学生问卷第 19 题和第 20 题的反馈看，绝大部分教师使用的汉语符合学生的接受能力。图 5.2 是学生回答问卷第 19 题"你觉得现在教师讲课的时候，说话的速度快吗？"的结果。有 84% 的学生认为教师说话的速度很合适，只有 16% 的学生认为不合适，这说明教师的语速与绝大多数学生的水平相适应。

图 5.2　学生对教师上课说话语速的评价

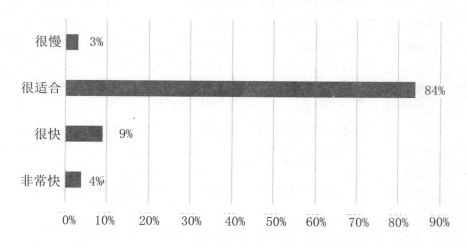

在第二语言教学中，如果课堂的媒介语是目的语，那么在课堂话语互动中，教师的输入语言就不得不做出适当地调整以满足学习者语言习得的需要。对外汉语教师也不例外。按照克拉申的语言输入假说，语言输入要比学习者现有语言水平略高一些才能对学习者的语言习得有最佳的促进作用。因此，在教师语言的难度方面，针对学生的调查问卷共设计了 4 个选项：A 特别难，我大部分听不懂；B 有点儿难，我只能听懂 50% 左右；C 不太难，我能听懂 70%—80%；D 很容易，我都能听懂。从图 5.3 的统计结果中可以看出，只有 2% 的学生选择了几乎听不懂，这说明在课堂话语互动中，教师的语言输入的难度能够满足大多数学生的语言水平的需要。

图 5.3　学生对教师课堂使用语言难度评价

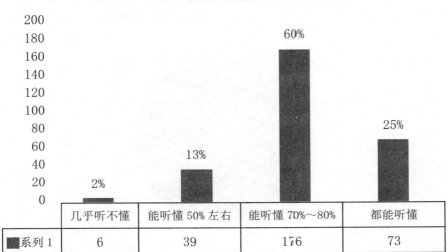

| 系列 1 | 6 | 39 | 176 | 73 |

（图表横轴：几乎听不懂、能听懂 50% 左右、能听懂 70%～80%、都能听懂；对应百分比：2%、13%、60%、25%）

　　在课堂观察中发现，有的教师有时候会以英语为媒介语。针对这一现象，在学生调查问卷 18 题中，设计了"上口语课的时候，你喜欢教师使用英语吗？"这一问题。统计结果（见图 5.4）显示，有 64% 的学生不喜欢教师使用英语。他们给出的理由主要集中在三个方面：一是"我在学习汉语，不是英语""我想更提高汉语水平""就是汉语课，所以不要讲英语"；二是"我不会说英语""英语不好""我不明白英语"；三是"教师发音不准""有时发音不准确，还有我们为了学习汉语而来中国，所以不要用英语讲。这不只是口语教师的问题，所有教师的问题"。有 23% 的学生表示喜欢教师用英语，最主要的原因是"It can help me to understand"（可以帮我理解）、"It can understand so much better"（可以更好地理解）、"Sometimes there are some difficult words which I can't understand"（有时候有一些我不能理解的难词），还有认为："我能听懂得更快"。从统计的数字和学生的回答可以看出，大部分学生希望教师不用英语，即使喜欢教师用英语的学生也只是强调在遇到困难的时候，教师使用英语会让他们更快、更好地理解。因此，我们可以得出结论，教师要尽量不用或者少用英语，在学生遇到困难的时候偶尔使用英语，而不能经常使用英语。在对 10 位教师的课堂观察和课堂转录的材料统计中发现，10 位教师课堂使用英语的次数都非常少或者没有。课堂使用英语次数最多的是 A 教师，也仅有 12 次。

图 5.4　学生对上课是否使用英语的期待

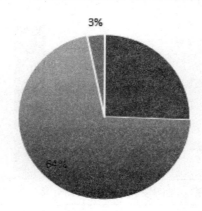

3%

64%

■喜欢　■不喜欢　■都可以

课堂中，教师有意识地使用了手势语。这和该教师对初级课堂教学的研究有关系。因为手势语的特殊性，在学生的调查问卷中没有设计问题，但是以笔者二十年的汉语教学经验看，从课堂控制、学生反应和手势语的效果判断，该教师手势语的使用有效、合理，加快了课堂的节奏，能迅速集中学生的注意力，充分调动学生的积极性。

（三）教师能够充分发挥 PPT 的教学功能

传统的"粉笔＋黑板"的模式已经逐渐被 PPT 替代，从第四章表 4.7 关于课堂学习材料的统计数据中可以看出，PPT 在教学中的作用越来越大。

每位教师对 PPT 的使用是不同的，有的教师是把生词和课文都用 PPT 的形式展示出来，而另外一些教师则是利用 PPT 展示课本没有提供的学习材料。如，F 教师和 D 教师没有在 PPT 上写生词，而是写一些需要学生思考的问题或者扩展性的材料。如 F 教师在教学生词"社"的时候，适当地教学了语素"社"的几个意思，用 PPT 展示了"报社、旅行社、出版社、新华社、路透社、株式会社"等，在学习应聘、找工作的时候，用 PPT 展示了找工作流程的图表，以引导学生思维，利用图表让学生用自己的语言表达找工作的具体步骤,并在学生表达过程中促成其通过协商交流来表达自己的见解。

在课堂观察中,可以发现PPT具有以下一些功能。

其一,利用PPT讲解生词和语法。如,B教师在解释"手机"和"电话"的不同的时候,直接给出固定电话的图片;J教师讲解"蹿"的时候也是直接给出图片;在讲"原来"的时候,在PPT上给出了三个含有"原来"这个词的句子,用来帮助学生理解这个词的意思。

其二,取代课本。很多教师喜欢把课文和练习打到PPT上,让学生脱离课本。如,A教师,在PPT上呈现课文,课上带着学生看PPT读课文。

其三,为话题提供语境。因为PPT可以展示图片,而图片可以给出语境信息,因此,很多教师利用图片引导学生说话。如,H教师在正式上课之前用PPT展示了两张图片,然后教师通过一些问题,让学生观察图片,引导学生回答和讲述与课文话题内容相关的问题,师生就两幅图共进行了4分钟左右的对话。

其四,增加新的练习。为了帮助学生巩固生词和语法,教师在PPT上增加与课本提供材料不同的练习题。

其五,布置任务和引出话题。有的教师喜欢在PPT上打出问题,用来引出该课要讨论的话题或者布置任务。

其六,话轮转换的作用。教师从上一个内容过渡到下一项内容的时候,有时不需要过渡语言,直接把PPT换成下一张就可以。

从对10位教师的课堂观察看,黑板已被当成PPT的补充工具,只有当PPT上的材料准备不足时,教师才会在黑板上写字。有板书行为的2位教师,一位是要通过黑板上的图帮助学生说明"山"的位置和方向,一位是在讲解语法"A远没有B⋯⋯"这一句型的时候,因为学生对教师PPT上的句子有疑问,教师进一步解释说明的时候才在黑板上写了板书。

关于PPT的使用,在针对学生的调查问卷中设计了一道题,"你喜欢教师上课的时候用Powerpoint吗?"从图5.5的统计结果中可以看出,有92%的学生喜欢教师在课堂教学中使用PPT,还有2%的学生觉得用不用都可以,只有极少数的学生不喜欢教师在课堂上使用PPT。

图 5.5　学生是否喜欢教师上课时使用 PPT

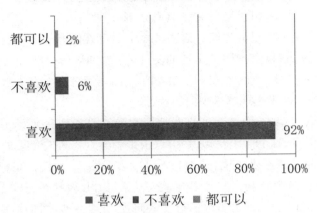

　　至于喜欢的原因,很多学生从内容理解方面,认为使用 PPT,对理解生词、课文有帮助。觉得"用的话,更容易了解课本",或者"容易理解上课内容""对词汇好""有时候可以明白很快""很详细,能看清楚""看图能明白"等;有的学生从增加课堂趣味性感知,认为使用 PPT"更有意思""生动""有趣""能引起兴趣"等;有的学生从知识的记忆方面考虑,认为使用 PPT"让我记住更好"(更好地记住),"提高记住效果"等,还有的学生回答"没有原因,就喜欢""图片好漂亮啊"等等。也有学生不喜欢,原因主要是"经常用的话,对眼睛不好""对我重要的事情是练习口语""没有必要""Materials is enough"(材料足够)等等。

（四）教师在一些特殊话语形式的使用上能够满足学生的期待

　　首先,话轮转换方式以教师指定说话人为主。从 10 位教师的课堂看,每位教师对课堂会话的重视和学生的课堂表现不同,A、F2 位教师的课堂学生话语结构模式多样,教师和学生、学生和学生之间话语转换方式也呈现多种形式,学生课堂表现活跃。D、H、I3 位教师课堂话语结构模式相对单一,以教师控制课堂话语权和分配话语权为主要特点。

　　在教师提问——学生应答——教师反馈的课堂话语模式中,话轮的控制权在教师手中,大部分情况是通过教师指定下一位说话人进行话轮的移交。语言能力好的学生有的时候通过直接回答教师问题主动索取话轮,进而进行话轮转换。

　　学生问卷第 24 题是"上口语课的时候,教师提问后,常常用什么方式让学生回答？"选项为：A 全班一起回答；B 教师指定某一个学生回答；C 会的学生自愿回答；D 教师自己回答。第25题的题干是"上口语课的时候，教师提问后，你喜欢的回答问题的方式是＿＿＿"选项和24题一样，统计结果如图5.6。

图 5.6　教师课堂使用回答方式与学生期待回答方式比较

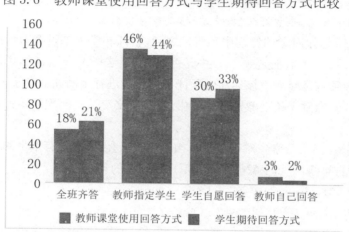

从调查结果以及第四章对话轮转换的分析可以看出，实际课堂中的教师提问后实施的话轮转换方式和学生期待的转换方式具有一致性。

其次，话语修正方式以教师直接修正和让学生自我修正为主。纠错是课堂教学的一个重要的话语反馈方式之一。当前关于话语修正的讨论主要是在对待学生出现的语言偏误方面，特别关注是否纠错、何时纠错、怎样纠错等。不同的教学理念对待学生语言偏误的态度不同，有的教学模式对语言偏误不能容忍，有的教学模式对学生语言偏误容忍度比较高。现在比较流行的观念是没有必要有错必纠，要根据具体的情况来定，在学习语言规则的时候，一般是能纠正的要及时纠正，对于意义表达过程中学生出现的偏误，不影响意义理解的就不必纠正，影响理解的可以及时纠正或者在学生表达完后纠正。从课堂观察和对课堂录像转录的材料分析来看，10位教师的课堂基本能够做到这几点。但具体到每个课堂，表现形式还是不一样的。大部分教师更关注话语形式，即这些教师课堂上几乎所有的纠正都是针对语音、词汇和语法，极少有对功能或者语篇的反应。但有的教师的课堂却不同，如，A 教师的课堂，学生的课前活动中有下面一段对话：

例 130

S3：克里斯，你觉得这个饭馆怎么样？好吗？

S4：嗯，好吃，我喜欢这个。你呢？

S3：我也喜欢。我觉得这个饭馆比其他很多好。

S4：（问 S2）你吃过别的饭馆？

S2：好吃。非常好吃。我吃过。这是我为什么来。

在听这段对话的过程中和听完之后，教师和学生都没有对形式或者语篇的反应。学生后面还说"一共五百钱"等等这样不合语言形式规范的句子，可教师只是对学生该活动做了评价之后就进行下面的活动了。从这里可以看出，该课堂无论是教师还是学生，对在意义交流中出现的错误容忍度都非常高。

另外，是对待学生难以改正的句子，或者超出学生现有水平的句子应该怎样做的问题。下面是教师纠正之后还有问题的句子。

例 131

S1：你知道多少孩子吗？（哈哈）

T：你知道多少汉字？嗯，可以。没有"吗"。你知道汉字吗？有"吗"。你知道汉字吗？汉字！

学生按照教师的要求用"你知道……吗？"问其他学生一个问题，该学生的理解和课堂教师讲授的句型有出入，因为是初级班，教师没有进行解释，试图在学生原句的基础上改正，但是改后的句子也不准确。如何处理这种情况？是保留错误还是一次纠正到位？

还有一个问题是纠正之后怎么做？是直接进行下一个问题还是要求学生重复？在分析转录材料的时候，发现教师纠正学生错误之后，有的教师要求出错学生重复正确形式，然后全班学生一起重复正确形式，有的则纠错之后就进行下一项内容。有的教师会对偏误进行解释，有的只是改成正确形式。

学生问卷第 28 题和第 29 题是多选题，从统计结果（图 5.7 和图 5.8）可以看出，对于口语课中学生出现的偏误，教师通常使用的两种修正方式是立刻帮助学生改正（A）和给学生机会让学生自己改正（C），而学生希望教师所做的修正方式也是这两种，这说明，在对外汉语口语课堂中，学生对教师修正方式的期待和教师实际使用的修正方式很一致。

图 5.7 教师课堂修正方式

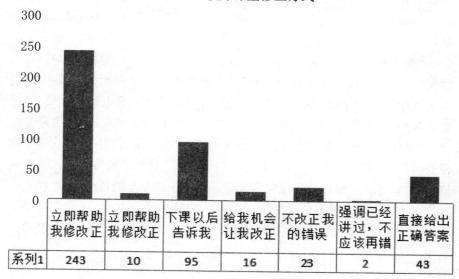

系列1	立即帮助我修改正	立即帮助我修改正	下课以后告诉我	给我机会让我改正	不改正我的错误	强调已经讲过，不应该再错	直接给出正确答案
	243	10	95	16	23	2	43

图 5.8 学生期待教师课堂使用的修正方式

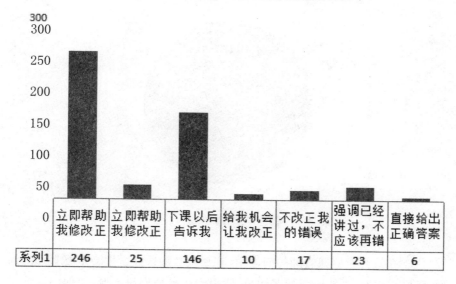

系列1	立即帮助我修改正	立即帮助我修改正	下课以后告诉我	给我机会让我改正	不改正我的错误	强调已经讲过，不应该再错	直接给出正确答案
	246	25	146	10	17	23	6

　　最后，教师和学生常常把话语重复作为增强学习效果的方式。第二语言课堂中的话语重复实际上是在两种大的语境下使用的，一种是课堂的真实语境中，就是教师和学生在学习过程中使用重复的方式，另外一种是学生在

虚拟语境中的话语重复。虚拟语境中的话语重复比较接近自然话语的重复。

重复的功能有很多种，但是教师和学生有意识地使用得不多，主要是把它作为一种修正方式和一种记忆方式来运用。在学生问卷第 34 题（见图 5.9）"如果你说错了，教师帮你改正以后，你愿意重复一下教师说的正确的答案吗？"有 95% 的学生选择愿意，给出的原因与三个方面有关系，一是语言的正确性，"教师说得对（关于更好、更常用）""正确表达最重要""正确答案对，重复很多有帮助错的地方"。二是增强记忆，以免再错。"容易记住""我会记住哪儿错，这样的话以后不会错""我错了，再说的话，应该下次没有再错""希望记更好""很重要的，别忘了""这样才能容易记住正确的答案""只有直接说话才能记住"。三是从提高汉语水平的角度说，"我要让我的汉语水平越来越高""这样的办法提高汉语水平"。有 5% 的学生选择了不愿意，给出的理由是"下课以后自己回答""我错一点儿，还有教师的话明白""我已经明白""没有必要"等等。

图 5.9　学生是否愿意重复教师的正确答案

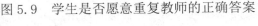

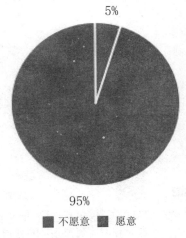

5%

95%

■ 不愿意　■ 愿意

在 10 份针对授课教师的问卷中，有 9 位教师选择学生会重复教师的问题，有教师认为："他们想加深印象，我也会引导他们说一遍""他们喜欢重复，如果他们不重复，我也想办法让他们重复或者集体重复""有时会让学生重复"或者"我常常让学生重复"。有一位教师填写学生不会重复的原因是"他们不好意思"。

由上面分析可以看出,在课堂学习中,绝大部分教师和学生都非常重视重复在语言学习过程中的作用,特别是利用重复这一形式增强对语言正确形式的记忆。

二、存在问题

COLT 量表的一个主要目的是考察第二语言课堂话语互动的特征,以此来衡量课堂教学是否具有交际性,进而评判出课堂教学是不是达到促进学生话语交际能力提高的教学目标。在 COLT 量表的设计中,对课堂交际性的评价隐含在量表两个部分的各个维度的考察中,主要表现为在 A 部分①应多组织以学生为主的活动;②有充分的小组活动和个人活动时间;③话语内容应注重语言功能;④应以学生控制时间为主要特征;⑤课堂学习以训练学生的听说能力为主;⑥能使用多种适用于学生能力水平的学习材料。B 部分为①课堂教学使用目的语;②能提供较多的真实的不可预测的信息;③学生有较多的持续发言;④教师对学生的话语反应应以功能为主;⑤教师的话语反馈应有多种方式;⑥学生应有足够的话语引发机会;⑦教师对学生使用特定的话语形式应该有期待。

根据以上标准,结合考察结论,我们可以看出,除了 A 部分课堂学习以训练学生的听说能力为主和 B 部分课堂教学使用目的语以外,在其他维度上,10 位案例教师的课堂都或多或少地存在一些问题。

(一)课堂事件缺少交际性特征

在西方教学理论中,"课堂事件"是"由其组成(谁要参加)、其任务(要做什么要学什么)、其参与者结构(学生怎样交谈)、其教材、其课桌安排及事件发生的场所来确定"。"采用交际性教学模式的教师可以巧用课堂事件的种种特色(分组、定任务、参与者的结构、教材和桌椅等安排)以完成交际性课堂组织标准"。在所观察的 10 位教师的课堂教学中,大部分教师的课堂事件缺少交际性特征,主要表现在以下一些方面。

1. 以学生为主的活动类型所用时间少

从第四章表 4.1 各种活动类型时间分配表中可以看出 10 位教师的课堂共涉及 13 种课堂活动类型,具有交际性特征的活动类型有角色扮演、学生口头报告、学生个人展示、课堂表达练习、课堂任务活动和课堂游戏。其他活动的交际性特征不明显。从图 5.10 的统计结果中可以看出绝大部分教师用于交际性特征不明显的活动的时间比较长,课堂教学以生词、语法和句型、课文地讲练为主,这种活动类型关注语言形式,在上课过程中,基本都是采用教师主导的方式进行,课堂交际性特征不强。交际性活动在课堂教学中所用时间都不多,有的教师甚至是全部课堂时间里完全没有组织交际性活动。

这里的交际性活主要是指学生之间的以提高学生语言交际能力为目的的活动。[1]

图 5.10　交际性活动与交际性特征不明显活动的比例分布

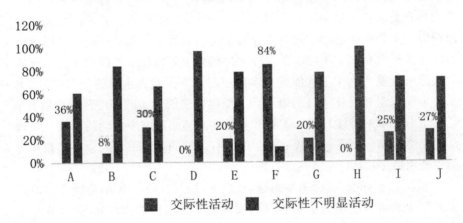

2. 小组活动和生生活动时间少

Pica 等人的研究表明,课堂上同伴间的互动比教师带领式的课堂活动能够提供更多的意义协商的机会。他们由此建议课堂上应该尽可能采用精心设计的多人或者双人的小组活动。社会建构主义理论为这些研究提供了坚实的理论基础,而相关研究也从另一个角度验证了社会建构主义理论的可靠性。从运用 COLT 量表参与者组织形式一项得出的数据可以看出,除了 A 教师外,其他 9 位教师的课堂全部都是全班活动时间最多,小组活动时间和个人活动时间少。大部分教师的课堂有小组活动,组织相同任务的小组活动比不同任务的小组活动多。个人活动中,只有相同任务的个人活动,没有不同任务的个人活动。从内容上看,课堂中这两项活动的目的大部分是为了更好地进行全班活动。如,A 教师,给学生两次个人活动的任务,一个是完成教材中的练习题,学生自己练习,在全班同学面前说出自己的想法;另一个任务是为了让学生掌握"好"和"难"表示"容易"和"不容易"的用法。主要方式是给学生一些带有这两个语素的词,让学生自己准备一段话,然后在全班说出自己准备的内容。小组活动中的相同任务是为了让学生在正式表达前有充分的准备时间。小组活动中的不同任务略有差异,A 教师的小组活动任务是在正式上课前两天就布置好的,只有其中一部分学生有任务,另外一些学生没有;B 教师的小组活动任务是在课堂上临时组织的,是一部分学生表演,另一部分学生观看,但是全班学生都有表演的机会。F 教师的生生活动时间比较多,但因为该课堂的生生活动,实际上是一位学生暂时替代授课教师组织课堂活动,在话语结构模式上,有很大一部分和教师控制课堂的模式类似。一般来说,小组活动中学生会有模拟自然情景中话语形式的机会,但观察到的有小组活动的课堂,除了 F 教师课堂的小组讨论活动和 J 教师以小组为单位向同伴推荐自己喜欢的地方以外,其他小组活动都是生词、语法的练习。

　　学生问卷的结果和以上观察统计的结果略有不同。在学生问卷中设计了第 3 题"上口语课的时候,你的教师经常组织哪种活动?"和第 6 题"口语课上,你希望教师增加哪种活动的时间?"选项都是四个:A 师生活动(教师问,学生答);B 小组活动(两个或者两个以上的同学在一起完成的活动);C 个人活动(自己一个人完成的活动);D 重复课本上的句子或者教师准备的句子。A 和 D 是以教师控制为主的活动,B 和 C 是学生控制为主的活动。

图 5.11　教师课堂常用活动类型

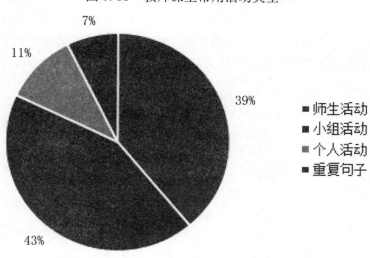

图 5.12　学生期待增加的课堂活动类型

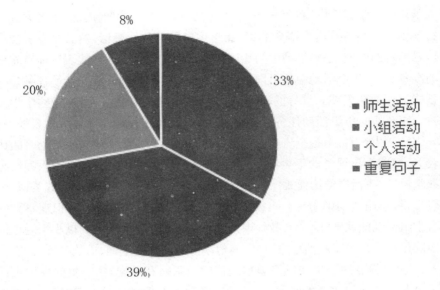

从第 3 题的统计结果（见图 5.11）中可以看出，学生认为教师在实际教学中，经常使用的活动类型是小组活动，其次是师生活动和个人活动。但是从第 6 题的统计结果（见图 5.12）中能够看出，学生认为小组活动的时间不够，有 39% 的学生认为应该增加小组活动。

对于小组活动的方式，从学生问卷第 4 题"在小组活动中，教师常给每个小组_____ 。"的统计结果（见图 5.13）中，可以看出有一半（50%）的学生也认为教师在小组活动中布置的相同任务多。而第 5 题"在小组活动中，你希望____。"的统计结果（见图 5.14）中，可以看出学生希望教师能够根据实际情况，有的时候布置相同任务，有的时候布置不同任务。具体统计数字见下面两张图。

图 5.13 教师组织的小组活动方式

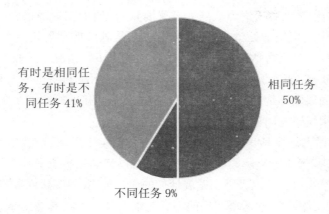

有时是相同任务，有时是不同任务 41%

相同任务 50%

不同任务 9%

图 5.14 学生期待小组活动方式

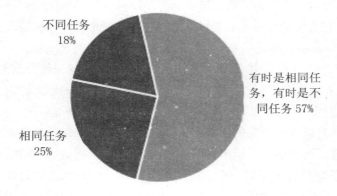

不同任务 18%

有时是相同任务，有时是不同任务 57%

相同任务 25%

3. 学生用于意义学习的时间过少

第四章关于 COLT 量表课堂"话语内容"的统计（见表 4.6）中，除了 F 教师的课堂以外，其他 9 位教师的课堂不管是初级还是中高级，课堂活动类型都是以生词、语法和句型以及课文地讲练为主。H 和 D 教师在这三种类型上所用时间最多，分别是 82% 和 81%，用时最少的 C 教师也用了 42% 的课堂时间。只有 A、C、F3 位教师的课堂分别用的角色扮演、口头报告和个人展示的活动具有一些意义协商的特点，A 和 C 教师所用时间都不长。在讲练活动中，话语模式基本是教师引发——学生应答——教师反馈的形式。这种话语模式大多数是以检查、验证学生是否了解了知识为目的，具有生活真实情境交际意义的问答不多。在对语言的反应形式的相关数据中，我们也可以看出，教师只有对语言形式的反应，没有对语言意义的反应。只有 4 位教师的课堂中，学生对语言形式或者意义有反应，但是数量都很少，其中 C 教师的课堂中出现了 2 处学生对意义的反应，是教师的理解错误和口误造成的。可以看出，学生对话语意义有关注，但是绝大多数情况下是教师没有给学生足够的机会。表 4.2、4.4、4.6、4.10 的数据显示出的结论也充分表明，大部分教师的课堂还是教师严格控制的课堂，其最直接的影响就是学生在课堂上缺少运用汉语与同伴进行"意义协商"的机会。

第二语言课堂话语既是教学媒介，也是教学手段，还是教学目标。在教学过程中，基于实际交际需要的话语互动可以让学生有意义地运用目的语，并能够在学生已有的水平之上发展他们的语言能力。很多研究者的研究成果都表明，第二语言课堂话语互动的方式对语言学习者具有非常重要的意义。Long 在其提出的互动假说中指出："语义协商，特别是在与母语者或者语言能力更强的学习者互动下所引起的调整，可以有效地促进二语习得。"[66] 因为这个过程有机地结合了语言输入、学习者内在能力（特别是选择性注意力）以及语言的输出。

在第二语言教学中，课堂教学中的"意义协商"越来越受到重视，也是因为研究者认为在进行"意义协商"的过程中，学习者的语言输入和输出能力都会得到发展，特别是当学习者协商受阻的时候，会通过倾听、确认核实对方的问题、澄清修正自己的语言形式、增加或者变换表达策略等方式重新组织语言，进而学习到语言运用方面的知识，获得交际能力。简单地说，"意义协商"对于学习者主要有三个方面的促进作用：一是促进学习者理解输入的内容和方式；二是促进学习者语言输出；三是有助于学习者理解和掌握语言形式，特别是出现交际障碍，需要调整语言的形式和功能的时候。因此，"意义协商"过程是一个学习的过程。这和传统的观点不一样，传统观念中，学生的语言表达就是产品，是学习的成果，但是互动假说的支持者和研究成果都表明，学习可以在互动中发生，协商可以作为呈现学习时的情境设置的首要步骤。

不过，从学生问卷第 10 题的统计结果（见图 5.15）看，学生的期待和我们的结论有一些不同。第 10 题的问题是"上口语课的时候，你希望教师在什么内容上用的时间更多一些？"选项为：A 语音；B 词汇；C 语法；D 汉字；E 根据课文内容练习口语表达；F 教师找到课本以外的内容一起练习口语表达。从下图中可以看出，按照由多到少的顺序，学生最希望增加教学时

间的内容是语音,其次才是根据课文内容练习口语表达,然后是词汇和教师
找课本以外的内容一起练习口语表达。

图 5.15　教师上课用时多的内容和学生期待用时多的内容比较

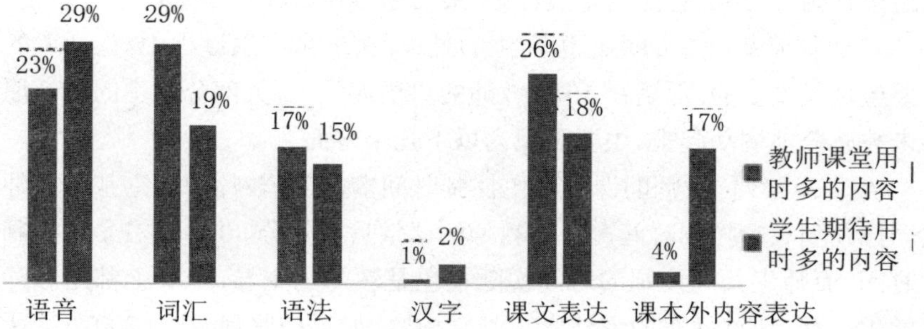

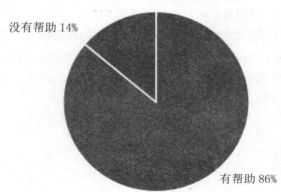

这个结果和"意义协商"的理念不同,猜测应该和学生对语言学习的理
解有关系。在对学生的访谈中,有一位学生觉得"应该学习生词多一些,然后
用的时候会说","发音也非常重要吧,要是发音不好,就听不懂"(SCF),还
有一位学生认为"如果会说那个词的话,别人就差不多明白"(SDF)。还有
可能是学生从小组活动中感受到的收获有关系。学生问卷第 7 题"上口语课
的时候,你觉得和同学在一起做的小组活动对你有没有帮助?",从统计结果
(见图 5.16)可以看出,并不是所有的学生都觉得自己在小组活动中受益。
有 14% 的学生认为小组互动对自己学习汉语没有帮助。因为问卷设计时的
问题,无法在此讨论原因。希望以后有机会对此进行进一步说明。

图 5.16　学生对小组活动价值的评价

4. 学生控制课堂时间少

话语互动涉及两个过程,一个是话语理解,一个是话语产生。从心理语言学的角度来看,话语理解是根据声音建立话语意义,从而了解说话人所传递的消息的内容和意图。而话语产生则是一个相反的阶段,是从说话者有表达愿望开始,然后把想法制定成计划,最后通过声音表达出来。

口语课堂更关注的是话语产生的过程。在这个产生过程中,说话者的表达愿望是最重要的。但是在 10 位教师的口语课堂上,大部分学生的说话愿望并未被充分地调动起来。主要表现为以下几个方面。

A、E、F3 位教师的课堂学生控制时间多,其他教师的课堂都是以师生共同控制和教师控制时间多,H 教师的课堂只有 4 分 30 秒左右学生控制课堂时间。而师生共同控制的时间实际上也是教师为主导,基本上都是教师带着学生一起,通过问答的形式学习教学内容。如果按照何克抗(2007)[2] 所归纳的教师为中心的教学结构的特点,即教师是知识的传授者,是教学过程的绝对权威,并监控整个教学活动;学生是知识传授的对象,是外部刺激的被动接受者;教学媒体是辅助教师教的演示工具;教材是学生唯一的学习内容,是学生知识的主要来源这四个标准来判断 10 位教师的课堂,可以看出几乎所有课堂都是教师为中心的课堂。也就是说,即使在访谈中,教师认为课堂应该以学生为中心,但是在实际操作中,教师并未做到。

这一点从针对学生的调查问卷的第 11 题和第 12 题的回答上也可以看出。第 11 题"你觉得你现在的口语课上,教师说话的时间多还是学生说话的时间多?"和第 12 题"你觉得口语课上,教师和学生说话的时间应该怎样分配?"2 题下面都设四个选项:A 教师说话时间多;B 学生说话时间多;C 教师和学生说话时间一样多;D 根据教学内容,有时候教师说话时间多,有时候是学生说话时间多。

从图 5.17 学生的回答中可以看出学生认为在实际教学和学生期待的教学中,选项 C、D 两项差别不大,但是 A、B 两个选项差别非常大。也就是说在实际教学中,教师说话时间多,学生说话时间少;而学生期待在课堂中应该是教师说话时间少,学生说话时间多。

图 5.17　课堂师生说话时间分配与学生期待说话时间分配比较

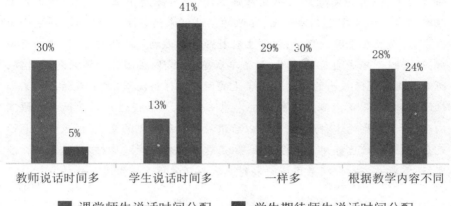

41%

30%　　　　　　　　　　　　　29%　30%　　　　　28%

　　　　　　13%　　　　　　　　　　　　　　　　　　　　24%

5%

教师说话时间多　　　学生说话时间多　　　一样多　　　根据教学内容不同

■ 课堂师生说话时间分配　　　■ 学生期待师生说话时间分配

5. 部分课堂有不正常的话语沉默现象

课堂沉默现象在各学科课堂中都会存在,有一些是正常的沉默现象,特别是在语言课堂,由于学生的语言能力不足,需要思考、重新组织语言等原因,会有一些正常的沉默现象发生。但是在有的课堂,有一些沉默现象不属于交流中的问题。如在 H 教师的课堂上有一部分学生不说话。该课堂中的话语结构模式是教师引发——学生应答——教师反馈,但是在学生应答部分,不是多个学生分别应答,而是班级一个语言能力好的学生在教师提问后直接回答了 90% 左右的问题,其他学生失去话语权。另外,在 I 教师的课堂,能感觉到学生对教师提问有明显的抗拒情绪,不愿意配合教师的教学。从第四章关于课堂话语沉默的数据中可以看出,该教师课堂沉默次数为 78 次,是课堂沉默现象发生次数最多的课堂之一,课堂中大部分话语沉默都发生在教师对学生提问过程中。

课堂观察日志 2014. 11. 06

今天听了 I 教师的课,整体感觉就是沉闷。学生好像都是来应付上课的。为什么会有这样的感觉呢? 我想是因为我挑不出教师太多毛病。这是一节常规的汉语课,按照用问题引起学生注意、告诉学生学习目标、回忆上节课材料、呈现新材料、设计练习巩固新知识、复习总结等环节操作。虽然 I 教师看起来没有多少教学经验,在课程设计上没有什么新意,但是作为常规课程来讲,从教学步骤、时间控制、课堂活动的安排以及对生词语法的讲解都看不出明显的不足。可是对学生的感觉却是不同,这节课是早上一二节,在正式上课时只有2位学生坐在座位上,其他学生陆续来到教室,最晚的迟到半个小时左右,而且在上课过程中,该学生对教师提到迟到问题的时候,与教师有争辩,认为迟到不是自己的原因,而是车和路的原因。在回答教师问题的时候,所有学生对教师提出的面向全班学生的问题都保持沉默,只有教师点到某一位学生的名字,被点到名字的学生才想一会儿,然后慢慢地用最简单的语言回答。对于学生的这种状态,下课以后跟教师做了简单的交流,该教师也表示无奈,认为自己已经想了很多办法,但是这个班的学生就这样。究竟是什么原因,还需要在以后分析录像资料和对其他教师的访谈中做进一步的分析。

6. 语言学习材料单一

10位教师在课堂上使用的学习材料主要是纸质的课本和PPT上的句子,都没使用视频和音频材料。

调查问卷第14题是关于学习材料的调查,问题是"上口语课的时候,你希望教师使用一些课本以外的学习材料吗?"从图5.18的统计结果中可以看出,有78%的学生希望有课本以外的学习材料,20%的学生不希望,2%的学生觉得有没有都可以。回答希望教师使用课本以外的学习材料的学生主要从以下几个方面填写了原因:(1)认为课本内容不够、没有意思或者语料不够真实,如"课本的内容不够,扩大我的口语目光""有时课本里的内容不太有趣""有时课文材料不重要""教师可以找有意思的材料""我想了解真实的汉语口语,而不是仅仅依靠课本"(I want to know real Chinese spoken not according to textbook);(2)认为课本以外的材料有意思,可以帮助自己提高汉语水平,如"能增加词汇量""新的词汇和语法,可以更提高我们的汉语水平""很有意思""可以提高口语""会练习口语表达""对学习汉语更有用"(It's more useful to learn Chinese)等;(3)认为课本以外的材料更能帮助自己了解中国的实际情况,如"对我的想法更有帮助""以外的口语是我没说过的""学新的口语很开心""想知道课本以外的材料""能从外部帮助我们"(It can help us outside)。不希望使用课本以外的学习材料的原因主要是:(1)跟考试没关系,如"没关系考试";(2)课本内容足够,如"学课本就够了""课本内容重要";(3)担心学习内容太多,如"我们会学太多内容""The vocabulary will be too big for my level of Chinese language."。觉得都可以的学生只有一个写了原因,表明"我想首先掌握课文里面的生词"。

图 5.18 学生是否希望使用课本以外的学习材料

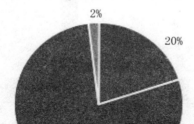

不希望 希望 都可以

(二)教师提问新信息少,只关注语言形式

课堂提问对课堂话语互动和学生语言能力的提高有极大的促进作用,教师需要精心设计问题,才能保证教学效率。

学生问卷第26题和第27题是关于课堂提问内容的调查,2个问题分别为"上口语课的时候,教师的问题常常是_____"和"上口语课的时候,你希望教师多问一些_____"选项都是7个:A 教师已经知道答案的问题;B 教师不知道答案的问题;C 和词汇、语法、句子结构相关的问题;D 和课文内容相关的问题;E 只需要用"是"或者"不是"和"要"或者"不用"回答的问题;F 要求表达自己的观点或者做出自己正确评价的问题;G 和同学们日常生活有关系的问题。其中,F 和 G 是具有新信息特点的问题,C 有可能是具有新信息特点的问题。2道都是多选题。从图 5.19 和 5.20 的统计结果中可以看出,在教师实际操作中,基本以 D(和课文内容相关问题)和 F(要求表达自己的观点或者做出自己正确评价的问题)为主要内容,但是选项 D 的数量要远远高于选项 F 的数量,而学生希望增加 F(自己表达观点或者做出评价问题)的数量。

图 5.19　教师口语课堂提问信息差

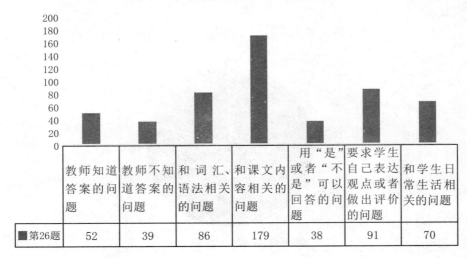

	教师知道答案的问题	教师不知道答案的问题	和词汇、语法相关的问题	和课文内容相关的问题	用"是"或者"不是"可以回答的问题	要求学生自己表达观点或者做出评价的问题	和学生日常生活相关的问题
■第26题	52	39	86	179	38	91	70

图 5.20　学生期待教师课堂提问信息差

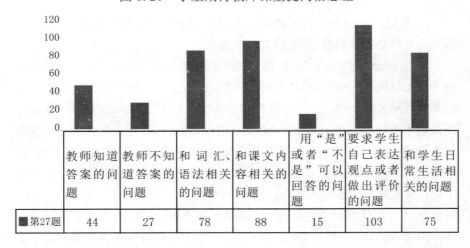

	教师知道答案的问题	教师不知道答案的问题	和词汇、语法相关的问题	和课文内容相关的问题	用"是"或者"不是"可以回答的问题	要求学生自己表达观点或者做出评价的问题	和学生日常生活相关的问题
■第27题	44	27	78	88	15	103	75

　　另外,通过对第四章表 4.1 和表 4.11 的分析得出的结论是大多数课堂活动类型以对生词、语法和课文地讲练为主,并且大部分教师的课堂以对语音、词汇、语法等形式上的反应为主。这说明大部分对外汉语教师在口语课堂上是重视语言形式的学习,尤其是课本中的生词、课文、语法和句型的理解和操练。

　　这一结论与学生问卷第 9 题的调查结果(见图 5.21)比较一致。这一题是"上口语课的时候,你的教师讲什么内容的时间最多?"有以下几个选项:A 语音;B 词汇;C 语法;D 汉字;E 根据课文内容练习口语表达;F 教师找到课本以外的内容一起练习口语表达。前四项和语言形式有关,后两项与语言意义有关。从下图可以看出,在实际教学中,学生认为各项教学内容所用时间由多到少排列的顺序为:词汇(29%)>根据课文内容练习口语表达(26%)>语音(23%)>语法(17%)>教师找课本以外的内容一起练习口语表达(4%)>汉字(1%)。

图 5.21　教师课堂用时多的内容

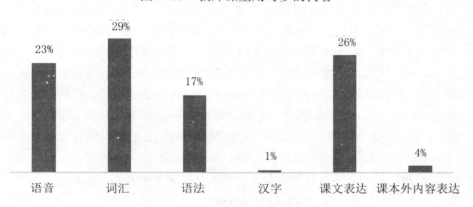

不过,通过观察可以发现,在生词、语法和句型、课文讲练部分,严格意义上的语法和句型的讲练时间都不多,几乎所有的教师都是把语法和句型融入生词或者课文中讲练。由此可以判断出教师在语境中讲练生词和语法的意识很明显。也就是说,虽然是重视语言形式,但纯粹的不重视学生理解的形式操练并不多,10 位教师的课堂都很好地使用了这种方法。A 教师在讲解"A 比 B 更……"的句型的时候,用 PPT 展示了 3 双鞋,先问学生妈妈的鞋大不大?引出妈妈的鞋比孩子的鞋大,然后又比较妈妈的鞋和爸爸的鞋。这种给出具体情境帮助学生理解的方式要比单独的讲授这个语法结构的意思更容易被学生接受。D 教师在讲解"中间"这个词的时候,给出一张图片,让学生说出句子:"孩子坐在爸爸和妈妈中间。"接着问学生:"你坐在谁和谁的中间?"这样学生通过认读、听、说和具体场景的结合,记得就比较快,以后在用的时候提取得也会比较快。E 教师在讲解"电子邮件"这个词的时候,直接给出了结构"给……发电子邮件",然后用手势引导学生说出"我给你们发电子邮件"。这比简单地教学生"电子邮件"的意思要有效。生词的学习与句子的学习紧密联系,可以帮助学生在语境中了解生词的用法,也利于学生及时准确地整体输出。从信息加工理论来解释,就是通过运用多种编码手段加深对生词和语法的记忆,又通过与具体语境的联系巩固和运用,使学生能较快、较深地掌握和运用所学的语言形式和功能。

(三)学生话语引发及持续发言数量少

学生话语引发数量和持续发言数量及长度可以看作是口语课堂互动质量的一个重要体现,但从第四章利用 COLT 量表关于学生引发话语的项目的数据统计和分析中可以看出,除了 F 教师的课堂以外,学生主动引发话语数量远远少于教师引发话语的数量,有的课堂甚至没有或者只有一次。而教师引发话语数量多的课堂基本都是教师引发——学生应答——教师反馈为基本话语结构模式。在这样的课堂中,学生的表达愿望受到限制,学生常常只用最少的词、短语或者短句来回答教师的问题。这种口语课堂的话语模式表面上看,学生的开口率不错,但是学生的话语质量并不高,尤其是到了中高级阶段,学生的口语表达能力在课堂中并没有得到实质性的提高。这是很多学生到了中高级阶段认为口语课上不上都行的主要原因。

日常生活的会话模式是参与会话的人一般都有机会参与会话,以教师引发——学生应答——教师反馈为基本话语结构模式的课堂,学生无法获得在实际话语交流中应该具有的口语交际技能,如表达技巧、表达策略、体态语、思维方式等。

学生话语引发少表明学生在课堂上口语表达、参与课堂的愿望没有被充分调动。学生发言以小型和超小型为主,持续发言少,说明学生在表达过程中,成段表达的机会少。

(四)教师话语反馈形式单一,且缺少话语重构功能

第四章表 4.13 和表 4.14 "与前一话语的合并"是对话语反馈形式的统计,包括细化、扩展、点评、改述、重复和弃置等。在这一考察维度中,无论是教师还是学生都是重复的方式最多,其他形式相对来说都非常少。重复是会话中一种常见的现象,在课堂更是澄清、强调的主要手段,同时也是话语修正中常常使用的一种方法。但从最终语言习得的效果上讲,重复只能帮助学生加强记忆,而细化、扩展、改述等可以帮助学生进行话语重构。

例 132

T：所以杜勇不觉得单调，也很有意思，对吧，你呢，你觉得单调吗？喝茶聊天和朋友。

S：单调？

T：单调就是没什么变化，觉得没有意思。

S：嗯，喝茶？

T：嗯，喝茶，或者是喝咖啡。

S：不单调。

T：哦，不单调。

例 133

T：为什么危险啊？

S：坐火车的时候，小孩儿很多。

T：小孩儿很多。

S：小偷。

T：小偷也很多。哦，怕丢东西所以不放心睡觉。×××呢，他是坐私家车才会睡觉，那你呢？

例 132 和例 133 都是高级班课堂中的对话，从对话中可以看出，例 132 是学生通过重复确认自己是否已经听准确，教师确认了学生的问题，学生仅用 3 个字回答了教师的问题，教师重复了这 3 个字后，就转向下一个问题。例 133 是学生回答教师的问题，学生有一个话语修正，教师没有理解，直接用"也"来接续，然后接着对学生的话题进行了解释。在中高级口语课堂中，像上面例子的话语反馈形式非常多，教师简单重复一下后，就进行下一项教学内容或者下一个话题，没有使用合适的话语合并策略帮助学生进行整句或者成段的表达。

（五）教师缺少课堂话语分析方面的知识

日常会话在会话过程中都会遵循一定的原则，如合作原则（包括量的准则、质的准则、关系准则、方式准则等）和礼貌原则（包括得体准则、慷慨准则、赞誉准则、谦逊准则、一致准则、同情准则等），还要懂得在会话过程中如何开始和结束会话、如何插入会话、如何提出话题、保持话轮和进行话轮转换等等。如果教师缺少相关的知识，就无法对学生出现的问题进行有效的指导，也不能充分利用相关的知识进行教学，改进课堂话语效果。主要表现为学生缺少会话方面的表达技巧,但是教师常常忽略,不予指导。

因为教师缺少会话方面的理论知识,在很多情况下不能及时发现学生在语段表达中的问题,无法及时地对学生进行指导,提高学生的话语质量。

例 134

S:我选择的时候没有学生,还有国际会议一般在,但是我小的时候,想选大学,教师,但是我不努力地学习,不能上教育大学,我越来越对旅游感兴趣,喜欢旅游。选择旅游。好了。

例 135

T:那么,哪一位韩国的同学来给我们介绍你们韩国的菜呢? 韩国的同学,咱班韩国的同学最多,对吧? 来,给我们介绍一个韩国的菜。

S★★:我先。

T:好。

例 134 是学生介绍自己的专业,结束的时候,用"好了"表示自己已经结束发言,很明显"好了"不是正确的表达方式,但是教师没有纠正。例 135 是教师询问哪位学生可以先发言的时候,先发言的学生说"我先",这也不是汉语开始说话的正确表达方式,但是教师也没有纠正。从第四章 COLT 量表的教师和学生对形式或者语篇反应的结果一项中也可以看出这一问题,教师和学生都倾向对形式进行反应,而对语篇很少反应。这一方面说明教师和学生对语言形式很重视,但是另一个方面也可能是因为教师和学生都缺少语篇方面的知识,对语篇的错误不敏感,不能及时做出反应。

也有的时候,教师更关注话题,而不是交际技巧。下面的例子中,学生不知道怎么称呼面试官,问教师,但是教师认为称呼问题不重要,更重要的是怎么问问题。但是实际上,很多留学生为怎么称呼别人苦恼,因为不知道怎么称呼而不能跟本地人说话聊天。

例 136

T:钱,(笑了)那要怎么问他们,关心这个钱的问题怎么问比较好?

S:老板(笑)。

T:老板们。

S:老板,也行吗?

T:嘿嘿。如果是老板的话,后面我们更关心怎么问? 称呼当然重要,可是不只是称呼的问题,对不对? 那这个问题后面该怎么问?

S:我按照公司的要求,老板的要求,我做加班,还有周末也来上班,这样的工作,那么你花多少钱能买我的能力?

　　T:啊,嘿嘿,他是一个有自信的人,那你们觉得这样问可不可以?

(六)学生话语输出质量不高

　　信息差很长时间以来被看成是衡量第二语言课堂交际性的重要标准,致使很多教师误认为课堂内只要有信息差就可以判定该课堂是优质的课堂,但实际上这是一种不太正确的认识。仔细分析以下 3 段课堂对话就可以看出。

　　例 137

　　T:啊,在食堂、在外面吃饭,我也常常在外面吃饭。有时候去食堂觉得不知道吃什么,因为昨天和今天都差不多,有时候就觉得还是自己做,或者去饭馆比较好。那我请同学来跟我介绍一下你觉得有没有好的饭馆? 谁来,×××呢? 你有没有常去的饭馆?

　　S1:麻辣烫。

　　T:麻辣烫啊? ! 哈哈,麻辣烫在哪啊,那个饭馆在哪?

　　S1:八千会。

　　T:八千会是一个饭店的名字吗,在什么地方啊?

　　S1:桂林路。

　　T:啊,在桂林路,你也去过吗? 你去过吗?

　　S1:昨天。

　　T:昨天去的,哈哈。昨天去的。麻辣烫觉得好吃吗?

　　S1:非常。

　　T:非常好吃,哈哈。杜勇喜不喜欢吃麻辣烫?

　　S2:嗯。

　　T:也喜欢,啊,那那个麻辣烫它是怎么卖的,就是需要你做什么?

　　S2:我要…

　　T:这个是点菜吗,还是自己拿?

　　S2:自己拿。

　　T:哦,他有很多东西放在那里,喜欢吃什么就自己拿。

　　S2:鱼丸。

　　T:啊,什么?

　　S2:鱼丸。

　　T：啊，鱼丸？嘿嘿。那怎么还不好意思了呢？呵呵呵。喜欢吃鱼丸自己拿，一般都是多少钱，一般？

　　S2：十五。

　　T：十五块钱，一般十五块钱，那食堂呢？

　　S2：食堂一般八块。

　　T：八块，所以食堂便宜一点，对吧？

　　S2：嗯。

　　T：便宜一点，啊，好。好吃啊，麻辣烫好吃，那好，还有没有别的饭店？除了麻辣烫以外，还有没有什么饭店？

　　S2：米线。

　　例138

　　S1：我的专业是小学教育，小学没有，那个毕业以后可以中学教育，中学到另一个，别的专业是政治啊、经济啊，那样的有关系的。还有，这几年学的是中国的经济，还有，现在学习中文，小学教育。

　　S：还可以说大学的。

　　S1：我的大学也是教育大学，所以当教师的人，当教师的人学习的大学。还有，我的大学比较小，小的大学，都认识的。

　　S1：日本的最第一次的大学。

　　T：最早建立的大学。最早，

　　S1：建立的大学。

　　T：对，最早建立的大学。日本最早建立的大学是什么大学？

　　S1：啊东京大学。

　　S1：我的大学是教育大学，所以当教师的人，都在大学里。我的大学比较好，他们都认识吧，最早建立的大学，公立的。

　　S2：我说第三个问题，我的大学比较小，所以没有那么多的教师，教师和学生一共没有1000。

　　T：啊，教师和学生一共不到1000人。

　　S2：教师和学生没有1000。

　　S2：所以，都互相认识。我们每年十月份，啊，啊，所有男生都开始留胡子。不是必须的，但是每个男生都愿意留胡子，我们每年11月5号都要一起刮胡子，非常奇怪的胡子，有一个比赛。

　　Ss：啊。

S2：对，在餐厅。所有的男生都一起，一起喝牛奶，唱歌，对。所以，有，有奖，最长的、最奇怪、最酷的胡子。

T：我有一个问题，你赢了吗？

S2：我没赢了，我，我我不能参加，因为我打工，所以老板不让（留胡子）每年的都不一样。

T：我想知道冠军的胡子是什么样的？第一名，他的胡子是什么样的？是奇怪，看谁的最奇怪吗？那第一名是什么样的？

S2：每年都不一样。

T：啊，每年都不一样。

S：非常长的，比较长的。

例 139

S5：来中国以后，我不知道在哪儿买额质量非常好的东西。我的老乡告诉我，如果我想买质量非常好的衣服，我去重庆路，有很多购物中心。如果我想买非常好，比如，电脑、手机、额——（说不出来，用手比画）

T：衣服。

S5：不是衣服。额，洗衣机，我可以去欧亚。他说如果我想买非常好和便宜食品，我可以去南街超市、恒客隆超市和沃尔玛。他也说，如果我想非常非常好的东西，我可以去旅行，去上海、广州、沈阳和北京，我喜欢旅行。以后我不会说汉语，所以那个主意不太好，还是暑假的时候，我的汉语（手势）额一点儿好，所以我可以旅行，我可以买火车票。以后我不会，我不可以买火车票。现在我喜欢那个主意，那个主意非常非常好。

T：好。非常好，不是"以后""以后我不会说汉语"，而是，应该是现在，现在我汉语说得不好。啊。汉语说得不好。这样说。

例 137 中，教师和学生之间确实有真实的信息差，围绕学生喜欢的饭馆，教师问了两个学生一共 12 个问题，而且都是真实的信息差，但是学生的回答都不超过 4 个字，的确回答了教师的问题，也给足了教师需要的基本信息。但对于这些已经达到中级水平，正在上高级汉语口语课的学生，他们的口语表达能力在课堂上是不是得到了足够的提高？例 138 是中级班学生的课堂活动中，有 2 位学生向其他同学介绍了自己大学的专业和生活，虽然信息差的数量不多，但是学生有和他们水平相适应的表达。例 139 是初级水平学生的表达，这是为完成教师设计的一个语篇结构练习，没有信息差，但学生的表达几乎超出了其所处阶段的水平。如果只从信息差的数量来评价，例 136 的互动是最好的,但是如果从学生话语的质量来看,例 138 和例 139 都是非常不错的。这说明评价口语课堂应该要有多方面的考虑。

《大学英语互动性研究》[3] 通过调查和统计分析认为,课堂互动多的教师才是好教师的观点不完全正确;同时也发现师生互动中的练习主导模式和内容主导模式的互动程度也不同,表明教学目标影响课堂互动程度;生生互动中,学生表现更自然、参与程度更高。这个结论也适合对外汉语口语课堂。

三、问题成因分析

从对教师的调查问卷和访谈中可以知道,在第二语言教学中,培养学生交际能力的观念已经被广大教师接受,但是在对课堂观察和使用量表分析的过程中,能看出,大部分教师的课堂都存在交际性不足的问题。按照话语分析理论,话语的产生离不开语境、说话者两个方面的因素。对课堂教学来说,说话者主要是教师和学生,从第二语言教学的角度分析课堂话语,也离不开关于课堂教学的评估。因此,在分析原因的时候,本文主要从语境、说话者(教师和学生)、课堂评价标准对当前对外汉语课堂话语互动中存在问题的原因进行分析。

(一)教师对课堂话语语境的认识不够全面

Alice Omaggio Hadley 在其著作中指出:"第二语言项目应该提供给学生丰富的在语境中学习语言和应用语言知识应对真实语言情况的机会"。语言运用是在特定的语境中进行的,说话人怎样使自己的话语适应特定语境,听话人怎样根据具体语境理解说话人的意思,都是有规律可循的。语境对语言的运用有很强的约束性。在具体的交际中,说话人采用的交际方式要努力做到跟语境适切,由此保证交际的顺畅,以达到理想的交际效果。语言运用必须遵循一定的交际原则。不同的语言形式和表达方式有不同的交际价值和交际效果,这也是有规律的。

对于语境,不同的人有不同的理解。中国学者胡壮麟[4]认为,语境可以指上下文、情景语境和文化语境。上下文指的是语篇内部环境;情景语境是指语篇产生时的周围情况、事件的性质、参与者的关系、事件、地点、方式等;文化语境是指说话人所在的言语社团的历史文化和风俗人情,属该言语社团的人一般都能理解其在语篇中的意义。

第二语言教学"交际能力"这一概念提出以后,课堂教学中也越来越重视语境的作用。"交际能力"里的"何时何地"对"何人"就可以理解为话语语境的约束。

实际上,很多教师和研究者已经意识到语言教学的目的就是让学生理解和掌握在具体的语言环境中话语的含义,也是让学生学会在具体的语言环境中运用合适的话语表达出自己的想法,实现自己的交际目的。课堂教学中的语境是学生学习语言的实例和样板,课堂话语语境对学生学习运用语言十分重要。因此他们积极倡导对外汉语教学中的语境观念。

话语互动是两位或者几位说话人在一定语境下的语言交流,但是课堂中话语互动与日常话语互动不尽相同,尤其第二语言课堂的话语互动。因为,第二语言课堂的话语互动实际上包括两种语境下的互动,一种是在真实的课堂语境中,和其他学科的课堂一样,是教师和学生一起为了学习而在课堂这一环境下发生的话语互动;还有一种情况是教师和学生在教师设置的语境下为学习和运用某一语言形式或者功能而进行的话语互动。这两种互动形式始终交织在一起,相互影响和促进。

刘珣认为:"课堂语言环境主要指由教师、教材和学习者相互之间所提供的目的语语言输入以及学习者用目的语进行的各种操练和交际性的语言活动。"本文依据这一理解把课堂语境划分为真实语境和虚拟语境两种。真实语境指的是教师、教材和学习者相互之间提供的目的语语言输入的语言活动;虚拟语境指的是教师和学习者为了使用目的语进行语言操练而设置的各种促使语言交际发生的语言环境。

1. 对外汉语口语课堂真实语境

对外汉语课堂话语真实语境主要包括教室语境和文化语境。教室语境指的是师生在教室里发生的实际交际的情景,是学生之间的日常交流、教师组织课堂、指导学生学习语言、对语言进行解释说明时的语境,是整个语言学习的物理空间。文化语境指的是与言语交际相关的社会文化背景,一般分为两个方面:一是文化习俗,指某一社团在社会生活中世代传承、相沿成习的生活模式,是一个社团在语言、行为和心理上的集体习惯;二是社会规范,指一个社团对言语交际活动做出的各种规定和限制。对外汉语课堂中的文化语境的内涵则相对复杂,它既指参与课堂学习的每一个成员在其自身成长过程中形成的基于其社团的文化语境;也指不同文化个体因为共同的学习汉语的目的到同一课堂中表现出的一个班级的文化语境;还指中国教师引领的大的中国文化语境。

（1）自然性和隐蔽性

真实语境下话语的参与者没有意识到自己是在学习和教学,交际双方话语活动的动机是为了交际,而不是为了学习语言。尤其是文化语境,一般不被课堂中的话语参与者所感知。参与话语的人很多情况下并没有意识到自己是依据自己的文化视角来判断事物。对汉语初学者来说更是如此,刚开始接触中国文化,接触其他同学的时候,很少意识到文化差异给自己带来的对事物的不同的情感表达和判断角度,对他人的语言和行为预期都是从本社团文化出发。这种自然和隐蔽的特点只有在遇到特别的事情时才会被意识到,比如 C 班一位同学在出去和班级同学吃饭以后,在课堂上表达"我不知道,辣白菜,可以烤"这样的吃惊和快乐。

（2）丰富性和多样性

现在的对外汉语教学一般都是按学生水平分班,而不是按学生国籍分班,因此,同一班级不同国籍的学生会使对外汉语课堂的文化呈现为多样的特点。如果一个班同时有韩国学生、日本学生、美国学生和墨西哥学生,那么这个课堂中潜在的文化语境就有很大的不同,对同一话题的理解也会相当丰富。同样是对环境污染与社会发展的问题,来自发展中国家和发达国家的学生的情感、态度就有很大差异。对于此问题的理解既有基于个人的理解,也有基于国家发展的判断。而 C 教师课堂中设计地让每个国家的学生准备后介绍自己国家的菜,更是让不同国家学生的饮食文化得到充分展现,日本的寿司、朝鲜的火锅、韩国的炒年糕、巴西的拌饭、英国的鱼薯等,都在学生口语课堂的交流中被一一介绍出来。

（3）宽容性与融合性

不同的文化个体在一起,都是为了学习汉语,基本都能遵循话语合作的原则,忽略在交往中产生的不同。又因在一个班级学习,某一些人的态度会影响其他人,各个国家的学生在保留个性的同时又都有了新的归属感,从而逐渐形成了不同于以往的特点。在录制课堂材料的过程中,笔者发现一个美国学生和一个墨西哥学生利用课间休息时间玩中国象棋,并且玩得都很好。在 F 教师的课堂,不同国家的学生在完成教师布置的课堂任务的时候,都有自己的观点和态度,但是当一位学生摘下帽子,所有同学都发出惊呼,因为这位来自委内瑞拉的学生剪掉了自己的长头发。在这样具有多元文化特点的班集体中,学生在和与自己文化背景不同的同学交往时,对不同的容忍度相对较高。

（4）突发性与生成性

教室语境和文化语境的发生一般不受控制，上课时某一学生的迟到、说话、提问或者教室外的特殊声音和场景引起了学生的注意都可以产生新的话语语境。如讲"姗姗来迟"这一生词时，恰好一位迟到的同学走进教室，教师便引导学生用"姗姗来迟"描述当时的情景。在这节课中，迟到的同学走进教室所引出的语境就具有很强的突发特点，当然也会由此生成一些教师计划外的话语互动。如 J 教师的课堂，教师在讲语法"A 远不如 B……"这一句子结构的时候，学生之间以及学生和教师之间就如何理解这一结构进行了好几个话语回合的沟通，这是具有真实意义的信息沟通，也是非常具有"意义协商"特点的沟通。

2.对外汉语口语课堂虚拟语境

虚拟语境包括教材语境和教师为了帮助学生掌握语言要素、提高语言能力而设置的操练语境。除了具有真实语境的特点以外，虚拟语境还有以下几个方面的特点。

（1）目的性

对外汉语课堂的虚拟语境都具有很强的目的性。教材语境是为了完成一定的教学目标而编写的，一般来说，学习者最初的学习都是从教材提供的语境开始的，如要让学习者学会打招呼，教材会提供两个人第一次见面的语境，然后学习打招呼的基本用语，紧接着会让学习者学习询问他人的名字或者自我介绍等功能句型，但是在以旅游为目标的教材中，很可能是要学习"……在哪儿？"这样的结构，同时教材语境也相应地设置成问路这样的情况。课堂中教师设置操练语境也是一样，基本都是依据教学目标而设，为了更好地让学生练习运用和巩固教材中需要学习掌握的词句和功能，教师会设置一些语境帮助学生。如，F 教师的课堂，教师为了让学生更好地了解在招聘这一语境下，面试官和应试者都会关心什么问题，怎么用汉语说出来，在课堂上设置了活动，即让学生自己选择是作为面试官还是应聘者，然后讨论各自关心什么问题，最后在课堂上发言。在实际的课堂学习中，几乎找不到没有目的性的虚拟语境。

（2）计划性

计划性是说先向学习者提供哪些语境，教材的编写者或者语言的讲授者是要按照一定的学习规律，逐步地展示给学习者，而不是随意选择一个语境就让学习者学习在该语境下应该说的语言。教材语境是根据学生学习语言词汇、语法,尤其是语言功能的需要而设的。虽然现在任务型教学法有与此不同的观念,但是不能随便提供语境让学生完成任务还是被普遍接受的。而操练语境则是教师为了帮助学生掌握教材提供的词汇、语法和语言功能而设的,没有计划的操练语境会让课堂语言操练活动的效率大大降低,使课堂教学失去连贯性而变得杂乱无章。

(3)可控性

无论是教材语境还是操练语境,都是受控制的。一般来说,初级教材提供和日常生活密切相关的语境,如买东西、吃饭、理发、打电话、约时间等,而到了中高级则是提供电视采访、辩论等语境,让学生学习谈论当前国际上共同关注的环境、人口、资源等问题的词汇、语法等。操练语境更是受教师控制,教师可以根据课程目标和学时具体安排语境。这种可控性包括教师可以控制语境的特点,也包括语境与真实情境的接近程度。

总的来说,课堂教学是发生在课堂这一真实的语境下,但是学生的学习更多的是依靠教师所设置的虚拟语境,虚拟语境与现实生活的真实语境越接近,学生习得的语言就越具有真实意义。

从 10 位教师的课堂观察和对录像转录材料的分析来看,教师对语境有一定的认识,尤其是在讲授生词和语法的时候,大部分教师能够结合语境对生词和语法的用法进行讲解,而不是只讲意思。

但是,大部分教师在具体实施中,教学活动更多地还是以句子为基本单位来进行,这从第四章利用 COLT 量表对教学活动分析的结果可以看出,学会使用课本中的生词和语法,并能够在生活中活学活用是教学的重点。教师单独讲授的时间都不长,基本能够保证学生在课堂中的开口率,但都是始终在帮助学生操练生词和语法内容,仍然是输入的时间远远多于有意义输出的时间,缺少给学生语境让学生自由表达的时间。

在利用语境方面,A 教师的课堂利用了虚拟语境,让学生进行角色扮演;C 教师的课堂利用学生自身文化语境让学生介绍自己国家的菜;F 教师设置了找工作时考官和应聘者都应该怎么问问题的讨论;在其他教师的课堂没有观察到教师有意识地设置让学生进行话语互动的语境。

有的时候,教师在教学过程中,完全忽略真实语境的作用,比如在 C 教师的课堂中,教师在完成对"从来不/没 +V"的讲解之后,让学生用该句型进行一问一答练习,学生准备完之后,教师让学生在全班展示。出现以下对话:

例 140

T：嗯，问别人。随便问一个问题，然后让他用"从来没"或者"从来不"来回答你的问题。

S（**）：噢，你从来吃过狗肉？

T：你吃过狗肉吗？

S（**）：你吃过狗肉吗？

T：嗯，那你如果要是说你没吃过，用我们的句型应该怎么说呢？我——

S（**）：我——

T：从来——

S（**）：从来吃过。

T：这个只能用来表示你不能做的时候，所以戓从来没——

S(**)：可是我吃过。

T：我知道你吃过，我是说我们要用这个句型表示你没有做过这件事情，对吧？我从来——

S（**）：没吃过。

T：狗肉。对吧？很好，很好。来，再问，你来问，对。

在这段对话中，学生真实的情况是吃过狗肉，所以想根据自己的实际情况表达。但是用"从来"回答"你吃过狗肉吗？"只能用否定形式，肯定形式不需要用"从来"，所以教师强调"我知道你吃过，我说我们要用这个句型表示你没有做过这件事情，对吧？"所以学生勉强回答"没吃过"。这种情况教师最好的方法应该是根据语境，向学生强调只有在没做过某一件事情的时候用"从来"，如果是吃过了就不需要用"从来"。

因此，无论是课堂活动的设计还是生词、语法的学习，教师都需要进一步提高语境意识，提高帮助学生进行话语建构的能力，找到有效的策略，使教学更符合学生发展的需要。

（二）部分学生参与话语互动的积极性不高

10 位教师中，B 教师和 I 教师的课堂学生话语量相对来说比较少，师生互动过程中发生较多的沉默现象。其主要表现为：

1. 学生本身的态度和情绪不够积极

学生的态度和情绪对课堂话语的影响在 I 教师的课堂表现最为明显。主要表现在以下两个方面：一是不愿意回答教师的问题，I 教师面对全体学生提出的问题，50% 以上没有人回答，教师必须点到某一学生名字，学生才会回答，在第六章有关课堂沉默的数据统计表中可以看到该教师的课堂中教师面向全体学生提问（T—Ss）类型的沉默最多；二是缺乏独立思考的积极性，学习新的句子结构和语法的时候，教师给出例句，进行解释之后让学生用句子结构说出新的句子，很多学生不愿意说，这时候，即使教师点到了某一个学生的名字，学生也会沉默几秒之后才不情愿地说出句子，而且说出的句子和例句相似度很高。另外，在上课过程中，也有学生迟到、趴桌子、经常性看手机和需要教师提示才能找到课本中相应内容的情况，这样的学生在被提问的时候首先是需要教师再重复一下问题，沉默一会儿，然后才能回答。J 教师的课堂也有类似的问题，但是没有 I 教师的课堂那么严重。

所以，I 教师在访谈中很无奈地说："我觉得在教学中最大的挑战是我遇到了一群不爱说话的学生。我也经常找原因，想通过改变一些教学方法，让课堂气氛活跃一些。毕竟这样的课堂我自己感觉也不好。""主要是感觉累，心理压力特别大，就是觉得自己的水平还不够好，可是我试着用了很多方法，他们都不怎么爱说话。有的时候，上完课我就特别烦，经常是上课之前设计好了一些活动，上课的时候根本完成不了，比如说，今天的卡片活动，我希望他们到讲台上面说，其他的学生猜，猜出来之后，那个说意思的学生再给大家看一下生词，就是想着是一个很好的学习过程，可是他们就是不上来。好多活动都是，和预期完全不同，所以有的时候觉得上课的时间特别漫长。"（TIF）

学生的态度和情绪有的时候不仅仅表现在不说话，还表现为不合作的态度和语言。如在 J 教师的课堂问答中，从一位学生的回答问题中可以看出明显的敌意，如在讨论圣诞节的时候，教师强调圣诞节，学校不放假，希望大家来上课，这位学生说："圣诞节不放假，我也不来上课。我不想在圣诞节上课。"在教师问学生："你认为旅行最大的乐趣是什么？"该学生回答："人少，没有中国人。"遇到这样的学生，其他学生就很难继续说话，教师如果没有特别的技巧，也会比较尴尬。

2. 学生之间不良的关系导致无法正常交流

学生之间的关系也会影响课堂的互动交流，在一个偶然的机会与几位教师交流的时候，谈到 I 教师的班级学生不喜欢说话的特点，几位教师纷纷表示有同样的感受。其中一位教师了解这个班更多一些，分析后认为这个班级都是韩国学生，因为是本科班，在一起时间长，没有新鲜感，而且最主要的是有三个学生因为恋爱关系有矛盾，导致班级同学互相之间都不愿意说话。

　　这种学生之间的矛盾在短期班学生中间很少出现,长期班的学生相对多一些,特别是一些来华留学的本科学生,因为一个班的学生人数比较固定,学生又多以韩国学生为主,学生年龄比较小,遇到事情不知道怎么处理,矛盾很容易积累,到本科三四年级的时候,班级学生之间的关系不好,甚至影响到课堂教学。

　　3. 学生的语言水平和语境知识有限造成交流困难

　　语言水平不足会造成交流困难,因为语言水平不足,从语言的输入到输出都会产生障碍,需要时间反应和思考。在第四章有关沉默的数据中,初级水平的课堂沉默的次数比高级水平的课堂多,和学生的语言能力有很大关系。因为语言能力不足,学生对教师的语言输入不能理解,尤其是在初级阶段,语音、语法、句子结构、词汇任何一方面的不解都会影响对整个句子意思的判断,而且学生学习汉语的时间短,无法利用上下文和已有的语言文化知识背景去整合,进而猜测出整个句子的意思;而中高级阶段,即使教师的问题中有学生听不懂的词语,学生也可以通过上下文和已有的语言文化知识背景对不懂的词语进行猜测进而回答出问题。因此,在初级班的课堂可以发现教师点名提问后,学生沉默几秒后用其母语问其临近的同学,然后回答教师问题的情况偏多;而在中高级的课堂发现学生沉默之后,用母语交流的情况在自己回答教师的问题过程中,找不到恰当的词语的时候偏多。学生语言能力不足造成的输入和输出方面的沉默,除了上面提到的学生不清楚教师的问题和找不到合适的词语表达以外,还有学生在使用词语或者句子结构表达的时候不能确定自己的发音、对词语的使用是否正确,课堂表现为语调犹豫、需要思考时间等。

　　4. 学生对自己的语言水平缺少信心

　　对学生的访谈中,在被问到"为什么上课的时候大家不爱回答教师的问题?"时,有两位同学分析认为:"我汉语不太好,所以多听别的同学说比较愿意"(SAF),"他们就是觉得嗯,就是那个说不好,所以就不说"。(SDF)可以看出学生对自己语言水平的信心也是影响学生表达愿望的一个重要因素。这一结论从学生问卷第21题"上口语课的时候,你愿意回答教师的问题吗?"第22题"上口语课的时候,你愿意回答教师的问题,是因为_____。"第23题"上口语课的时候,你不愿意回答教师的问题,是因为_____。"的统计结果(分别见图5.22、5.23和5.24)可以分析出,绝大部分学生是愿意回答教师问题的,其主要原因是认为口语课能提高自己的汉语水平。在258份回答愿意的问卷中有 63% 的学生选择了 B（可以提高我的口语能力）。15% 的学生选择了 C（我喜欢用汉语和别人交流），12% 的学生认为是"教师的问题有意思"，9% 的学生是觉得"口语课堂气氛好，大家交流可以知道更多的信息"。

图 5.22　学生是否愿意回答教师的问题

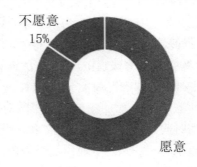

图 5.23　学生愿意回答教师问题的原因

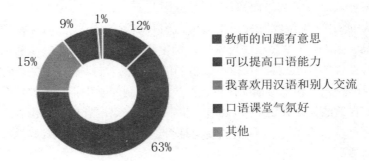

■ 教师的问题有意思
■ 可以提高口语能力
■ 我喜欢用汉语和别人交流
■ 口语课堂气氛好
■ 其他

第 23 题是填写不愿回答教师问题的原因，共有 46 名学生填写了这一问题，其中有 20 名学生选择了 B（我的口语水平不太好，不好意思说话），17 位学生选择了 A（教师给的话题没有意思），有 4 名选择了 C（大家都不爱说话，我想说也不好意思）。在填写其他原因的时候，三位学生分别填写了"别的同学有更好的答案""我不喜欢说话""原来不愿意说话"等。可以看出，所调查的学生中，不愿意回答教师问题的大部分原因是学生个人性格和自信心的问题，也有很大一部分是教师教学的原因——教师给的话题没有意思。

图 5.24　学生不愿意回答教师问题的原因

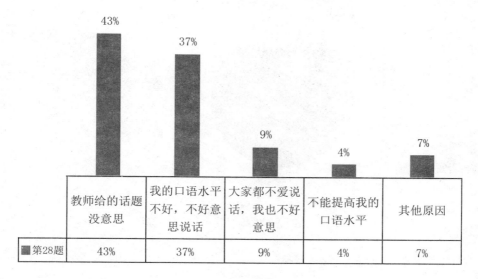

	教师给的话题没意思	我的口语水平不好，不好意思说话	大家都不爱说话，我也不好意思	不能提高我的口语水平	其他原因
■第28题	43%	37%	9%	4%	7%

（三）教师缺少促进课堂话语互动的具体方法

从学生对调查问卷中第 1 题"你最喜欢的课是＿＿＿＿。"和第 2 题"我喜欢这门课是因为＿＿＿＿。"的回答（见图 5.25 和图 5.26）也可以看出，大部分学生喜欢一门课，基本源于两种动机，一种是功利性动机，一种是情感动机。第 1 题共有 5 个选项，分别为阅读、口语、听力、汉语综合和其他五个选项。这五个选项中选择口语和汉语综合的人数最多，分别为总人数的 40% 和41%。对于喜欢的原因，在给出的五个选项：A 它能提高汉语水平，B 教师讲得好，C 课本很有意思，D 有机会跟别的同学说话，E 其他，有 41% 的学生选择了 B，37% 的学生选择了 A。这个结论和预测的一样，因为无论是教学主管部门还是学习者本人都普遍重视口语和汉语综合这两门课，在教师的选择和课时的配比上都有倾向，但是让人惊讶的是第 1 题在 294 份有效问卷中，有 33 位学生认认真真地填写了视听、中国文化、写作、修辞、惯用语、文学等课程的名称，而这 33 位学生中除了一名在其他后的横线上填了"写作"和一名填写了"惯用语"的学生在第 2 题中选择了 A 选项以外，其他 31 位学生都选择了 B 选项，可见，教师的授课对学生是否喜欢一门课还是有非常大的影响的。

图 5.25　学生最喜欢的科目

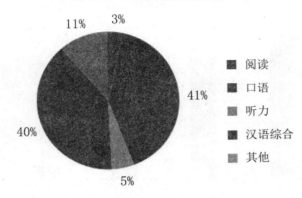

图 5.26　学生喜欢某一门课的原因

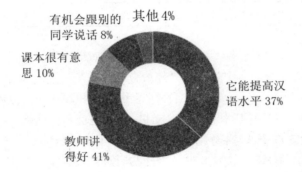

在课堂观察、统计数据分析和对学生的访谈中可以看出：教师在以下几个方面缺少考虑。

1. 教师没有在学生的最近发展区内确定教学目标和教学内容

对于学生上课不爱说话的原因，教师认为是学生不够积极，但是在访谈中，也发现学生对教师的期待："要是学生不爱说话，也许内容很难或者不明白。应该要教师用有趣的故事来讲或者用有趣的游戏等来学。还有教师要从不明白的地方帮助下，教师得站在学生的位置考虑为什么不了解。"（SBF）学生B认为教学内容难或者学生没有理解教学内容是学生不爱说话的原因，希望教师能够从学生的角度考虑课堂教学内容，使用合适的教学方法和技巧帮助学生创造说话的机会。

其实每一位教师都希望自己的教学受到学生的欢迎，愿意帮助学生提高口语表达能力。但是具体到教学行为，想做好很难。大多数情况下，教师是受教学目标和教学内容的影响比较大。D 教师的课堂教学非常有代表性。D 教师是一位非常有经验的教师，有 30 多年的教龄，也是一位对外汉语教学方面的专家，一直受到学生的高度好评，也写过很多论述对外汉语教学的文章，在她的一本专著中还专门从口语课教学的基本原则、操练艺术和常见问题几个方面对提高口语课的教学进行了全方位的剖析，提出了很多具体有效的方法，但是在本次所观察到的课堂中，并未感受到她期待的效果——"让学生不但能开口说，而且要说好——语音标准、语调自然、表意明确、用语得体"。在访谈中，她说："感觉这个学期的课口语课型特点不突出，主要是这个学期的课程对他们来说太难了，好多生词、语法他们都没学过，一步一个坎儿，连'身体'都不认识，更不用说'健康'了。"（TDF）对于该学期所学课本的选择问题，该教师说是和学生一起商量的结果，这个班的 9 名学生都学过一点儿汉语，想在下一个学期直接进入本科二年级学习，愿意选择难度较大的课本。所以在教学目标上，师生共同确立了远远超过学生现有水平的学习目标，这样在学习的过程中，学生一直处于学习说话的状态，几乎没有巩固操练和自由运用语言的机会，也很少有自主生成话语的想法。所以以后每次谈起这个班的课，D 教师都会用非常遗憾的口气说："他们就是时间太少了，基础太差，还得赶进度，要不能练得可好了，刚毕业的那个班以前我教他们的时候，好多刚学的句子，他们都能马上用，都能说得可好了。"这说明教学目标会影响教师的课堂教学行为。如果教师确定了远远高于学生语言水平的目标，教师主导课堂、教师控制课堂话语权，学生的学习始终处于理解词语、语法的意义阶段，没有交际性操练，课堂话语互动少就是一个很正常的结果。

另一个和教学目标直接相关的是教学内容，对外汉语课堂主要表现为教材，从第四章的 COLT 量表关于教学材料的统计中，我们可以看出所有教师都使用且只使用教材作为教学内容。在对这些教师的访谈中，他们几乎都表达了这样的观点："专家编写的教材总比自己编的教材好"（TEF）"教材内容都讲不完，根本没有时间讲别的东西"（THF）"这本教材一课有三篇课文，可是只有四课时，三篇课文内容还很长，只能在这些内容中取舍"。教师相信教材，所以绝大多数教师都把先学会教材中的生词语法，了解课文的意思作为其课堂教学的主要活动内容。即使有明显问题的内容，教师也在坚持教。C 教师的另外一节课就遇到了这样的问题，因为无法找到选文的背景知识，教师对课文提到的内容理解已经感到困难，学生就更不用说。所以，当教师告诉学生两个学生一组做课后的练习题的时候,学生们说:"真的难,太难了。""别的同学真的做完了吗?""这个太难,我说不出来,没有好的意见,怎么办呀?""这个太难,我真的不能写。"在和 C 教师课后聊天的时候,C 教师也说:"这本教材我教三遍了,每次到这一课都是这样,我觉得自己怎么讲学生都不明白课文里说的那个'鬼'到底指的是什么,太抽象了。"当笔者追问为什么感觉难还要讲的时候,C 教师说:"怕学生有意见,也担心院里觉得我没有很好地完成教学任务。"可见,教师和教学相关部门对教材的依赖和信赖程度都非常高,教师很少有机会根据学生的实际水平做内容方面的调整,当内容太难,学生理解和接受都很困难的时候,表达就变得异常艰难了。F 教师的课堂,用 COLT 量表来衡量,应该是非常好的交际性课堂,但仍然受教材的困扰,"这样上课,时间难控制,总是觉得教学任务难完成。"(TFF)F 教师口中的"教学任务"就是指教材提供的内容。"每一课有三篇课文,要是每篇课文都详细讲练的话,6 学时的时间根本不够用。"如果注重学生在课堂中语言能力的提高,必须创造更多的话语互动的机会,需要教师多组织信息差活动,但这些活动需要花费课堂很多时间,教师要权衡用多少时间讲授新知识,多少时间给学生练习实际运用语言知识和语言形式,因而在教材内容和课堂教学交际性的实际需求之间有很多纠结。

2. 教师不能有意识地了解和运用各教学法流派中的有益元素

教师在教学过程中,会有意无意地选择教学方法进行教学,这里的教学方法主要指有一定教学理念指导的,受一些教学法流派影响的,控制课堂程序的一些教学步骤和操作方法,和具体的教学技巧没有太大关系。在对 10 位教师的课堂观察中,可以看出 E 教师的课堂有明显的"听说法"的痕迹,F 教师的课堂有比较明显的"任务型教学法"的影响,其他教师几乎都是传统的以教师为主的教学模式。听说法是 20 世纪 40 年代末在美国形成的第二语言教学法。其理论基础是行为主义心理学和结构主义语言学。因为是应当时美国向世界进行军事扩张的需要,以培养能与其他各国交流的人才为目标而产生的,所以特别注重口语能力的训练,强调听说领先。在教学过程中,受行为主义"刺激—反应"观念的影响,通过对字词语法和句型结构的反复操练,帮助学生形成自动化的习惯,对学生的错误及时纠正,以培养学生正确的语言习惯。结构主义语言学的影响主要表现在对语言形式的教学,以句型为中心,通过对比语言结构,让学生掌握语言形式。受此影响,E 教师的课堂非常重视学生字词的读音和语法结构的正确性,由教师控制课堂,学生反复操练,以师生互动为主,因为教师在教学过程中大量使用手势语,所以学生执行教学指令非常直接,达到了在有限时间内,学生有最大开口率的效果。因为"在听说法中,学习者被视为能服从于条件反射作用,在密集的训练以及强化作用之下可以做出正确的反应。他们几乎没有办法掌控任何与学习有关的内容、节奏以及形式。学习者被劝阻尝试任何同学间的互动,因为互动可能导致错误的产生。"所以从 COLT 量表教师和学生话语互动的各项数据中可以看出该教师与其他教师的特别之处,如教师信息差请求信息中虚假信息多(表4.9),话语持续中教师和学生的超小型话语和小型话语的数量远远高于其他教师(表4.10),教师对话语形式的反应数量也比其他教师高很多,在与上一话语合并的形式(表4.13)中,以点评为主(其他教师以重复为主要形式),学生引发话语少,教师对语言形式正确性期待比较高等特征。在第四章有关课堂沉默(表4.16)的研究中,E 教师的课堂沉默主要集中在 T3 类型,是该教师在要求学生回答问题的时候,举手示意,请愿意回答的学生回答的过程中造成的沉默,该教师课堂 T—S、T—Ss 的沉默类型非常少,E 教师在访谈中说"我的确受到听说法的影响,觉得听说法在初级阶段的口语教学非常有效,但是我觉得这种教学法也有局限,就是不能培养学生主动说话的能力,所以每次我上课都会设计让学生进行成段表达的活动。"(TEF),E 教师在课堂中讲解非常少,主要是字词语法和句型结构的操练,然后用成段表达活动让学生进行话语的自我建构,与同等水平的学生相比,学生的话语质量非常高。任务型教学法是 20 世纪 80 年代兴起的一种基于完成交际任务的语言教学方法。该理论认为掌握语言大多是在活动中使用语言的结果,而不是单纯训练语言技能和学习语言知识的结果。它改变了传统的课堂练习方式,组织学生完成教师精心设计的"任务",通过师生共同完成语言教学任务,使学生自然地习得语言,促进语言学习的进步。任务型教学法的理论基础是建构主义的学习理论和第二语言的互动假说,在教学活动中,认为教师应当围绕特定的交际和语言项目,设计出语言情境和具体的、可操作的任务,学生通过表达、沟通、交涉、解释、询问等各种语言活动形式来完成任务,以达到学习和掌握语言的目的。F 教师介绍:"每个学期从第二周开始就根据教材提供的话题给学生布置任务,让学生做相关的课前汇报。在课堂上,也希望多组织一些能让学生之间有交流的课堂活动。"(TFF)因为课堂有任务型活动,所以F 教师的课堂表现出生词、语法、句型、课文讲解活动是 10 位教师在此类活动中用时最少的,只有十几分钟,小组活动、生生活动用时比其他教师多,课堂真实信息和不可预测信息远远高于其他教师,学生持续发言数量和主动引发话语数量都远远高于其他教师等,不同于其他教师课堂的一些话语特征。在第四章有关课堂话语沉默的数据(表 4.16)中,F 教师的课堂出现了 S—Ss 这种别的教师的课堂中没有的课堂话语沉默类型。

3. 教师课前准备不够充分

教师的教学准备对课堂话语的影响也很大。首先,教师对字词、语法和句子结构的理解准备不充分,会造成学生话语偏误。如例 141,教师在备课时对"别看……其实……"这个结构中的"别看"后面的语义用法考虑得少,课堂讲解不够充分,造成学生使用偏误。

例 141

S:别看他年纪小,其实……

T:大家想想,别看他年纪小,其实……

S:其实他是 40 岁。

T:哦不,他是真的年纪小。

S:哦。

T:但是你可以这样说,别看他年纪小,大家想想。

其次,教师提问缺少设计。教师的课堂提问对课堂话语的影响几乎是决定性的,这主要是因为当前对外汉语的课堂大部分都是以教师为主导的课堂。以第四章有关课堂话语沉默的数据为例,从 10 位教师的课堂案例中我们分析出以下几点。

教师的提问方式对 T—S、T—Ss 类型的沉默影响很大。除了 D 教师和 E 教师的课堂以外,其他教师的课堂沉默现象大多集中在 T—S、T—Ss 和 S(答)三种类型上。这些沉默有一些是有意义的沉默,即学生在沉默的时间一直在思考。也有一些是无意义的沉默,学生在沉默的时间里没有思考的行为发生。通过对课堂的观察记录发现,指向不明的问题、过于复杂的问题和难以回答的问题是造成无意义沉默的主要原因。

指向不明的问题,是学生不明白教师问的是什么范围的问题。比如教师做了一个动作,问:"我,什么?"这个时候教师认为自己做了打电话的动作,但是打电话是本课需要学习的新词,在缺少语境和语言提示的情况下学生很难把教师的动作与打电话这个词联系起来。有的时候教师的问题和课文内容不一致,突然偏离课文,比如学生周末做什么的内容时,教师问学生:"那乒乓球是一种什么呀?"因为缺少语境,学生用了 3 秒钟的时间才犹犹豫豫地说出了"运动"这个答案,而同时也有学生说"爱好",表明学生并不清楚教师希望学生在哪一范围给出答案。

过于复杂的问题指的是教师的问题远远超出了学生的现有水平。解释或者说明词语和语法结构的意思与用法的时候,专业术语比较多,学生即使有时间反应也难以理解。有的问题生词过多,有的问题的关键词是生词,学生不清楚教师的问题,也就无法及时做出回应。

难以回答的问题指的是问题简单,容易理解,可是要回答好问题却需要学生较高的语言能力。比如在初级阶段,学习"你喜欢什么运动?"学生回答"我喜欢乒乓球。"教师紧接着追问"为什么呀?"学生现有的语言水平并不能用简单的几句话把这个问题说清楚,因此沉默3秒钟后摇头放弃。

再次,教学组织与管理行为和语言也会对课堂话语的连续性造成影响。不恰当的指令常常会让学生不知所措,尤其是教学对象为初级班的学生。比如,当教师希望学生齐读的时候,学生没有出声,教师说"为什么没有声音?"造成全体学生3秒钟的沉默,然后才开始齐读。因为对这个水平的学生来说,"为什么没有声音"是一个问题,而不是一个指令。相反,观察和分析E教师的课堂可以看出,该教师的指令简单,用手势做指令或者直接指学生说"你读""一起读""你来"等,这种方式使教师指令可以直接变为学生的行为反应,大大减少了学生反应的时间。

最后,教师教学环节转换方式不当也会影响课堂话语的流畅性。在表一中T1的数量就是各位教师在这一类型沉默中的数值。可以看出课堂沉默总次数相对较少的五位教师(D、E、F、G、H)这一类型中沉默也非常少。F教师没有这一类型的沉默可能与其使用任务型教学方法有关系,但是D教师是传统的以教师为主的授课模式,也只有1次4秒钟的沉默发生,可以看出优秀的教师对于课堂细节的处理也是非常到位的。

由以上分析可知,即使教师在主观上愿意站在学生的角度考虑,但是在实际操作过程中,教学目标、教学内容、教学方法和教师的教学准备等各方面因素都会影响教师在课堂上的教学行为,进而影响学生的话语表达。

(四)教师对学生话语输出质量不够重视

这里还有需要讨论的问题是,有的教师认为:"光有活动,学生的语言结构方面的知识和能力得不到锻炼和增长,特别是初级阶段,还是应该重视语言形式问题。"(TDF201411)

这就产生了问题,在口语教学中,语言形式和语言意义应该注意哪一个方面?是否不同阶段应该有不同的侧重?如果这个问题解决好了,那在口语课中应该着重培养学生哪一方面的能力,课堂话语结构模式和话轮转化方式应该是什么样的就会非常清楚了。教师对学生话语输出质量不够重视主要体现在以下几个方面。

1. 教师课堂游戏设计没有以学生话语运用为目的

10 位教师中,有两位教师组织了课堂游戏活动。B 教师设计的游戏是让学生看学过的生词卡片后表演,其他学生根据表演猜卡片上的生词,用时 7 分 15 秒。I 教师设计的游戏是在学习生词的时候,把生词卡片分给学生,让学生先自己了解生词的意思,然后用汉语解释生词的意思,其他学生猜卡片上的生词,用时 23 分 43 秒。这两个游戏如果从语言学习的效果来评价,前一个游戏几乎对语言学习没什么作用,学生只是简单地复习了四个简单的词。后一个仍然是以词语的学习为主要目标,缺少交际性。在对 B 教师的访谈中,B 教师说:"我就是觉得这个班的学生不活跃,所以就设计了一个游戏,想活跃一下课堂气氛。"(TBF)课堂游戏有活跃课堂气氛的作用,但是如果教师在设计的过程中考虑到语言运用,把语言运用和语言形式的学习结合起来,教学效果会更好。因为游戏过于简单,学生说话交流的机会也就少。

2. 高级阶段的口语教学,缺少语篇训练和交际策略训练

口语教学是培养学生用目的语进行交际的能力。对于中高级阶段口语教学的目标,学界的认识有一个逐步发展的过程。在学科发展初期,汉语学习者语篇和交际策略能力并未被提到议事日程中。一直到上个世纪 90 年代中后期,语言学领域对篇章的研究日渐丰富,汉语作为第二语言教学在此时也积累了相当多的经验,陆续编写、出版了一系列的"大纲"[5]和"课程规范"[6],这些大纲和课程规范中明确提出了篇章能力的要求。如《高等学校外国留学生汉语教学大纲》(长期进修)中对于中级阶段的学生提出"具有初步的成段表达的能力"的要求,而对高级阶段的学生提出了"有较强的成篇表达能力"的要求。2014 年出版的《国际汉语教学通用课程大纲》中对五级水平标准"说的能力"目标的描述为:"能就一般性话题进行论述或参与讨论、争论,能清楚地陈述理由、表明观点和态度,能就某些特定的话题,如与工作或专业有关的话题进行进一步的讨论。其中包括:能在多种场合下与他人就一般性话题进行有效地沟通和交流;能就自己感兴趣的话题进行描述或论证,表达条理清晰,话语连贯;能就一些特定话题与他人进行较为深入

地交谈；参与讨论或者争论，能清楚地陈述自己的观点，反驳别人的观点。"对六级水平"说的能力"的目标描述为："能就多项话题进行论述或参与讨论、争论，能就某些特定的话题，如与工作或专业有关的话题进行进一步的讨论。其中包括：能在多种场合下与他人进行沟通和交流，说话得体；能就自己感兴趣的话题进行描述或论证，表达条理清晰、话语连贯；能就一些特定话题与他人进行较为深入地交谈，说话中肯，有内涵；参与讨论或争论，能清楚地陈述自己的观点，反驳别人的观点，思路清楚，语脉清晰。"

由此可见，在大纲层面，学界对汉语水平高级的目标要求已经很清楚。但是在实际教学中，我们发现 3 位教高级口语班的教师，在课堂上的主要活动还是侧重词汇和语法的理解与运用，完全没有对篇章衔接与连贯内容的讲解与操练，也没有对会话中具有特殊功能的词句进行分析，甚至连在初级阶段就已经用过的成段表达训练都没有。

有的教师在意识层面对中高级口语教学的目标有所了解，但是在实际教学中也没有做到。如对 I 教师的访谈：

TIF：对于中高级学生来说，掌握的词汇量应该还是可以的，但是还要继续学习词汇，更重要的是如何用这些词汇说出正确得体的句子，还有另一方面是说话的逻辑表达，所以可以根据学生的实际情况，有针对性地做一些关联词语的练习，让学生多听多说，模仿地说，朗读也是一种不错的方法，设置情景进行对话训练，口头描述一件事或一个人，举行演讲比赛等。

在访谈中，I 教师提到了中高级教学的主要目标，谈到扩大词汇量、关联词语的练习、模仿说话练习、设置情境进行对话练习、口头描述、演讲比赛等多种方式方法提高中高级学生的口语表达能力，但是在课堂观察中，除了词汇讲解与练习，句型的操练以外，其他形式的练习都没有在该课堂表现出来。在连续录制的另外两节课中，教师也没有在课堂上组织与语篇训练相关的活动。

（五）缺少课堂评价标准

大部分教师知道口语课的目标是提高学生的口语能力，比如在访谈中可以听到这样的回答"口语课要多让学生说。"（TAF）"我觉得口语课的目标是让学生学会用汉语跟别人交流。"（TBF）"口语课就是要帮助学生练习口语表达能力。"（TCF）但是，从教师实际操作来看，有的教师对于如何在教学中提高学生的口语能力，运用哪些方法和策略可以提高学生的口语表达能力并不是十分清楚。尤其是到了中高级阶段,教材内容有了比较大的变化,课文开始由对话体向成篇课文转向,话题由日常生活逐渐过渡到各种社会文化等专业性较强的问题,口语性特点不太突出,大多数教师在完成这类教学内容的时候,不由自主地采用了做教材中的词语填空题,讲解生词、语法和课文。口语课也变成词语积累课和语法学习、课文理解课,口语课课型特点已经不是那么突出。

有一些教师简单地认为课堂活动多就是好的口语课堂。B教师认为"应该多组织学生活动",I教师也觉得"通过活动让学生多说是锻炼学生口语能力的好办法"。但是D教师基于多年的教学管理经验,很明确地表示"光做活动看起来挺热闹,但实际上学生学习到的东西不多"(TDF)。还有一些教师将课堂上学生开口率作为标准,认为开口率高,就是学生的语言能力得到了锻炼和发展。A教师认为上好口语课最难的是"学生的开口率问题",E教师在谈到自己的课堂教学时很自信地说:"我觉得我的课堂学生开口率并不低。"这应该是一个略有问题的想法。在教师引发—学生应答—教师反馈的课堂,学生的开口率一般来说都不低,但是学生控制课堂时间短,学生引发话题的次数少,学生话语持续表达次数少、时间短。这种课堂中,学生习得的话语与真实生活的话语有很大差别,而且,常常是教师说得多,学生能听懂得多,但是学生输出得少,几乎没有教学目标要求的合理、得体的表达方面的训练。学生很少有机会问问题,缺少通过提问获得信息的能力方面的训练。另外还有一些教师在教学过程中,获得了一些经验,但是因为没有评价标准,教师无法从很具体的方面反思自己的教学,总结自己的教学经验,教师教学水平很难提高。如B教师的课堂,教师一直希望利用动作让学生说出相关的词汇和句子,这应该是一个很好让学生开口说话的方法,但是因为是在学生学习生词和新的句子、语法之前使用,学生缺少具体的语言情境,很难猜出教师的动作要表达什么意思,即使猜出来,也不知道怎么说,因为还没学到相关的语言形式。在访谈中,该教师认为这个活动在以前的课堂上做过,感觉效果很好,所以这次课堂上也用了。但是笔者后来查看该教师以前相关的课堂教学录像发现,该教师以前的课堂上的确做过类似的活动,不过是在教师讲完生词和课文以后。对于活动的使用条件、活动设计背后的教学理念思考不够,简单地模仿会让活动效果大打折扣。

因为每个教师对理想的口语课堂标准不同,所以在课堂教学过程中,教师组织的课堂活动类型也有很大的不同。A、E教师的确做到了学生最大的开口率，B、I 教师尝试用活动让学生多说。应该说这些都是一些比较有效的方法，但除了这些，学生的话语质量也非常重要。从这些现象中，我们可以看出，教师对口语课堂教学评价还不是十分了解。

从教学管理上看，因为当前国内还没有统一的针对课堂教学的评价标准，所以基本都是各个学校根据自己学校的办学特点和学科特点，自行制订一些评价标准。D 大学的课堂评价如 5.27 表：

表 5.27　对外汉语课堂教学评价表

教师姓名：　　　　　　　班别：　　　　　　　课型：

评价标准	评价等级		
	A（90-100 分）	B（70-89 分）	C（69 分以下）
教学目的明确，课型特点突出。如：汉语课主要解决生词和语法点；口语课应让学生多说；听力课应让学生多听。			
教学内容适量，教学进度适宜。			
教学方法和教学手段灵活多样，讲练结合，尽可能给学生均等的操练机会。			
对待学生公正、宽容、有耐心。			
讲解清楚明白，无知识性错误。			
语言生动、有趣味性。			
教态亲切自然、情绪饱满。			
发音标准清晰，语调抑扬顿挫。			
音量、语速适宜。			
板书科学规范、工整美观，无错别字。			
（汉语课教师）常留作业，且批改认真。			
遵守上下课时间，不迟到，不提前下课。			

在这个标准中，能够突出课型特点的只在第一栏中有所显现，其他都是一些普适性的标准，是任何学科的课堂都应该具备的。"理论上，评估框架可以补充我们口语发展知识的不足。"上表的这些评估维度对口语教师没有这

样的帮助，所以教师只能根据自己所理解的理想的口语课堂和口语习得过程来上课，在课堂上呈现的互动差异也就非常大。

在课堂教学中还涉及对学生话语输出质量的评价，但是因为大部分教师对此没有明确的意识，所以在课堂上基本都是凭借自己的语感来判断学生口语能力的好坏对错，不能给学生以有效的指导和训练。

注释：

[1] 这里的交际性活动主要是指学生之间的以提高学生语言交际能力为目的的活动。

[2] 何克抗．教学结构理论与教学深化改革（上）[J]．电化教育研究，2007，（7）：5-10.

[3] 聂玉景．大学英语互动性研究 [D]．武汉：中南民族大学．2009.

[4] 胡壮麟．语篇的衔接与连贯 [M]．上海外语教育出版社．1988，181-187.

[5] 包括《中高级对外汉语教学等级大纲》（1995 年，孙瑞珍等）;《初级对外汉语教学等级大纲》（1997 年，杨寄洲等）;《对外汉语教学初级阶段教学大纲》（1999 年，杨寄洲主编）;《对外汉语教学中高级阶段功能大纲》（1999 年，赵建华主编）;《高等学校外国留学生汉语言专业教学大纲》（2002 年，国家对外汉语教学领导小组）;《高等学校外国留学生汉语教学大纲（长期进修）》（2002 年，国家对外汉语教学领导小组）。

[6] 包括《对外汉语教学初级阶段课程规范》（1999 年，王钟华主编）和《对外汉语中高级课程规范》（1999 年，陈田顺主编）。

第六章　研究建议

以上几章分别考察了 D 大学对外汉语口语课堂的现状,分析了常见的课堂话语形式,以建构主义的教学观及第二语言课堂交际性为标准分析了对外汉语口语课堂话语互动存在的问题与问题产生的原因。本章在前几章的基础上,从课堂观察,对课堂转录资料的反复解读,对教师和学生的访谈中提炼各位教师课堂上的合理有效且具有可操作性的方法,也采纳了 10 位教师中几位能经常反省自己的课堂教学的教师的想法,笔者在对现有第二语言习得理论认真研究的基础上的一些补充建议,希望能解决当前对外汉语口语教学中存在的问题。同时,笔者也希望能够在各种汉语师资培训中运用到本论文的相关成果,为以案例为核心、以提高教师课堂教学能力为目标的汉语教师的师资培训提出一些建议。

一、提高对外汉语口语课堂话语互动质量的教学建议

(一) 构建良好的课堂话语语境，学会设计信息差活动

构建良好的课堂话语语境可以从促进良好的、相互支持的人际关系的形成,利用文化语境和教材语境,发挥视频、PPT 等教学媒体的作用,利用语言任务型活动等几个方面入手。

1. 促进良好的、相互支持的人际关系的形成

尽量在课堂教学的所有参与者中间营造良好的人际关系。学生与学生之间、学生与教师之间的相互支持是保证课堂教学有序有效进行的基础,也是学生学习语言的情感基础。第二语言习得的一些研究,如克拉申的情感过滤假说、Schumann 的文化适应模式假说都清楚地表明情感、情绪在第二语言习得中的重要作用,因此,非常有必要为学生营造一个良好的、相互支持的

人际关系环境,让学生在轻松愉快的氛围中学习,提高他们的学习效果。人际关系在话语互动中是一个非常重要的构成因素,良好的人际关系无论是在课堂上,还是在课堂外都可以促进学生的话语互动,尤其是对于那些刚来中国,和一群陌生的来自不同国家、不同文化背景的人组成一个新的班级,是一种新的关系形成的时期,教师如果利用自己的身份和角色赋予的权利施加影响,会产生非常好的效果。

首先,营造合作型课堂气氛。鲍里奇提出:"班级气氛是一种你和学生发生互动,并浸染其中的气氛或情绪。""你选择了什么样的方式就会有什么样的课堂气氛,正如你选择教学方法一样"。他还指出有三种类型的课堂气氛:竞争型、合作型和个人主义型,每一种类型都有各自的目的。从当前对外汉语课堂教学培养学生运用语言进行交际的目标来说,合作型的课堂气氛是最合适的,可以有效地促进小组活动和大组讨论。而从第二语言习得的研究成果看,合作型气氛下的互动能够很好地帮助学生学习运用语言,进而习得语言。

其次,建立课堂规则和程序。在对外汉语课堂中,学生的文化背景不同,课堂文化背景也极不相同,对外汉语教师需要建立自己的课堂规则和程序,这是使教学能够有秩序进行的基础。主要包括一些课堂行为的规则,如请假、迟到、早退、上卫生间、回答教师问题的方式(如是否需要举手)等等,还有一些活动规则,如小组活动中是否需要每位学生都发言、汇报的人如何产生、大组讨论以什么样的方式进行等等。课堂程序是在课堂教学过程中的一些基本的步骤,如在上课之前交作业还是下课以后交作业、正式上课之前需要做哪些准备、上课的时候是否有复习的教学环节等。心理学的研究成果表明,课堂遵循一定的程序会让学生有足够的安全感,可以让学生将更多的精力投入到课堂教学中。

再次,关注每个学生的特点,并开展活动促进学生之间的合作交流。优秀的教师会留意学生的个人特点,能很快叫出班里所有学生的名字、了解学生的兴趣爱好、愿意倾听学生的感受等等。也有很多教师习惯提前 5-10 分钟进教室,利用这段时间做课堂教学准备,根据学生的语言水平有意识地跟学生聊天,引导学生交流。在教学过程中,特别是最初的几节课,需要教师设计一些活动让学生之间能够迅速了解,同时教师也要通过这些活动让学生了解活动的规则。

最后,及时发现不合作倾向并进行处理。第二语言的课堂交际性活动依赖话语参与者之间的合作态度,否则很多活动就难以进行。对于学生的不合作倾向,教师要进行分析,然后找到相应的处理办法。如,有些学生给人合作性不强、不容易对话的感觉,可能和学生自身的性格特点、学习风格有关,教师对这样的学生需要多鼓励,明确其在小组或大组活动中的角色和责任;对于因为怨气而不愿意合作的学生,教师需要了解问题产生的原因,从解决问题入手进而解决不合作问题;有的学生为了吸引教师的注意,有的时候在课堂故意表现为不合作,教师可以暂时忽略;还有一些学生因为学生之间有矛盾而表现为不合作,教师可以找学生私下聊聊,在能力许可范围内帮助学生之间缓和矛盾,促成合作。

实际上,良好的师生关系不仅对学生很重要,对教师的成长也非常重要。A教师在访谈中谈到了学生对自己教学成长的促进作用。"我一共交过三个班,每个班的学生都不一样,特别是教第一个班的时候,就是那个时候,我的教学也不是很好、很成熟的那种,所以后来学生就有意见,然后呢,我的压力就特别大,我觉得我都要崩溃了,那时候,我不知道怎么让学生上课的时候开口说话,就觉得他们反正什么都不满意。等第二个学期,我特别幸运,遇到了一个班,这个班年纪大的学生比较多,他们对我像孩子一样,上课的时候也帮助我,就是比较能原谅我的那种,然后我说什么他们就做什么,做活动的时候特别特别听话。然后就到了这个班,这个班学生热情,又都年轻,好奇心特别强,所以上课的时候就不怎么费力气。"(TAF)B教师在访谈中,有这样的感受:"一般来说,学生刚来的时候,哪儿都不熟悉,上课的时候就不怎么爱说话,等到时间长了,跟我熟了,也知道我不太厉害(笑),就爱说了。"(TBF)

学生在是否喜欢上口语课,是否喜欢回答问题上,态度是这样的:"喜欢,因为她很舒服。"(SEF)"我不爱说话,有的时候,就是紧张。"(SCF)"他和我们年龄差不多,知道我们,所以说多一些。"(SDF)等等。

从师生的感觉中可以看出,好的师生关系是开始说话的一种心理支持,可以让学生在课堂上有表达的愿望。相反,不好的师生关系,会影响学生表达的愿望。对于怎样才算是好的师生关系,不同的人有不同的看法。但最主要的应该是教师的说法、做法能够被学生接受、最好能够让学生感觉舒服。这实际也是一种课堂语境。

总的来说,良好的、相互支持的人际关系可以给学生安全感和归属感,让其在话语互动中自然地展现语言能力。

2. 利用文化语境和教材语境

文化语境不容易被感知，但却影响课堂交际水平和效果。教师要有跨文化交际意识，也要注意培养学生的跨文化交际意识。多提出问题引导学生讨论，让学生有发表想法的愿望，找到被了解的乐趣，既能帮助学生提高汉语水平，又能促进良好学习氛围的形成。

首先，找到适合不同水平学生讨论的话题。不同文化团体从日常生活的表层形式到思想意识的深层态度和观念都是不同的，能够提供给师生的话题也相当丰富。从打招呼、付账等与人的衣食住行相关的事情到教育、环境、恐怖主义、国家的政治体制等关乎国家社会的事情等都可以作为口语课堂交流的话题。实际上，对外汉语的课堂既给师生展示说明的机会，也给大家共同思考的机会，同时还是理解、交流和融合的机会。

其次，组织信息差活动。不同的文化语境，尤其是不同文化背景的学生所代表的文化社团为课堂交际提供了丰富的信息差，这就是学生交际的基础。经常可以看到这样的情况：初到中国的留学生班级，同学之间运用目的语交际比较频繁，在一起时间持续一年以上的同班同学在课堂上运用目的语交流的愿望大大降低。原因可能就是初来中国的学生彼此之间的信息差比较大，而在中国待一段时间以后，同学之间了解得多，信息差就小了，交流的愿望就相对减弱。另外，在课堂观察中还可以发现，如果一个班级的学生都是同一国家的学生，那么这些学生在课堂上运用目的语进行表达的愿望相对来说就比较低，也是因为很多学生认为大家都是来自一个国家，都知道。这也说明多元文化的课堂可以提供交流的信息差。

最后，促进学生对文化的理解，丰富学习内容。不同文化背景的学生、教师在交流时难免会产生误会，但是误会产生以后对误会的解释、说明和思考有助于学生意识到文化问题的存在，可以借此培养学生对不同文化的尊重态度，引导学生正确理解文化差异。第二语言学习除了要学习语音、词汇、语法等语言构成的基本要素以外，还需要学习语言本身所承载的文化，在一个多元文化的班级会有助于学生了解更多文化的特点，在真实的互动中学会跨文化交际。如，在对待用手抓饭吃的习惯上，如果教师能从文化不同、习惯不同，尽量做好对文化的评判，从尊重不同国家的文化习惯的态度等方面引导，就会对学生的跨文化交流意识与能力的提高有很大帮助。

不过，课堂话语的真实语境带给参与者的不完全是好的方面。由于其自然性和隐蔽性，很多学生并不能很清楚地意识到他人与自己的差异，很容易以自己的视角进行价值判断,结果可能会造成不适应。比如同样在课堂语境中,欧美学生期待活泼的、轻松的课堂氛围,而韩日学生则期待严谨的、紧张的学习气氛。教师需要了解每一种文化的特点,在教室语境中有针对性地进行指导和教学。

另外,因为学习者不可能通过实际生活习得所有情境中的语言,所以只好用教材,通过课堂教学模拟实际的语境来帮助其学习并练习使用语言,从而培养他们在实际生活中遇到类似情景时运用语言进行交际的能力,期待学习者学完之后,能够完成相应地交流。教材语境是提供语言使用样本的最佳途径。教师设置的操练语境相对来说是教材提供语境的扩展。

第一,利用教材的内容。教材内容为课堂话语互动提供了上下文语境,在学习教材内容的过程中,教师可以组织学生就教材内容进行对话、讨论、问答等活动。

第二,利用教材中的人物性格特点。一般教材都会有两三个主要人物反复出场,他们的性格比较鲜明,在不同的场合、情境中说过的话也是学生熟悉的。因此教师如果能恰到好处地运用教材语境可以活跃课堂气氛,调动学生对教材学习的热情和积极性。

第三,利用教材的场景和话题。教材编写者在编写教材的过程中会有意无意地设计一些场景和话题,这些都是学生进行话语互动的材料。教师可以根据教材,设计一些相关的讨论,深化教材内容。

从对 10 位教师的课堂观察看,所有教师都离不开教材,因此,对教材的内容、主题、人物进行深入的挖掘可以找到许多有利于话语互动的因素。

3. 发挥视频、PPT 等教学媒体的作用

在实际教学中,课堂的真实语境和教材提供的语境远远不能满足学生学习语言的需求,因此需要教师根据学习的目标和需要提供一些在课堂中不是真实发生的,但在生活中可能发生的情景。这些情景可以通过图画、动画、视频图像和 PPT 等教学媒体向学生展示。

第一,利用教学媒体呈现话语语境。PPT、视频、动画等在当前的课堂教学中的作用越来越大。尤其是 PPT,在教学中被广泛使用,好的 PPT 可以在课堂教学中提供丰富的信息,使生词、语法和句型的学习与具体情境紧密联系 PPT,给出具体情境帮助学生理解的方式要比单独地讲授这个语法结构的意思更容易被学生接受。这一策略从信息加工理论可以给出解释,通过运用多种编码手段加深对生词和语法的记忆,又通过与具体语境的联系巩固和运

用,使学生能较快较深地掌握和运用所学的语言形式和功能。

第二,让学生在教学媒体中进入话语语境。可以利用视频、动画提供的情节,请学生进行角色扮演,或者配音,让学生直接进入话语语境中感受不同角色人物说话的语气和方式。

4. 学会设计信息差活动

从第四章的数据和分析中得知,课堂信息差与课堂活动类型关系极大。10位教师的课堂中共涉及角色扮演,口头报告,个人展示,做教材中的练习,读生词、语法及其相关的句子,用图片引导学生说出课文相关的话题、用动作引导学生说课文相关句子、用任务引导学生说课文相关话题,生词讲练,语法和句型讲练,课文讲练,课堂表达练习,课堂游戏等十三种课堂活动类型。如果按照对语言训练的偏重不同,可以划分为注重语言形式的活动和注重语言意义的活动。做教材中的练习,读生词、语法及其相关的句子,用图片引导学生说出课文相关的话题,用动作引导学生说课文相关句子,生词讲练,语法和句型讲练,课文讲练等都是关注语言形式的活动,而角色扮演,口头报告,个人展示,用任务引导学生说课文相关话题,课堂表达练习,课堂游戏则更关注语言意义。

一般来说,关注语言形式的课堂活动类型产生的可预测信息与虚假信息会比较多,而关注语言意义的课堂活动类型产生的不可预测信息与真实信息会比较多。具体地说,以课本为中心,以跟读和复述形式帮助学生掌握课本提供的生词、语法和句子结构为主的活动一般不会有真实信息差,如D教师的课堂中,所有课堂活动都是围绕课本提供的生词和课文以及教师写在PPT上的句子进行,活动形式就是让学生记生词、学说句子、读课文、回答课文问题等等,基本没有交际性活动,也就没有真实的信息差。围绕课本中的材料,让一个学生问一个学生回答这样的活动可以让学生之间有一些虚假信息的交流,即提问者知道问题的答案,但是还是要问问题。D教师和I教师的课堂,学生请求信息中的虚假信息都在课堂上使用了一个学生问另一个学生问题的活动方式。口头报告或者个人展示活动会产生较多的真实信息和不可预测信息。C教师的真实信息差多,是因为在课堂活动中,教师设计了一项让学生介绍自己国家的特色菜的内容。有的学生准备不是特别好,教师通过不断提出问题获得关于特色菜的完整信息。F教师的课堂不可预测信息和真实信息最多,教师请求信息非常多,教师给出的虚假信息很少,这和她的课堂活动类型直接相关。首先,她用学生活动组织课堂,该教师的课堂前半段时间是由汇报的学生主导,由这位学生发问,组织其他学生讨论,因此教师给出信息中的 2 个不可预测信息也是回答这位学生的问题。在后半段教师主导的课堂中,只有 2 位学生向教师提问。其次,即使是在生词讲授环节也是紧紧围绕课文内容提问,如该课课文内容是学习找工作,生词中有职业一词,教师在学习的时候提出"在你看来,最好的职业是什么?""不受欢迎的职业是什么?"既帮助学生理解"职业"这个词,也给学生围绕这个词进行了一些交流的机会。因此,学生给出的不可预测信息就非常多。

信息差(information gap)是指说话双方拥有的信息方面的差别。因为对话的一方拥有另一方所没有的信息,所以交流成为必需。有人说"信息差的存在是交际双方进行言语交流的原动力"。在第二语言教学中,信息差指的是:"作为交际法的基本原则之一是信息焦点。它通过模拟真实的交际,促进参与者之间的信息或者意见交换而引起活动。在一个典型的信息差活动中,每一对或者一组的学习者都拥有部分或者不同于其他伙伴的信息。任务就是要把其他参与者还不知道的信息传达给他们。"在教学中增加真实的和不可预测的信息差任务可以促进持不同信息的学生必须使用目的语,通过运用一定的交际策略交换信息、填补空白而完成任务。这个交换信息、填补空白的过程就是话轮形成的过程。

因此,第二语言教学中的信息差任务(an information gap task)就是指在第二语言教学中,为了促进学生习得语言而由教师设计的要求持不同信息的学生必须使用目的语,通过运用一定的交际策略交换信息、填补空白而完成的任务。这种任务是模仿实际生活中的交际任务而设计的,但是比实际生活中的任务更适合学生的语言水平,更有助于学生在与同伴的交际中习得语言,提高语言能力。

信息差活动在第二语言课堂教学中有很高的价值,因为"信息差"是人与人交际的基本动力。学会设计信息差活动可以使课堂话语互动更加有效。

对于如何在课堂中提高学生的交际能力,第二语言习得的研究专家也有很多研究成果。其中最重要的是克拉申(Krashen)的 i+1 输入理论和斯温(Swain)的有意义的输出理论,以及朗(Long)综合二者提出的互动理论。互动理论认为只有输入或者只有输出是不够的,必须是在意义协商基础上的话语互动才能真正促进语言的习得,这是因为意义协商"连接输入、学习者的内在学习能力、尤其是选择性注意和以富有成效的方式的输出"。

信息差任务是在交际法(Communicative Language Teaching)[1] 和任

务型教学法（Taskbased Language Learning）[2] 中使用最多的一种组织课堂活动的方法之一。不过在对外汉语教学中，纯粹按照交际法和任务型教学法的方式组织教学的教师还不是很多，利用信息差任务组织课堂活动的方式却渐渐被接受。

信息差任务在师生之间、生生之间构建了真实或者接近真实的交际情境，有目的地围绕特定的交际环境和语言项目，让学生通过表达、沟通、解释和询问等各种语言活动进行意义协商，促进学生有意义的语言输入和输出，达到帮助学生学习和掌握语言的目的。在信息差任务互动中，需要学生把语言结构、语言功能、交际策略和文化因素等与语言交际相关的各方面能力都较好地融合在一起，因而能够有效地在课堂上帮助学生提高语言能力和语言运用能力。同时，它还能提高学生获取新信息的动机和参与课堂活动的积极性，让学生将学和用结合起来，一边学一边用。最重要的是它在学生现有水平基础上的提高，更有益于促进学生综合能力的发展。可以说，信息差任务正好满足培养学生交际能力的目标，同时也能够促进语言习得的语言互动，所以在现代的第二语言课堂上越来越多地被使用。汉语教学也不例外。

在 10 位教师呈现的 13 种课堂活动类型中，只有角色扮演略有信息差活动的特点，其他活动类型或者活动的主体是教师和学生，或者活动的内容是课文的模仿，都不能算是典型的信息差活动。因此，严格地说，10 位教师的课堂中，虽然有一定数量的信息差，但是没有看到非常好的由教师设计的信息差活动。

在针对 10 位教师的访谈中，只有 A 教师有一些信息差活动的意识。

W：那对你来说，你觉得上好口语课最难的是什么？

TA：嗯，学生的开口率问题。啊，我觉得怎样能找到一个问题，让他们愿意说，比如说，最开始的时候，你会一直处于一种，啊，你叫什么名字啊？你多大了？问两天就烦了，就不愿意说了。

W：嗯，然后呢？你怎么，就是你都用哪些方法让学生开口？

TA：开始的时候，他们互相之间也不熟，我就让他们下地随便溜达，告诉他们你随便找三个人问这些问题。然后，问完了以后，你再告诉大家。

A 教师在上面提到的"随便找三个人问这些问题，问完了以后，你再告诉大家。"已经有了一些信息差活动的雏形，但是还不是完全的信息差活动。因此，我们有必要对信息差任务活动做认真细致的分析。

学会设计信息差活动要从以下几个方面入手。

首先,要了解信息差任务构成的基本要素与信息差任务的种类。

信息差任务主要由说话人、不同的信息、任务目标(语境)三个大的要素构成。其中,任务目标是核心,根据任务目标,要确定说话人的身份和说话的语气,由于说话人的身份不同,他们掌握的信息也就不同,这些不同的信息都与任务目标相关。以常见的买卖东西的角色扮演为例,该任务的主要目标是要买卖东西,围绕买卖东西,就要有买东西的人和卖东西的人,即说话双方(这里的说话双方可以是 2 个个体或者几个群体)。买卖双方对有关此次买卖东西拥有的信息是不一样的,买东西的人知道自己大概要买什么,喜欢什么样子的,什么样的价格是能够接受的。而卖东西的人知道自己有什么,每种东西的价格是多少,在可以讲价的情况下,最多可以降到什么价格是能够接受的,或者还有哪些类似的东西可以介绍等等。

在现实生活中,信息差的种类非常多,但主要是事实差、观念差和供需差。事实差,是指和人物、事件有关系的各种信息。如,人物的姓名、国籍、年龄、家庭背景、父母、兄弟姐妹,爱好,事件发生的时间、地点、相关人物、发展过程和结果等等。事实差一般来说都是客观的信息。观念差,是指人对事物不同的认识和观点。包括价值观、世界观、对人和事的态度、感觉、感情,是主观性比较强的信息。供需差,与特定的需求相关。说话人一方是信息的高度需求者,一方是信息的高度提供者,双方需要信息的匹配程度相当高。如,招聘、买卖、租赁等市场行为,还有看病、咨询等征求专家意见行为。

根据信息差的种类,信息差任务也相应地分为事实差任务、观念差任务和供需差任务。事实差任务指的是和事实差有关的各种任务,主要是围绕人物、事件的客观信息而设计的。这一类任务在帮助学生获得对客观情况的表述能力和对理性认识表达的时候可以经常使用。而观念差任务指的是围绕观念差而设计的任务。这类任务可以更好地帮助学生练习对主观情感和道德情感的表达。供需差任务是围绕特定需求设计的任务。在活动中,学生要通过使用语言,根据自己所拥有的信息和需求的信息找到合适的匹配对象。

三种任务差活动的主要功能不同,教师如果能够根据教学目标合理选择,搭配使用会大大增加学生在课堂中运用各种话语类型进行表达的机会,尤其是进入真正的语言情境中进行意义协商的时间和机会。

其次,要了解信息差任务设计的基本方法与实施步骤。

信息差任务的设计有两种,利用真实的信息差和教师制造信息差。真实的信息差是指学生和学生之间、教师和学生之间因为身份、家庭、年龄等个人信息或者国籍、文化、民族等群体信息的不同而造成的差异。这种差异在课堂是真实存在的，教师可以充分利用。如，可以要求学生采访其他同学，问问他们的兴趣和爱好是什么等等。教师制造信息差的方式是在课堂中真实信息差不足的情况下，教师根据学习目标而设计的语言环境和在具体的语言环境中每个角色的身份和特点，学生需要根据教师给自己设定的身份和特点完成任务。如在商店、在邮局、在银行等地方买东西、邮寄东西和换钱的活动。这样的活动在课堂中大部分是通过模拟实际生活中的情境来完成的。这是由于真实的社会活动中，另外一方的说话人的语言可控性差、耗时长，超出了学生的最近发展区，不利于学生的语言习得，所以不适合在课堂上使用。

　　实际上，在真实信息差任务和教师制造的信息差任务中间，还有一种是真实的信息差任务，这类任务的目标由教师给出，如找路、打电话预订机票、火车票等。学生需要根据教师的任务目标通过和课堂外的信息拥有者交流才能完成。

　　在具体的实施步骤上，设计时要注意一个完整的信息差任务活动常包括三个部分：语言学习活动、角色扮演活动和分享信息活动。语言学习活动是教师指导学生，了解在信息差任务活动中需要使用的生词、语法点和功能句型。这在交际法和任务型教学法中是很少出现的一个步骤，但是在很多教师看来却是一个十分必要的。因为语言课堂教学的主要目的之一就是要尽快促成学生语言的习得，提高语言能力。有目的地集中训练可以加速学生语言习得的过程。角色扮演活动是学生根据教师设计好的任务扮演角色，运用学习到的语言点完成教师设计的任务。信息分享活动既是学生完成任务后对自己获得的信息进行总结的一个环节，又是一个语篇能力的学习和习得过程。这三个步骤能够充分实现《国际汉语教学通用课程大纲》中提出的培养学生"语言综合运用能力"的目标。

　　再次，要了解常见信息差任务的设计方法。

　　事实差任务的设计中，教师可以根据课文或者教学大纲的目标设计表格。如，在初级阶段，大部分话题都是认识新人、问候，询问国籍、年龄、身份、住址、电话号码等等。教师可以设计表格（表6.1）发给每个学生。将任务设计成表格，让学生通过使用汉语填写表格中空白信息的方式使任务更加简单清楚。这种形式可以让学生在完成任务过程中不知不觉地说或者听若干次教师要求学生掌握的句型。因为是有意义的交流，学生不但不会觉得枯燥，反而会越说越有信心，能够增强学生运用汉语做事情的成就感。

表 6.1　事实差任务举例

姓名	国籍	年龄	住址	电话号码
小组汇报	汇报例文： 　　今天我认识了_____位同学。_____是_____国人，今年_____岁了，他住在_____，他的电话号码是_____。_____是国人，今年_____岁了，他住在_____，他的电话号码是_____。认识他们，我很高兴。			

　　表 6.1 中给出了小组汇报的语言形式。这一步骤的目的是为了培养学生语篇表达的意识和能力。很多教师认为在初级阶段，学生的语言能力不够好，还不能进行成段表达。实际上即使在初级阶段，学生母语的语篇能力完全可以迁移到第二语言的学习中。给出例文，学生可以根据表格中的语篇形式进行汇报，也可以按照自己认为合理的方式汇报，主要是帮助学生建立用汉语进行语篇表达的意识，然后慢慢形成能力。

　　在表格中教师还可以附上学生在进行角色扮演时需要使用的功能句型。主要是为了帮助那些在语言学习阶段还不能熟练说出功能句的学生能迅速找到自己需要说的句子。

　　观念差任务的设计可以用对比式图表。如果想在课堂中帮助学生练习以下一些功能项目：①表示知道：听说过，从……看 / 听过，不太了解；②表示怀疑：这是真的吗，不会吧；③表示评价：挺……的，……极了；④表示同意、赞成：……说的一点儿也不错，我也这么看。教师可以根据课文内容设计一个任务，如，了解同伴在学习汉语过程中遇到的问题，共同探讨解决办法。要求学生尽量在谈话过程中用上这些功能句，并完成下面表格的填写。

表 6.2 观念差任务举例

我遇到的问题	我同伴遇到的问题	共同问题	不同问题	解决办法
小组汇报及其记录	汇报例文： 　　今天我和我的同伴讨论了在学习汉语过程中遇到的问题,我的问题主要是……他/她的问题主要在于……等几个方面。我们遇到的共同问题是……。不同问题有以下几个方面：一是……；二是……。另外,我们还针对这些问题探讨了一下解决的办法,对于……问题,他/她的建议是……我觉得这个建议非常好,以后我要试一试。对于……问题,我们解决的方法不太一样,他/她的方法是……我的方法是……我觉得我们方法不一样的原因是……			

　　在表 6.2 中,共同问题和不同问题需要任务完成者自己总结和归纳。对学生自由运用汉语的能力是一个考验。汇报例文给出的是一个语段的框架,包括对上下文起衔接和连贯作用的词或者句子,目的就是希望学生能够在潜移默化中学会汉语篇章的组织结构。

　　供需差任务在设计时需要极高的匹配度。教师在设计时可以设计简单的同伴活动,也可以设计全班的活动。以求租和出租房屋为例,把学生身份分别设定为求租者和出租者,给出的信息如表 6.3.1 和表 6.3.2。

表 6.3.1 供需差任务举例

求　租
二室一厅房间。要求有客厅、两个卧室、厨房、卫生间,还要有家具,有一只小猫。 　　每个月 2000 元左右。

表 6.3.2 供需差任务举例

求　租
两室一厅房间。有客厅、两个卧室、厨房和卫生间。2500 元/月。不允许养宠物。需要先付一个月的押金。

　　如果教师有时间就可以将活动设计得复杂一些。把学生分成两大组,一组是求租者,一组是出租者,同时给出更多的求租信息和出租信息,学生要和

不同的人交谈,找到自己需要的信息。而学生的汇报主要是描述出租／求租的经过。教师可以要求学生除了描述事件过程以外,还可以描述对方的相貌、说话的语气等等。

最后,要注意信息差任务设计应遵循的基本原则。

第一,要遵循真实性原则。主要是因为其教学理念是希望能够在课堂上尽量培养学生应对现实生活中遇到的各种问题的能力,主要是运用第二语言处理事情的能力。因此,任务的真实性非常重要。"以建构意义为目的的互动应尽可能体现真实交际的特征。在尽可能真实的交际过程中,学生需要积极思考,充分调动已经掌握的知识和技能,表达真实的思想,这种学习过程有利于学生建构新的意义"。

第二,要遵循目的性原则。这里的目的性包括任务目标和学习目标。任务目标要服从学习目标。这主要是因为课堂教学要有目的,课堂中所有活动都必须围绕教学目标进行。所以信息差任务中教师要认真分析目标语言和语言功能,要尽量设计能够使用目标语言和语言功能的任务。在确定目标的过程中,教师要注意遵循 i+1 原则,将任务难度控制在合适的程度。难度过高或者过低都达不到效果。

第三,可操作性原则。课堂中的任务活动操作起来不能难度太大,要把重点放在学生完成任务上,而尽量减少解释活动规则的时间。因此任务规则要明确简单。要控制活动项目的数量、时间、人数。时间太长或者活动项目太多都有损教学效率。

第四,要遵循学生为本的原则。任何教学活动都要尊重学生的特点,以学生为主,信息差任务活动也是一样。信息差任务活动是基于对生活场景的模仿,因而对于年龄太小或没有经历过类似生活场景的学生,这种活动就不太适合。

另外,还要维护学生的自尊心和保持学生的学习兴趣。对于不同水平的学生可以考虑给不同难度的任务。如果学生的水平低,教师设计给出学生简单的信息和身份就可以了,如果学生的水平高,教师就可以给出比较复杂的信息,让学生通过协商、沟通获得自己想要的信息,以达到任务目标。

总的来说,信息差任务活动能够很好地促进学生的语言习得,尤其可以充分发展学生的交际能力。在汉语被普遍认为难学的情况下,运用信息差任务设计课堂活动,可以使汉语课堂教学更有活力。

（二）调动学生参与课堂话语互动的愿望

口语课是以语言输出为主的技能训练课。语言输出的基本过程是说话者有说话的愿望——从大脑记忆库中提取言语信息——把言语信息排列组合成句子——选择合适的表达方法。在这个过程中，说话者的表达愿望是第一步，如果没有表达愿望，就不能发生话语互动行为。从第四章有关信息差、话语引发和有关对课堂话语沉默的数据中，可以看到有的课堂学生表达的积极性很高，课堂交际性特点就比较强，有的课堂学生不愿意表达，影响课堂正常的话语互动。因此，调动学生表达的愿望是重中之重。

1. 向学生表达积极期望

向学生表达积极期望非常重要，这是因为"作为教师，如果我们对学生的成绩抱有乐观的（当然是在一个现实范围内的）期望，并将他们的成败归因于他们或我们能够控制的事情（他们的努力、我们的教学方法等），那我们就最有可能会促进学生的学习，激励学生取得更好的成绩"。教师对待教学的热情、课堂内外对学生激励的语言、对学生学好汉语的信心等都会感染学生，让学生愿意克服学习中的困难。教师需要了解学生遇到的问题，有针对性地运用合适的办法帮助他们，在解决问题过程中，不断激励学生。比如，很多留学生都觉得汉语是世界上最难学的语言之一，特别是汉字和声调。在表达过程中，他们也常常因为发音不准而不能准确表达自己的意思。教师需要帮助学生掌握正确的发音方法，训练学生形成一定的发音习惯，更重要的是要在训练的过程中及时发现学生的进步，并表达相信学生能学好汉语的信心。

2. 调整教学方法

在访谈中，E教师说："我觉得很多教师有一些固定的思维模式，就是你的学生应该是一个什么样子，就是学汉语的学生应该都是一个样子，可是我不是这样看的，实际上是应该对各种各样的学生都要有心理准备。"（TEF）这说明教师已经意识到学生有不同的特点，学习风格和学习策略的不同会让学生在学习的过程中表现出不同的喜好。因此，E教师认为，好的语言教学应该是教师"铺一条路，让学生很容易地走上去"。（TEF）

这样一条学生"很容易地走上去"的路，需要一些教师在教学方法上有所改变。传统的教学都是针对课本确立教学目标，然后根据教学目标讲练，需要学生做预习和复习。这对于那些自律性强，能够自主学习的学生非常有效；但是对另外一些不能通过自主学习获得知识的学生学习效果会差一些，他们需要教师降低学习难度,通过教学活动培养学习和思考的习惯。因此,教师应该分析不同学生的特点,通过调整教学方法,让学生在学习过程中有动力继续学习。

在 E 教师看来,"在口语课堂,人即教师和学生的因素,是会根据人的行为、性格及对教学行为的设计而大相径庭。教师往往通过自身对教学的理解和执行,可以掌握学生的情绪,随时对教学方式方法进行调整,即使是同样的教学活动,不同的教师会产生不同的教学效果。比如好多教师都纠结的课堂纠错,实际就是教师处理艺术的问题。擅长鼓励的教师会在给学生纠错的行为中,借机给学生更多的鼓励,并给予全班更多的操练,不会让单独受到纠错的学生感到不适,同时还能完成纠错任务。这样的教学方式不但完成了教学任务,同时也会让教师和个体学生内心产生共鸣,容易让全班学生更好地理解教师的行为。教材是死的,活的人才是教学互动中决定性的因素。"(TEF)

E 教师在这里一直强调教师的教学方式对课堂教学的决定性作用。从课堂观察来看,E 教师一直追求通过改变教学方式提高教学效果。比如在课堂教学中有意识地使用手势语;按照"听说法"的训练方式训练学生语音、语法的准确性;利用结构的方式让学生练习自由表达等等。

实际上,每位教师都可以通过对课堂教学的思考,根据自己的特点,找到适合自己的教学方式。

3. 增加课堂的趣味性

在针对学生 B 的访谈中,当我问到喜欢哪位教师的口语课时,这位在中国已经学习了四年的学生说:"刘教师。"这是一个让人惊讶的答案,因为四年中教过这个学生的教师中有 2 位是非常有教学经验的,而学生提到的"刘教师"只是一位还未毕业的研究生。问其原因,他说:"因为他对韩国学生很理解。我们对哪方面不明白,哪方面不感兴趣差不多都理解。所以他讲课的时候我们都很有意思。每个课堂里加好几个游戏或者小故事,让学生不会受到无聊和没有意思。"(SBF)。

在与学生的聊天中了解到,学生 B 口中的"刘教师"不止受到一个学生的喜欢,所以我专门对其进行了访谈,希望他说说自己讲授口语课的心得。当我把访谈的意图告诉他以后,很快他认真地用文字回应了我。

"口语教学与其他教学相比是特殊的,口语教学要更加灵活,更注重变化。口语教学领域分为教学方法和教学方式,两者不能等同,方法是大众的,但是方式是个人的。教学方法在古今教育大师的摸索下多种多样,听说法、任务法等等,在这些方法的指导下教师们可以有章可循地进行教育活动,而同样的教学方法在不同人的运用下,便催生出了不同的教学方式。那么在同样的教学方法下,有的教师的教学效果很好,有的教师的教学效果却并不尽如人意,其原因我认为是每个教师的教学方式在起作用。教学方式可以理解为每名教师的教学风格和特点,有的幽默诙谐,有的沉稳庄重,而这些对于学生的直接影响就是学生上课的状态。

对于一堂口语课,我觉得除了学生对于课本的掌握程度,更重要的是学生上课的状态,学生的状态好了,活跃了,那么他们的思维就一定是活跃的,这样对于口语课上的一些交流性的练习,学生的反应更快,效果也会更好,记忆也会更加深刻。我认为学生上课状态的好坏和教师上课的状态是密不可分的。教师上课时的状态是有气无力,那学生的状态也一定不会好,教师一心想着下课,那学生会比教师更加期待下课。所以我上课时尽量保持较好的精气神:

第一,授课时声音要大。因为教师行业女性较多,轮到我来上课时,一定要让学生感觉到自己讲课的一种不一样的气场。

第二,用适当的幽默和夸张的动作来为课堂保鲜。学生学习的过程中一定会经历一个疲劳期,每当这个时候,我便会用一些有趣的课外知识来调动学生的状态,要想取得一个较好的效果,就必须知道学生喜欢什么,对什么感兴趣。比如蒙古学生,我在一次教学中拓展了一些中国文化知识,发现他们对中国的一些处事文化和中国的地理概况等,有着浓厚的兴趣,那我便回去专门准备了一个关于中国人如何送礼物的专题,什么东西可以送,什么东西不能送,在学生较为疲劳的阶段适时拿出来教学,然后用这些再进行问答式的口语练习,效果非常好,学生的状态兴奋到连休息都不让。如此,我在以后便准备了许多的小专题,如,中国的地理概况(河流,名山等等),中国的各种交通方式,中国的名人,中国的品牌,中国的食物等等,都取得了很好的效果。

第三,我认为想让学生对一个国家的语言和文化感兴趣,首先教师要对学生的语言和文化感兴趣,在教学过程中,我向蒙古的学生学习了一些简单的蒙古语,如真棒(马西散)、快点(的喽后)等等,在学生有点儿走神时用蒙语提醒,常常会引来一阵笑声。并且在教学小专题时也向学生去了解他们国家的知识,如在讲中国食物时,我了解到,蒙古人吃马肉;在讲交通时,问他们的交通特色,有同学回答骑马等等。让学生不仅仅处于一个学习者的姿态，也让学生扮演一个教授者的角色，这样让学生的课堂参与感更强，也让学生对我的课堂更有好感。上我的课也更加容易把状态激发起来。

第四，对学生有更多关注和适当的宽容。在上课时，我发现有些同学经常一来就选择坐在最后一排，所以在我以后的课堂，会让喜欢坐在后面的同学坐在前面，让他们知道，我是关注他们每一个人的，让他们随时保持一个上课的状态。宽容就是对他们不特别严格，允许他们犯错误，也给他们机会适当控制，让他们在我的课不要绷得太紧，让他们在我的课堂是放松的，不紧张，这样的状态接受知识是更加适当的。

第五，我认为对外汉语教师上课不应该是一种高高在上的姿态，要适当地融入学生，出现问题要积极客观地面对。一次在发作业时，发到了讲台边上的同学，我就把本子扔在桌子上了，没有手递手地传递。立刻就有学生问我，教师中国人给东西都是这样给的吗？我觉得疑惑，问她为什么这么说，她说在超市的服务员也是这样给她东西的，我意识到刚才的行为欠妥，所以连同服务员的行为我也一并道歉，并澄清不是所有人都是这样的，只是刚才距离近图个方便。一件小事让我知道，不同文化之间的文化冲突是具有隐蔽性的，不知道什么时候便会触碰到，所以以后我格外注意自己的小举动。如果教师高高在上、不予理睬就会导致其他的矛盾。放下身段，做学生的朋友。

第六，口语课的根本就是要让学生学习地道的中文，我认为教师不能被书本和教学方法限制住思维，在教学中要使用学生擅长的，听得懂的方式，如，教韩国学生时，一个学生对于一个句型不懂，我解释了很多遍，他还是听不明白，具体什么我忘记了，只是记得，前面的句子成分必须和后面的句子成分是同一类的。后来，我想起这名学生比较喜欢玩儿游戏，所以，我这样给他解答：这个句子，比如，前面这里是射手，后面接的应该也是射手，如果接成法师，那就不对了，射手接射手，法师接法师，明白了吗？这名学生恍然大悟，连连比大拇指，对我笑，说懂了懂了。所以我觉得不能被常规方法束缚住，敢于尝试，而且要了解学生，了解他们的思维方式和想法。这是我以做学生朋友的身份而了解到的关于他们的一些信息。（TLF）

这位没有多少教学经验却格外受学生欢迎的"刘教师"，从课堂气氛的调动、师生相处的方式、教学内容的调整等方面介绍了自己的经验，这些经验都是从具体的教学实践中得来，有效实用，具有极好的借鉴价值。

4.发挥一些特殊学生的作用

对外汉语教学课堂的学生来自世界各地，年龄跨度大，从十七八岁到七八十岁,职业也完全不同,有工作过的,也有没工作过的,却可以在一个班学习。这些学生因为学习汉语来到中国,暂时结成一个团体,Redl.F & Wattenberg.W. 在其著述中说道："一个团体创造出一些条件,让其成员照章行事;同时,这些成员的行为方式,也会影响到整个团体。"

在这个暂时形成的团体中,每个学生根据自己原有的性格、职业、爱好、语言水平等因素扮演不同的角色。教师可以着重关注年纪大的、原来职业是教师的、语言能力好的、性格活泼的学生,他们可以在课堂上做教师的"助手",和其他学生沟通。还有一些有特殊爱好的学生,会在课堂上增加很多话题。

大部分东方国家的学生对年长的人都比较尊重,所以如果他们能表达对年轻人的期待,年轻人一般都会听从。在 10 位教师的班级中,有一位这样的长者比较突出,他是韩国人,经常会帮助教师管理学生,告诉经常迟到、不认真学习的学生"如果不好好学习,就打电话给你们的父母",所以这个班的韩国学生在学习上都比较配合教师。

原来职业是教师的学生,上课的时候能很快理解教师做活动的意图,特别是在小组活动中,能够配合教师,组织其他同学一起完成,如通过点名的方式要求不爱发言的人说话或者提醒小组同学说话的时候要用上某一个词语或者句型。

语言能力好的学生能很快理解教师的话,在小组活动中对同学解释说明活动规则。性格活泼的学生会引发更多的话题等。

在教学的时候,尤其是进行班级管理或者小组学习的时候,有意识地把他们分在不同的组,不但能够把班级或者小组管理得很好,创建和谐融洽的学习氛围,也可以带动班级或者小组一起进步,取得语言学习上的成功。

另外一些有特殊爱好的学生,特别是在运动方面,会自发地组织活动,如果教师能够充分了解并利用这些活动,可以在课堂上找到一些新鲜的可供大家讨论的话题,既能活跃课堂气氛又会让口语课堂有真实的交流作用。

(三)掌握促进话轮生成的能力和技巧

教师要适当转变课堂效率的观念。在访谈中,发现教师有两种需要修正的观念。一种是时间的高效性使用,在这种观念下,教师觉得必须多讲生词语法;一种是活动多的课堂才是好的课堂。实际上,多讲生词和语法只是一种显性的输入,就学生习得而言,输入的东西不一定都能掌握,尤其是学习动机比较弱、学习自主性不强的学生,隐性的"吸纳"并不是很好。而活动如果不和学习目标相结合,就会变成为活动而活动,这样的课堂虽然有话语互动,但是学生在语言形式方面的提高会比较缓慢,使课堂教学失去价值。

1. 教师要有自我组建教学资源的能力

教材内容对课堂话语互动影响也非常大。教材能够给课堂话语互动提供语境、场景、话题和建构话语的词汇、句子等。但是教材受编写时间限制,有些内容不能及时更新,比如计划生育这样的内容,大多数正在使用的教材还是在讲"独生子女政策",一些新的事物也不能及时编写到教材中,如"微信""自拍杆"等。还有的教学内容本身就有问题,如C教师谈到在给中级班上课时遇到的问题,学生和教师都觉得难以理解。

首先,教师要改变"唯教材是尊"的观念,对学生难以接受和理解,远远超过或者低于学生学习水平的内容不讲或者少讲,增加实效性强的内容。几位受学生欢迎的教师都提到了改编教材的重要性。如"教材是死的,用教材的人是活的"(TEF),"我认为不能被书本和教学方法限制住思维"(TLF)。在观察中发现,学生话语量多的课堂也是因为在教材提供内容的基础上设置了其他的话题。F教师设计和大学教育有关系的个人展示活动,A教师的课堂有角色扮演等。

其次,教师要了解各类教学资源。除了教材以外,也有很多网站资源可以利用,同一内容的相关话题可以在网站上找到很多资料,尤其是文化类的教学内容。当前很多教材在编写的过程中都增加了课件和教案两部分内容,这些课件和教案制作的编写水平不一,需要任课教师根据学生的情况,进行调整,同时特别需要利用各类教学网站上的视频、音频资料增加课堂教学的趣味性。另外,视频资料可以提供说话的情境,具有全景再现语言场景的作用,教师可以充分利用。

最后,教师也可以组织学生自主设计教材,尤其是对于学生不感兴趣的需要删减的内容,教师可以鼓励学生讨论后增加自己喜欢的话题,找相关材料一起对教材进行改编。

总之,教师不能被教材束缚住,要敢于突破教材的限制,不能以完成教材任务为教学目标,而是着眼于学生语言能力的提高和语言知识的增长。

2. 选择合适的话题,让学生有更多自由表达的机会

美国学者Michael Long首先提出的互动假说是研究课堂话语互动的理论基础。这一假说认为单单有"输入"(input)是不够的,必须是"摄入"

（intake）才能促进第二语言的习得。把语言输入变成摄入最重要的途径就是交际双方在会话过程中进行的意义协商。他认为，互动过程中的意义协商对促进语言习得有着十分重要的作用。这是因为意义协商"连接输入、学习者的内在学习能力，尤其是选择性注意和以富有成效的方式的输出"。

访谈中10位教师均认为注重语言结构形式和语言功能，帮助学生在其能力允许的条件下表达是最有效率的课堂教学形式，因为它符合人的认知过程。但就整体时间分配来说，大部分教师的课堂，学生自由表达的时间还是相对较少。这主要还是在于教师关于课堂效率的认知，关于课堂教学的作用，说法很多。比较权威的归纳是："为学生在课外的后续学习做好准备，以及提供课堂外没有的学习机会。"语言形式的学习确实是课堂外没有的学习机会。但是如果只有语言形式的学习，能不能为学生在课外的后续学习做好准备是一个问题。在课堂上给学生自由表达的机会是帮助学生做好准备的一个手段，因此，教师需要精心在语言结构形式和功能的学习与学生自由表达之间找到一个合理的平衡点，每一方面都不能过多或者过少。

因为受课本限制，教师不能随意确定口语课的话题，因此要对课本提供的话题进行选择，要尽量给学生一个表达自由度比较大的话题。这样可以充分调动学生的学习动机和学习乐趣，提高他们对课堂的期待，进而促进他们的表达。

如，教材的话题是关于去图书馆的，E教师在利用这个教学材料的时候，很巧妙地通过一个表示变化的话语结构把话题限定在了表达自由度比较大的来中国以后的变化上。这一话题可以说的内容比较多，学生选择的自由度大，且可以根据自己的实际情况展开，不同兴趣和爱好的学生都有话可说，所以发言的7位同学分别谈到了上网、买衣服、吃饭、跳舞、看电影、玩排球、买质量好的东西等等，这些几乎是初级班学生所能涉及的全部话题。

给学生自由表达的时间可以从两个方面入手。一是关注活动设计，增加小组活动的时间。课堂的小组活动在以发展交际能力为目标的口语教学中受到重视的原因，是由于研究者认为在小组活动中，学习者的话语活动是在其"最近发展区"内展开，并且提供给学习者一个语言环境，可以从社会文化以及实际交际等各个方面对学习者产生多方面的影响。从对C教师课堂上仅有的不到10分钟的小组活动的观察来看，小组活动中的学生能够说出的话更多，也更具有场景适应性的特点。活动设计得好，可以大大弥补课本和学生性格特点的不足对课堂话语互动水平的影响。在学生有一定语言基础以后，教师有必要增加小组活动时间,以促进学生之间通过活动进行"意义协商",从而增加话语互动的机会。二是给学生话题,让学生练习后自我表达。A 教师和 E 教师的课堂使用了这种方式,2 位教师都给学生一个基本的语段结构,让学生按照给出的结构进行表达,学生的话语输出质量非常高。

这两个方面一个是练习学生的对话语篇能力,一个是练习学生的独白语篇能力,两种语篇能力关注点有不同,但都是口语表达的基本能力。

3. 提高课堂提问能力,精心设计问题

在课堂话语互动中,问题对沉默的影响最大。好的问题可以充分调动学生的积极性。很多学者从难易度、开放度等方面对问题的设计进行研究,也有很多成果。但从对外汉语口语课堂的角度来说,一个优秀教师设计问题的能力主要体现在他是否能够针对学生的水平。在这一问题上最为显著的是 I 教师的课堂,从问题设计来看,I 教师的问题属于常规问题,如果是在正常的教学班,她设计的问题都会得到学生的回应,甚至还可以引发学生思考和讨论,但与其所教班级学生的特点相脱离,因而引发的无意义的沉默比较多。针对这个班的学生,首先要考虑的应该是通过哪些问题能让学生愿意开口说话,然后才能考虑通过什么样的问题让学生学到新的语言知识和能力。关于应对动机不足学生造成的第二语言课堂沉默的策略,教师在问题的设计上重点要关注学生的语言能力,避免提指向不明、过于复杂和难以回答的问题。具体可以从以下几个方面着手修正。

第一,考虑问题的层级性,由易到难地设计问题。句子由词组成,先学习或者复习组成句子中的词汇可以降低学生听或者说的难度。如学习打电话的话题,直接问:"你的电话号码是多少?"如果电话号码是新词,学生对数字还没有达到能够流利说出的程度就会造成很多沉默。比较好的做法是先帮助学生熟练掌握数字的读法,然后学习电话号码,再练习要学习的句型可能对大多数学生来说就比较容易了。

第二,问题紧紧围绕课文。在访谈中,D 教师和 E 教师认为,教师能想办法让学生在课堂上把课本中涉及的内容都练好了已经很不错了。因为课本内容是经过很多专家的论证而编写的,而且学校在选择课本的时候也是精心挑选过的,所以教师完全没有必要再另外找材料让学生学习。两位教师的经验就是用各种办法充分利用课本提供的话题,从词汇、语法结构、成段表达等方面给学生设计问题。

第三,问题要尽量以全体学生为对象。教师针对个别学生的问题也应该对其他学生有帮助。如课堂上,教师让一个学生说电话号码,教师拨不通以后,走到学生跟前与该学生确认,学生看了 4 秒钟以后,说不是。该教师就换别的问题了。这次课堂行为用时 3 分钟左右,但只对被提问的学生有意义,其他学生都是在无意义的沉默中,尤其是教师向被提问学生确认电话号码的沉默中,其他学生没有任何思考。这种情况完全可以把该学生说的电话号码写在黑板上,让大家一起确认,效果会大大不同。

第四,区分展示性问题和参考性问题。展示性问题是有固定答案或者教师已经知道答案的问题,参考性问题是没有固定答案或者教师不知道学生会怎样回答的问题。从对表 4.17 的统计分析中可以看出,展示性问题教师给学生沉默的时间控制在 2—4 秒比较合理,而参考性问题最好给学生充分的准备时间。因为参考性问题在教材上找不到答案,学生必须自己组织语言回答,如果教师希望学生的答案质量比较高,那就需要给学生准备时间。如,F 教师在课堂上设计的要求学生组织教学活动的内容是开学时就分给学生任务,还要提前一周提醒所有学生,并跟报告学生商量课堂报告内容与课堂活动方式。D 教师的学生汉语的实际水平低于教材内容要求的水平,但是课堂沉默总次数不多,主要是教师用这一方式比较多。给学生充分的准备时间可以让学生更有信心,表达也会更准确流利。

4. 提供多样化的反馈形式

从第四章师生话语互动中"与前一话语合并"一项和调查问卷可以看出,教师多以重复作为话语反馈形式,而对其他形式的话语反馈重视不足。即使是重复这一话语形式的使用,也多是简单地、习惯性重复和以加强记忆为目的的重复,而重复的其他功能运用得也比较少。因此,教师应该有意识地丰富自己话语反馈的形式,运用多种形式帮助学生学习语言。

几乎所有教师都认为口语课堂教学是要帮助学生提高口语表达能力,但是对影响学生口语表达能力的因素思考不多,E 教师在访谈中认为自己理论学得不多,是根据自己以前学习英语的感觉和经验教学。A 教师觉得自己在上研究生的课程时学了很多,知道了很多概念,但是和实际教学还不能结合得很好。D 教师对自己的教学有信心,因为做过研究,所以对课堂教学有一些很好的心得和体会,认为自己可以根据学生的情况和需求开展合适的教学,帮助学生提高口语水平。访谈中发现,A 和 D 教师对课堂中提高口语输出水平的影响因素只考虑了学生、教材和活动三个因素,对更细致的如教师问题的分类、教师反馈语言的方式以及学生话语交流的方式等等了解不多。这些可能是导致教师课堂提问类型、策略和反馈单一的主要原因。

　　教师需要注意的是很多教师有了一定的教学经验以后，认为自己能够把握教学流程，上完一节课就基本满足了，不注意对自己的教学进行反思。而另外一些教师则愿意通过不断思考提高自己的教学水平和能力。如，E教师的课堂中手势语的使用，就与他对手势语的重视是分不开的。虽然很多研究表明，体态语具有非言语交际的功能，如重复、替代、补充、调节、强调、否定、掩饰心情等，但是E教师通过自己的实践总结，强调"教师利用体态语鼓励学生、传递信息、强调重点、给予反馈，尤其在对外汉语教学的初级阶段，体态语的使用更为频繁和重要"。因为重视体态语的运用，E教师的课堂利用手势语帮助学生记忆、提示话语内容、引导学生回忆课程内容、进行课堂管理等。对体态语的充分利用让E教师的课堂有很好的节奏感，从而对学生的注意力水平、语言学习记忆和学生开口说话的次数都有极大的帮助。

　　另外，调查结果表明，学生倾向用重复和改述的方式解决互动中遇到的障碍，教师在课堂中需要多利用这种倾向。学生问卷第31题是"上口语课的时候，如果你听不懂教师的问题，你希望＿＿＿。"选项是：A.教师再说一遍；B.同学用我能听懂的语言告诉我；C.教师换一种方式再问我一次；D.教师让别的同学回答。第32题是"上口语课的时候，如果你说话，教师和别的同学都没听懂，你会怎么做？"选项是：A.放弃，不再说话；B.换一种方式说；C.说别的事情；D.用母语问别的同学，请他们帮忙说。就第31题看，当因听不懂而造成交流障碍的时候，大部分学生（59%）希望教师再重复一遍，另外有一些学生（26%）希望教师换一种方式说。32题，当自己说的话不能被理解的时候，大部分学生（59%）会换一种方式说，另有一些学生（22%）选择用母语问别的同学，请他们帮忙说。

图6.1　学生听不懂教师问题时，希望教师给予的反馈方式

2%

26%

59%

13%

■ 教师再说一遍

■ 同学用我能听懂的语言告诉我

■ 教师换一种方式再问我一次

■ 教师让别的同学回答

图 6.2　学生说的话别人听不懂时,希望得到帮助的方式

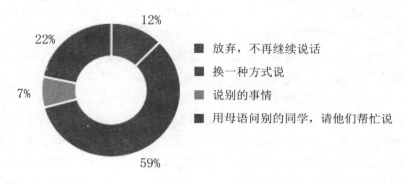

12%

22%

7%

59%

■ 放弃,不再继续说话

■ 换一种方式说

■ 说别的事情

■ 用母语问别的同学,请他们帮忙说

(四) 要尽量保证学生输出话语的质量

从学生话语输出质量来看,E、F2 位教师的课堂,学生有较高水平(指在学生现有水平基础上的)的话语输出。B、H、I 教师的课堂学生缺少高质量的话语输出(指在学生现有水平基础上的)。从学生对教师课堂教学的评价来看,E、F2 位教师的教学效果评价最高,都在 95% 以上。特别是 F 教师的学生,在笔者去班级录课的时候,有学生专门跟笔者介绍:"我们的教师特别好,我们都喜欢我们的教师。"(TFF)

新的课堂教学理念是要培养出学生接近日常生活会话的表达能力。因此,都主张分析日常会话中的各种话语结构模式和话轮转换方式,用以帮助教师了解日常会话的特点,从而确立口语教学的具体目标,找到更利于学生口语能力增长的策略方法。

倡导话语互动,目的不是为了让学生说话,虽然有一些学生愿意上口语课的原因是有机会能跟同学聊天。在口语课上提倡话语互动是为了学会使用语言。为了使这种习得更有效,教师需要用一些策略引导学生准确流畅的表达。话语输出 / 语言产生主要通过两种形式显现,一是会话型语篇,一是独白型语篇。"在会话中,说话人必须互相协调;在独白中,说话人则必须计划如何在不受他人干扰的情况下独自进行"。虽然两种话语形式不同,但是基本都要求涉及话题的广度、语言的准确度、流利度以及连贯性,会话型语篇还要求有互动性。为了达到这样的目的,教师需要在课堂中对学生语言的表达有一定的限制。

第一,要注意语音教学和对学生语音的修正

学生调查问卷第 10 题"上口语课的时候,你希望教师在什么内容上用的时间更多一些?"有语音、词汇、语法、汉字、根据课文内容练习口语表达、教师找到课本以外的内容一起练习口语等六个选项,294 份有效问卷中,有86 份选择了语音,占所有人数的 29%,是六个选项中比率最高的一项。这说明学生在语音教学上的需求比较大,远高于对互动的需求。在针对学生的访谈中,几位学生都觉得语音重要,有的学生还说"那个就像人的脸"(SDF)。与学生的重视相反,在所观察的课堂中,除了 E 和 D 教师以外,大部分教师在学生语音修正和语音教学方面用的时间都不多。产生这个问题的原因主要是 80 年代以后,随着交际法在中国被广泛接受,很多教师更关注学生表达的意义和学生对学习语言的兴趣,担心在语音方面的纠错会损害学生的兴趣,因此,即使在初级阶段也少有教师对学生进行正规的语音训练。

语音面貌在口语表达中非常重要,因此,在各个阶段都要重视语音教学,在初级阶段尤其重要。汉语中有很多音是其他语言中没有的,需要专门反复地训练学生才能找到正确的发音部位,学会正确的发音方法。汉语的声调也一直是学生学习的难点,在各个阶段都有相关的训练才能保证学生在语流中不会出错。在初级阶段,特别是针对零起点的学生,需要给他们以正规的语音训练,不一定是开设专门的语音课,也不一定是必须在开始学拼音的时候每一个音都要发到正确为止,可以把正规的语音训练融入学生交际性的练习中。而到了中高级阶段则需根据学生发音的问题开展有针对性的训练。

第二,提供有效的可供操作的话语结构

独白式语篇经常有一些固定的结构,学会运用这些结构会让学生的表达条理清楚。10 位教师中有 3 位教师的课堂中都有成段表达的要求。A 教师让学生根据课后题中的图片,用"我喜欢……,我不太喜欢……"回答问题等等。D 教师要求学生不看书,用"第一……,第二……,第三……"回答课文问题;E 教师直接给出一个话题的表达结构,"刚来中国的时候,我不知道……,……告诉我……,后来,……。"让学生运用给出的结构说出自己来到中国后的生活变化,虽然要求不太一致,但从学生话语输出的情况看,只要方法得当,即使是在初级阶段,学生也是完全有能力进行成段表达的。可是,遗憾的是,在中高级班的课堂没有看到有教师采用这种方法让学生进行表达。实际上,即使是在中高级阶段,这种根据话语结构进行表达训练的方式也是十分必要的。

第三,重视学生话语的自我修正和对学生典型偏误句的分析

很多教师都很重视学生话语的自我修正,引导学生自己改正错误的发音和句子,但是与其他教师相比,D教师对学生在表达中的偏误句反馈更复杂一些。她的基本方式如下:根据学生能力要学生自己修正或者教师修正,然后教师说一遍正确的句子,并说明改正的原因,之后要求学生再说一遍正确的句子。其他教师大部分都缺少说明改正原因和要求学生说出正确句子的环节。B教师的课堂中,学生说出:"我们一起常常玩玩。"教师只是简单地帮助学生改正了一下就结束了。实际上,这是本节误中教师带领学生操练的两个主要句型之一。因为教师没有强调频度副词和"一起"同时出现时的位置关系,学生就出错了。E教师在操练句型"要是……就……"时也有同样的问题,学生在"就"与主语同时出现时,将主语放在了"就"的后面,教师在帮助第一个学生改正的时候,没有具体强调和说明原因,导致后面有一个学生接着犯了同样的错误。

自我修正和对学生典型偏误句的分析可以促进学生有意识地学习,帮助学生理解和记忆语言的形式规则,从而加快语言的习得。

第四,有意识地教给学生一些促进话语互动的表达方式

汉语本体关于话语互动研究开始时间比较晚,目前还缺少比较系统的知识介绍,已有的有关话语互动的研究大多以英语为基础,汉语有关话语分析的研究多是基于对汉语书面语的分析和讨论。针对汉语口语话语互动的研究非常少。因此,在对外汉语口语教学中,很多教材都没有体现话语互动方面的研究成果,如果教师没有足够的自我提高意识的话,在教学中很难注意到话语互动方面的知识和教学。因此,要帮助学生在话语互动中有良好的表现,教师必须先了解汉语口语话语互动的一些组句成篇的基本规范,如衔接与连贯、信息与语句排列;也需要了解汉语会话结构的特点,如怎样开始和结束话轮、插入话轮和对答等等;还需要了解一些具有特别功能的话语标记语,如"你还别说""说实在的"这样一些在表达中具有停顿、过渡作用,并同时兼有提示和指示作用的话语。掌握这些知识和技能会使学生在口头表达时连贯而有条理。关于组句成篇的规范和话语标记语,教师可以通过讲解和演示,先告知学生知识,然后再通过设计语境帮助学生练习。关于会话结构的特点,教师需要帮助学生分析汉语和学生母语在相同情况下的不同特点让学生理解,然后再组织活动让学生在活动中使用,教师再评价和指导。

第五,增加口语教材中有关篇章内容的知识和训练

对外汉语口语课堂和对外汉语综合课堂对学生口语表达的要求比较高,要求学生的话语输出有较高的质量。从访谈中可以看出,无论是教师还是学生,在教与学的过程中对教材的依赖性都很高,因此,编写有利于学生话语输出的教材也非常重要。刘珣在总结教材作用的时候提到"在第二语言教学中,教材起着纽带的重要作用。教材体现了语言教学最根本的两个方面:教什么和如何教"。对于汉语学习者话语互动方面的教学也是如此,认真做好教材的编写,可以提高教学效率与质量。在编写教材时,有以下几点建议仅供参考。

一是研究篇章语法教学大纲,使教材编写者有章可依。早在 1999 年,吕文华在《关于中高级阶段汉语语法教学的现状与构想》一文中已经具体谈到句群教学的问题。指出句群教学在中高级阶段主要围绕划出中心句、句群的功能结构和句群的组合方式等三个方面进行。并在每一方面下又分别列出了一些小的方面,虽然不是非常全面,但是实际上已经初步显现了要建构中高级语法的想法[3]。但是一直到现在关于篇章教学从什么时候开始,每一阶段应该完成哪些内容还缺少比较细致深入的研究。《高等学校外国留学生汉语教学大纲》在语法项目表中列有语段一项,涉及内容很少,只对篇章主题推进方式和篇章衔接手段做了比较少的总结[4],远远不能满足教材编写的需要。因此,需要专家学者一起努力,研究编写相关大纲,让教材编写者在编写教材时有据可依。

二是借鉴汉语本体研究的成果,注意教材中篇章训练的系统性。一般来说,语言教学都是由小的语言单位的教学逐渐过渡到大的语言单位的教学,篇章教学也不例外。在学生掌握了字、词、句以后,逐渐到段和章的学习是理所当然的。语段由两个或两个以上的句子组成,涉及句与句之间的衔接与连贯问题,也涉及句子的先后问题。因此,建议从中级阶段开始,每课课后编写汉语衔接与连贯及语段结构知识讲解,并在课后设计一些相应的练习。这样按部就班地让学生逐渐学习到关于汉语话语互动的知识,并通过训练巩固知识,使知识转化为技能。

三是总结已有教材的经验和不足,使教材中的篇章训练更具实用性。篇章训练的现状仍然是没有可以遵循的大纲,那么对教材编写者来说,可以做到的就是总结已有的教材的经验和不足,使教材中的篇章训练更实用。

修改教材体例,增加篇章项目的说明和解释。《发展汉语》[5]口语系列

在这一方面已经做了很好的尝试。如增加"功能项目练习"部分,对课文中出现的重点功能句型做专门的训练。这样做是由于教师和学生习惯上把课文后面的注释和说明以及练习作为课堂教学的重点和难点,因此在教材编写时,应充分利用这一点,提醒师生多注意篇章教学,使教学重点凸显出来,那么教学就会有的放矢。

对篇章问题做细致深入地研究,增加训练项目的层级性。一般教材编写者在编写教材时,基本都会遵循题目由易到难、由浅入深的顺序。但在篇章训练中很多编写者只是简单地给出一个和课文相关的题目让学生来完成就认为是注意到语篇训练了,但是实际上,学生在这一题目下并不能习得或者只能较少地习得有关技能。在写作训练之前,编写者最好能给出一些和该话题相关的词及其使用环境,也可以通过提问的方式把与该话题相关的句子让学生说出来,还要给出一些衔接与连贯的提示,必要时再给出语体和文体,这样学生在写作时才会有话可说,从而得到真正的训练。

训练项目目的性要明确,每一题中应有具体的提示,运用"例示 + 练习"的方式。提示增强学生的目的性,提醒学生集中注意,例示帮助学生感知,练习帮助学生思考和创造。如,关于语段的训练,大部分教材都是通过排列句子的顺序来帮助学生理解句与句之间的内部关系,但未给出常用句段的内在逻辑关系。如果在某一课的课后集中训练学生按照时间顺序排列句子,那么教师讲授和指导起来也会容易得多,学生学完以后的直接经验和成就感也会很强。

四是配备教师指导用书。教师指导用书可以帮助教师理解教材的重点和难点,能够更细致地理解编写者的意图,同时也能提供更多更丰富的资料,使教师授课更方便。现只有《博雅汉语》有教师指导用书。就已有的观察来看,教师指导用书不仅方便了教师,也方便了学生,深受师生的欢迎。

总的来说,语篇教学研究虽然已经取得了很多很有意义的成果,但仍然是汉语作为第二语言教学学科建设亟待加强的重要研究领域,在教材编写中,要吸收已有的研究成果,将其应用到实践中,以使我们的语篇教学更有效。

(五)制定汉语口语课堂话语互动评价标准

1. 话语互动评价标准的作用及应用

关注口语课堂话语互动并不意味着课堂中有话语互动即可,而是要帮助学生提高话语的质量。从对外汉语教学这个学科来看,目前还没有比较好的针对不同课型课堂的评价标准,教师无法基于评价标准补充自己相关知识的不足。因此,无论从学科的构建还是从教师队伍的建设角度考虑,都很有必要制定汉语口语课堂的评价标准。

课堂评价是一个庞大复杂的体系,涉及教学目标、教学模式、教学法流派等等多个因素。对这些因素的不同思考会有不同的课堂评价。认同评价标准并不只有唯一的一种,但是从话语互动角度评价应该是其中一种比较有效的方法之一。因此,笔者只希望能够从课堂话语互动的角度提出一些自己认为有助于教师提高教学水平的维度以帮助和完善汉语口语课堂评价标准。

从话语互动的角度评价教师课堂教学主要是因为无论是中国还是外国都把培养学生交际能力作为外语教学的主要目标。《国际汉语能力标准》中明确指出:"制定<标准>的原则是:借鉴国际语言能力标准的研制成果,以交际语言能力理论为指导,注意语言的实际运用,同时体现汉语自身特点。"

课堂话语互动标准可以应用于针对教师口语课堂教学的评价中,用以帮助教师了解口语课堂的评价维度并在教学过程中实施;也可以应用于职前或者职中的汉语教师培训中,让这些教师有意识地在课堂互动上多思考、了解促进课堂话语互动的理论和策略,加快教师专业成长。

2.制定口语课堂话语互动评价维度的建议

对外汉语口语课堂话语互动主要涉及两种类型,一种是教学程序层面的,是教师为帮助学生提高口语能力而在课堂上管理、讲授、组织学生活动等产生的话语互动;另一种是作为学生学习过程和结果表现的生生之间的话语互动。如果仅仅从教师的层面考量课堂话语互动,并不能全方位呈现课堂教学的效果,也会使教师过度关注语言意义,忽略学生对语言形式习得。因此,有关课堂话语互动的评价也应该从这两个方面着手,一个是教师为促进学生话语习得而体现的课堂话语互动评价,一个是学生为学习目的语而进行的话语互动评价。

关于教师教学程序层面的课堂话语互动的评价可以借鉴已经有的成果,尤其是 COLT 量表中所体现的各个考察维度。

教师话语互动考虑不同阶段的学生。根据学生的水平应该设定不同的教学目标。初级和中高级的课堂话语互动应该有相应的差别。比如针对初级水平的学生,以帮助学生习得构建目的语的基本语言形式为主;对中高级阶段的学生,需要以帮助学生形成在语言交流中自如流畅得体表达为主。

针对学生学习过程和结果的话语互动,应以学生的口语评价为标准,首先考虑话语形式,一般表现为独白式语篇和对话式语篇。独白式语篇对语言形式的要求相对较高,尤其是衔接与连贯;对话式语篇更注重话语互动的规则和技巧,如开始和结束话轮、插入话轮、毗邻应对、话轮转换与保持、话语标记语等。可以参照加拿大学者卡奈尔(Canale)和斯温(Swain)对交际能力标准的界定:语法能力、社会语言能力、策略能力。

二、在教师培训中的应用建议

研究和分析对外汉语口语课堂话语现状的目的并不仅仅是要对授课教师提出建议和策略,更希望能够通过对每个个案的研究,总结出能够应用于国际汉语教师培训的实践方案。国际汉语教师的职前和职中培训方式与很多实践性强的职业领域的职业培训相比还是比较落后的,目前学界已经意识到这一问题,并开始商讨对策。2015 年年底,由世界汉语教学学会和国家汉办支持的第十二届国际汉语教学研讨会的主题就由以往的纯理论性的导向开始向实践方向转变,将大会主题定位为"国际汉语教学理论与实践——课堂教学案例示范与研究",共设 10 个主要议题,其中有 7 个是希望参会人员提供各阶段各课型的教学案例。这表明,当下迫切希望通过各种实际案例的搜集和整理来推动国际汉语教学理论与实践创新。但如何分析和使用这些案例,仍在摸索阶段。本研究以此为契机,希望能够为案例分析和应用提供一种途径。

何菊玲在其著作中提出"教师实际上是一个成长中的人,需要不断地在与他人、与世界的对话中建构自己的知识体系,需要把知识变成完全个人化的、用自己生命去体会的而不是外在于自己的东西"。教师培养理念也发生了巨大的变化,即"由重视对教师进行专业培养开始转向重视激发教师自身的专业成长上"。

(一)关于建立课堂话语互动案例库的建议

案例教学法是 20 世纪 20 年代由美国哈佛商学院 (Harvard Business School) 倡导提出,通过来自商业管理的真实情境或事件培养、发展学生主动参与课堂讨论的积极性,实施之后,取得了非常好的效果。师资培训领域一直到 20 世纪 80 年代才接受这种方法。国内教育界开始探究案例教学法是近 30 年的事。而汉语教学领域更晚，一直到最近几年才有学者提出。教学的案例库建设也一直有人提议做，目前做得比较大的有国家汉办的国际汉语教学案例库、中央民族大学的国际汉语教学案例库和华东师范大学国际汉语教学案例库。还有一些教学单位在意识到案例教学对教师培训的重要性后，通过教学改革或者课程改革、学术立项等方式在小范围努力改变。以 D 大学为例，目前已经在所开设案例教学课程的过程中收集整理资料，分类保存管理。案例库的建设涉及汉语教学的各个方面，在这里仅就与课堂话语互动相关的案例建设提一些建议。

1. 开发用于教师培训的教学案例

目前案例库中的案例都是简单教学视频、音频或者文本，只是完成了资料收集和简单整理的步骤，缺少典型性，很多只有展示的价值，没有讨论和学习的价值。

要进一步对案例进行分拣，选择出可以用于教师培训的案例，然后进行分析分类，并给出使用建议。在培训的时教师会有目标的选择，也可以根据自己的不足，选择相应的案例自己学习。

用于教师培训的教学案例需要真实、典型、丰富，具有学习和可讨论借鉴的价值。

2. 增加课堂话语互动案例

案例库的分类方式都是从比较宏观的方面设立项目，没有关注到微观的课堂话语互动方面。以国家汉办的分类为例，在案例分类一项中设有：汉语语言要素教学、汉语语言技能教学、日常/专门用途汉语教学、教学法、教学活动、教学管理、中文文化与传播、跨文化交际、项目开发管理、教学资源、教师综合素质及教师适应性、其他等 12 个项目，没有与课堂微观教学相关的项目。与课堂话语互动关系密切的口语课和综合课教学中完全是以课程内容为标记。这种标记方式可以看出设计者是把案例看成某一教学内容的例子，而不是将之做成一个可用于讨论、学习和拓展观看者能力的例子。

课堂话语互动对汉语学习者的重要性在前面各章节已经有论述，增加课堂话语互动的案例可以完善国际汉语教学案例库的建设，也更有利于教师培训，使教师的课堂教学能力得到发展，并向细微处延伸。

3. 细化课堂话语互动案例的条目

所有的课堂都有课堂话语互动，但不是所有的互动都具有典型性，要认真研究每一个原始案例的特点，从课堂话语互动的理论和实践结合的角度入手对案例进行分类。

根据前几章节的研究，可以从话轮转换案例、课堂话语模式案例、教师提问案例、教师反馈案例、课堂话语沉默案例（教师和学生）、课堂话语重复案例（教师和学生）、课堂话语修正案例（教师和学生）几方面入手收集整理，还需要从学生话语输出的角度收集一些案例，了解学生在小组活动中的话语方式，以帮助教师学习怎样在学生小组互动中更好地促进学生之间的话语互动。这需要分类人员对每一种案例都能够做详细的分析，以便授课教师或者相关人员在使用时可以有针对性地选择。

（二）针对职前教师培养的建议

1. 设置课堂话语互动课程

按照 Richards[6] 的观点，高素质的教师的培养，需要采用"微观"和"宏观"两种方法。宏观的方法（macro approach）侧重观察整个课堂的教与学，以弄清教师、学生、任务是如何影响学习的。微观的方法侧重对教师的具体行为，也就是具体的施教过程、习得结果的研究，特别注重提问的技巧和方式，以及提问的数量与质量等等。因此，教师的职前培训除了要教会他们有课堂意识，还需要培养具体施教的能力。最好的方式是在课程中设置课堂话语分析课程，对于促进课堂话语互动的知识进行系统讲授。因为当前的对外汉语教学职前教育越来越规范，一些概念性的知识，职前教师都能够把握，如下面对 H 教师和 I 教师的访谈：

（对 H 教师的访谈）

W：你觉得怎么评价口语课的好坏比较合适？

TH：首先，是否根据教学内容和学生的汉语水平设置具体恰当的教学目标；然后，教师的教学设计是否合理，课堂内容和活动是否丰富多彩，生动有趣，学生的参与度，开口的机会和时间，课堂气氛，教师的应变能力什么的；最后是课堂效果，要看是否完成教学目标，学生是否喜欢等。更详细的，像教师的课堂用语是否简洁、简单易懂，教学语言是否准确，提问的问题是否有效，是否易于学生理解，教学手段是否多样，生词语言点地讲练是否清楚明了，纠错能力、纠错方式是否合适这样的。

（对 I 教师的访谈）

W：再问你一个问题啊，你觉得应该怎样评价一节口语课的好坏？

TI：我觉得首先最基本的要看有没有完成本课的教学目标吧，有没有完成教学内容，另外还要看教学效果，学生上完本节课有没有掌握口语方面的技能，如果是高级口语课，看学生有没有明白掌握本课的词汇语法点，能否运用关联词语成段地表达，还可以就某个话题进行成段表达。还要看课堂教学的氛围，师生互动，生生互动，教与学的比例，学与练的比例。

W：你觉得教与学、学与练什么比例合适？

TI：我觉得 3:7 比较合适。

W：这有什么依据吗？

TI：我记得教师上课的时候给讲过，讲练的比例。自己觉得用在口语课上也比较合理。

W：那为什么要看师生互动、生生互动？

TI：师生互动、生生互动可以观察学生的问答能力，也可以借此来看整个课堂的教学氛围。

I 和 H 教师是在校的对外汉语教学专业的研究生，在学习过程中，获得了关于课堂教学的理论性知识。如一个好的课堂要注意教学目标、教学内容、教学方法等，还要注意师生互动、生生互动等。这些都是意识方面的，在观察他们的课堂教学时，发现他们的具体做法和对课堂的意识还有距离，也就是从课堂意识到具体的课堂行动之间还有距离。

目前的国际汉语教师无论是职前教育还是职中培训，大部分都是按照从教学理论、汉语课堂教学要素和汉语教学课型几个方面进行，就整个课程设计来说，没有针对课堂的培训，或者即使有，也缺乏系统性和理论的指导。以 D 大学为例，与汉语教学相关的有两个专业——国际汉语教育专业和对外汉语专业。对外汉语专业是学术硕士，在教学目标上更偏向理论学习，没有单纯的教学实践、课堂教学案例分析类课程，培养学生教学实践能力的目标主要体现在"对外汉语课堂教学"和"对外汉语要素教学"两门课程中。因为课时限制，两门课程在讲授过程中，把重点放在语法教学和词汇教学的方法上。"对外汉语课堂教学"课堂中教师会讲授一些课堂提问的方式方法，可以说是和课堂互动的知识有一些关系，但是在教师对学生教学的指导过程中，教师很少关注课堂提问这一方面。国际汉语教育硕士专业是专业硕士学位，在教学目标上更偏向实践，培养方案中有"国际汉语课堂教学案例分析"这门课，一共 64 学时，是课时数最多的课程，这门课由三位教师从不同的角度来授课。关于三位教师上课的内容和方式可以从下面一位学生的感受中看出来。

W：我知道你们有三位教师开了和案例分析有关系的课，你能说一说三位教师的课有什么不同吗？

G：这学期××教师为我们上的是关于对外汉语教材的课；××教师为我们上的是对外汉语教学语法；××教师为我们上的是课堂观察与实践。相同的地方：我觉得这几位教师都很注重我们的教学实践和小组合作，比如会给我们安排一些课下的小组任务，让我们自己去准备，给我们上去讲的机会。不同的地方：××教师很温柔，在教学上比较重视基础的扎实，经常是教师先把基础的知识教授给我们，再让我们去准备一些延伸的内容，对我们来说不会很困难又能得到锻炼，我很喜欢这样的模式，我们准备的时候既不会觉得不知道从哪里下手，又能亲身体验学到东西。实践和基础结合得很好，那些很枯燥的语法内容，我们真的可以运用了。××教师通常是告诉我们下次课要讲的内容，然后让我们自己按小组准备，上课主要是由学生按小组，自己来讲，教师仅在最后的15分钟左右有一个总结和点评。这样的模式我开始有一点不适应，每次准备任务也觉得比较辛苦，但是经历了一个学期的锻炼，自己的小组合作能力确实有了提高，在学习上自主性更强了。××教师也是每周布置小组任务，然后让我们去做，但是他的课堂氛围比较开放和宽松，××教师在课堂上基本很少集中的点评，而是在每位同学讲完课后，根据每个同学的优缺点给出意见，比较有针对性，而且意见给出的也比较直接，我很喜欢教师能直接指出我们优缺点，但是有些同学反映可能会觉得自尊心受到一点打击。在××教师的课堂上，我更多地了解了对外汉语课堂的教学模式，知道了教外国人汉语和教中国学生语文的不同。这三位教师的课我觉得都很好。

从这位学生的访谈中，我们可以看出三位教师的课都很受欢迎，一位教师偏重语法教学，一位教师从教材选用方面引导学生操练，还有一位教师从课堂观察和实践方面对学生进行训练，但没有对提高汉语学习者汉语课堂互动的效率和策略的指导。

本研究关注课堂话语互动是因为教师课堂话语互动能力是影响课堂教学的重要因素之一，同时所有的关于语法教学、课型教学、教材选用等方面的理论与技巧都是要通过课堂互动传达给学生,并通过课堂互动显现教学成果。它是一个将课堂教学相互分离的各个层面的理论与实践具体应用实施的综合过程。因此,需要在职前教师培训中设置课堂话语互动课程。

2. 课堂话语互动课程的教学目标、内容与授课方式

(1) 课程设置的目的分析

设置课堂话语互动课程主要是为了培养职前汉语教师课堂话语互动的意识和能力,具体目标如下:

首先,让职前教师有课堂话语互动的意识。有了意识才会在课堂教学中主动促进课堂互动,对课堂有效互动的概念有清楚的认识,才会在课堂教学过程中不仅仅依赖于简单的游戏。要有对自己的话语监控意识,比如控制自己的重复性话语,尊重学生合理的沉默行为、注意打断的技巧和纠错方式等等。

其次,要了解汉语课堂话语互动的基本构成要素。这可以帮助职前教师在观察和模拟课堂教学中找到自己要注意的问题,比如合理使用多种提问方式,调整话语合并(话语反馈方式),能根据教学目标设计恰当的交际活动等等。

再次,要了解促进汉语课堂话语互动的基本策略。既然课堂话语互动,尤其是生生之间的话语互动可以有效促进学生的表达愿望和表达水平,那么教师应该通过一定的方式增加学生有效互动的时间。

最后,要培养职前教师的教学实践能力。在对课堂话语互动、有效互动的概念有足够的认知以及对促进有效课堂话语互动的方式有较好的了解以后,需要通过一定的方式让职前教师有机会将所学知识用于实际的课堂教学中。

(2) 课程内容

关于对外汉语课堂话语互动的课程内容应该是理论与实践结合的方式,主要从两个部分入手:一个部分是有关课堂话语互动的理论和促进课堂话语有效互动的策略介绍,另一个部分是课堂模拟训练和教师点评。

(3) 授课方式

授课可以采用理论讲授、观看课堂录像或者进行实际课堂观摩、实际演练、录像和自我评估的方式进行。

理论讲授主要介绍有关课堂话语互动的知识和构成要素,以及根据已有的研究成果促进课堂话语互动有效的方式和策略。在话语互动的知识部分

着重介绍对课堂话语互动影响较大的会话分析理论和汉语会话结构的独特之处,促进课堂话语互动的策略部分是本研究的重点内容,可以以此为基础增加和丰富新的成果信息。

观看课堂录像或者进行实际课堂观摩。人很难超越自己的经验模式,因此,要改变中国传统教育模式下的以教师为主的课堂讲授方式,有必要认真研究在课堂上发生的具体细节。首先就是要让这些职前教师了解并体验互动式的课堂,了解其本质与方式上的差别。其次是要学会对课堂话语互动进行评价,可以利用一些常见的课堂互动观察量表或者课堂互动评价表,清楚地让这些职前教师知道课堂话语互动的评价维度。对于观察的作用,Richard R.Day 在其文章中总结为:"1)发展关于理解和讨论教学过程的术语;2)发展强调有效教学和决策的意识;3)区分有效和无效课堂教学操练;4)识别可以应用于自己教学的技术和实践。"

实际演练、录像、自我评估是通过模拟课堂和录像或者微格教室让职前教师模拟演练,体验如何在教学中运用适当的方式促进课堂话语有效互动。并利用课堂互动观察量表或者课堂互动评价表对自己或者其他同学的课堂互动进行记录、观察和评价。

(3)对职前教师教育实习的要求和指导

一般来说,职前教师都有教育实习的环节,到真实的课堂讲课。大多数职前教师都能按照教学步骤完成课堂教学,但是对课堂细节的处理比较生疏,更关注教学程序的完成情况,而较少关注学生话语建构过程的情况,缺少积极引导学生进行话语建构的策略。

"从本质上来说,教师课堂学习是教师发生于具体实践活动中的专业学习,是教师面临不断变化的教学情境和学生的学习需求,对自己的教学进行相应的微观调节,从而发展个人实践知识和教学能力的学习过程,也是教师实现专业发展和个人成长的重要途径之一"。[91] 真实课堂中,职前教师还会遇到其他一些问题,常说的"意义建构""意义协商"等都是在理想状态下的预设,对有交流愿望和学习动机的学生很容易实施,但是在实际教学中,还会遇到一些在模拟课堂中不会遇到地对无动机的学生的启发和引导的问题。因此,需要指导教师从多个角度对职前教师进行指导和纠正。

(三)针对职中汉语教师培训的建议

目前在全世界教汉语的教师可以简单地按照教师母语分为母语为汉语

的汉语教师和母语为非汉语的汉语教师两大类别。母语是汉语的汉语教师,有很好的语感,一般发音也都准确,表达流畅,教学水平有高有低。对母语为非汉语的汉语教师来说,汉语是他们的第二语言,他们能用任教国语言讲授汉语,但是汉语水平很不一致,教学能力也有高有低。母语为汉语的汉语教师中,年纪大的教师专业背景是汉语作为第二语言教学专业的人不多,一般都是其他专业背景转为汉语教学的,2010年以后入职的有汉语专业背景的教师才逐渐增多。专业背景的汉语教师在汉语基础知识、语言技能教学和第二语言习得理论等方面都有认知,能够比较好地进行汉语教学,而非专业背景的教师因各自在教学过程中积累的经验、自身学习能力和基础水平不同而显现不同的结果,有的不断积累经验、总结,成为专家型教师,有的原地踏步,在教学上没有提升。

母语为非汉语的汉语教师大部分有任教国的教师资格,能够在教学过程中体现出符合其所在国特色的课堂教学,需要提高的是汉语知识和汉语教学技能。

1. 利用课堂观察和评价表

可以直接从课堂教学中的问题入手,充分利用汉语课堂互动观察表和评价表,让在职教师对自己的课堂录像,进行观察和评价,找到自己的问题,通过讨论解决问题。

2. 激励教师对教学进行自我监督和评估

职中教师有专业发展的问题,需要不断学习和接受新的理论和学界新的研究成果,要持续保持学习和研究的能力。要养成对自己教学进行自我反思和评估的习惯,以不断改进教学,促进自己专业能力的发展。

就课堂话语互动方面而言,利用课堂观察表和评价表有意识地了解自己课堂话语互动的特点,并对问题和经验及时归纳和总结是一种很好的方式,也可以通过经常研读论文、参加学术会议提升自己这方面的能力。

(四)针对国家汉办外派的非专业的汉语教师和志愿者的培训建议

随着国际汉语教育事业的发展,国外对汉语教师的需求急速增多,近10年来一直呈上升趋势。具有专业背景的汉语教师和志愿者不能完全满足外派教师的数量需要,且文化交流需要多种专业背景的人,因此,每年国家汉办都选派一些具有其他专业背景的教师和志愿者。

这些教师和志愿者通常在跨文化交际能力方面表现突出,有很好的英语或者任教国语言沟通能力,但是在汉语本体知识方面能力比较弱,没有汉语课堂教学方面经验,对课堂话语互动的关注度不够,缺少通过课堂话语互动促进学生语言能力提升的策略和技巧。针对这类教师进行培训,可以从以下几个方面入手。

1. 编写介绍课堂话语互动的教材

因为培训的时间有限,所以需要受训者利用自己的业余时间熟悉有关汉语课堂话语互动的基本理论、构成要素和促进课堂有效互动的知识,同时也需要受训者对学生话语互动能力的评价标准、教师课堂话语互动能力的评价标准有清楚的认识和了解。

在编写介绍课堂话语互动教材的时候要考虑受训者的特点,简明扼要地介绍课堂话语互动理论和话语互动的构成要素,培养他们对课堂以及通过话语互动促进学生语言能力增长的意识。

在介绍学生和教师课堂话语互动能力评价标准的时候需要分析每一个评价标准的内涵。如对学生交际能力评价的四个维度,都要有合适的解释,教师课堂话语互动能力的评价可以通过课堂转录的语料,对课堂中学生和教师的提问、反馈、重复、修正等话语现象进行分析;帮助受训人员了解课堂话语沉默的作用和意义,正确对待课堂话语沉默现象。

2. 观摩汉语课堂教学

课堂观摩可以帮助受训人员了解真实的汉语教学课堂的特点和学生的特点。这类受训学员,最大的难点对每个阶段的汉语学习者所掌握的汉语语法、词汇等基本要素了解不多,不知道如何对自己拿到的语言材料进行分析。要想在短时间内把他们培养成合格的汉语教师比较难,但通过模仿可以尽快了解有关课堂教学需要的重要技能。

从国外对教师的需求来看,受训者未来的教学对象多种多样,各年龄段、各层次都有。虽然目前国家汉办组织的针对出国教师和志愿者的培训中,大多数培训教师都是国内大学的专家教授,这些专家教授有着丰富的针对成人汉语教学的经验,也有很扎实的理论知识和分析问题、解决问题的能力,但对不同国别和不同对象的教学不能全部了解。因此,需要培训教师在培训过程中能精选出针对不同国别和不同教学对象的汉语课堂与受训者一起分析。

综上所述,在培训学时有限的情况下,把有关课堂话语互动的培训融入到整个汉语课堂教学培训中应该是一种比较好的选择。在对语言要素和课型的培训过程中加入对课堂话语互动的要求,提示受训者不仅仅观察授课教师语言要素教学的流程,也要通过类似 COLT 这样的课堂话语互动量表观察授课教师课堂话语互动的方式和特点,尤其要多观摩针对不同教学对象的课堂教学,快速提高适应性并掌握关键教学要领。

3. 模拟教学

受训者需要具备汉语课堂教学的基本能力。通过模拟教学,让受训者了解教学理念并直观地体验课堂教学过程,在实践中接受指导教师的指导。

为受训者准备的模拟教学应该具有针对性强的特点。要求这类受训学员在短时间内掌握汉语教学的所有知识和技能是难以达到的,而且每个人的特点也有很大不同,为此,需要培训单位和培训教师了解受训者的基本职业经历和教学能力状况,有目标有重点地为他们设计课程,强化核心技能,并对他们的课堂教学进行指导。

和课堂观摩的方式一样,在模拟教学中也是将课堂话语互动的指导和其他语言要素的课堂模拟练习放在一起,让受训者掌握语言要素教学基本模式的同时,也能够掌握一些基本的促进课堂话语互动的策略。

注释：

[1] 交际法是 20 世纪 70 年代产生于西欧共同体国家，以语言功能和意念项目为纲，培养学习者在特定的社会语境中运用语言进行交际能力的一种教学方法，也称"功能法""意念—功能法"。

[2] 任务型教学法是 20 世纪 80 年代兴起的基于完成交际任务的一种语言教学方法，以计划和操作为其中心内容。它通过师生共同完成语言教学任务，使第二语言学习者自然地习得语言，促进语言学习的进步。其主要代表人物：Prabhu，Nunan, willis，Skehan，Ellis 等。

[3] 吕文华. 对外汉语教学语法体系 [M]. 北京：北京语言文化大学出版社 ,1999.28-32.

[4] 国家对外汉语教学领导小组办公室编. 高等学校外国留学生汉语教学大纲》（长期进修·附件）[M]. 北京：北京语言大学出版社 ,2002.187-189.

[5]《发展汉语》是由北京语言大学出版社出版的系列教材，包括初中高三个级别的综合、口语、听力、阅读和写作教材。

[6] Jack C.Richards, David Nunan. Second Language Teacher Education[M]. Beijing:Foreign Language Teaching and Research Press. 2000.

结 语

　　对外汉语教学是一门实践性很强的学科。笔者希望自己的研究是"基于实践又能指导实践"的研究。在研究和论文写作过程中,笔者在原始资料的收集、整理,对教学现状的描摹、总结经验和发现问题等基础工作上花了非常多的时间,想通过这种全过程的方式充分了解任课教师和学生的真实情况,了解他们对课堂教学的需求、困惑和期待。

　　本研究在 10 位教师各 90 分钟的课堂教学录像和对教师与学生问卷、访谈的基础上,依据建构主义、第二语言习得以及话语分析理论,结合 COLT 量表数据的细致分析,比较全面地呈现了 D 大学对外汉语教学口语课堂话语互动的现状。研究成果证实了教师良好的课型意识与意愿、教师训练有素的、全面的教学能力与课堂教学效果的高度相关性,尤其是比较清楚地辨识出良好的话语互动对提高学生语言习得和使用效果的重要性。同时,也发现教师意愿与相应能力之间的差距,比如,课堂话语互动设计能力的薄弱与缺失对教学效果形成严重制约;对学生课堂话语质量的忽视致使学生在中高级阶段的课堂也没有进行成段表达的机会等。笔者在多年教学中积累的一些经验与判断通过本研究获得了事实与数据的有力支撑,甚感欣慰。一方面,可以在理论层面促进汉语教师对口语课堂教学,尤其是话语互动的系统思考与学习,有意识、有方法地改进和完善课堂教学设计和教学实践,提高课堂教学效果。另一方面,本研究也显示了学科体系中对课堂话语互动关注不够、研究不够的问题,课堂话语互动应当作为教法层面的课题加以深入研究。

　　在研究早期笔者曾乐观地想过,借此研究能够建立评价对外汉语口语课堂互动质量的具体指标。然而,在深入研究后,发觉指标建立的研究不仅需要更多课堂教学案例的积累,还需要更为系统的教育统计的专门训练,非笔者此时一人所能完成。因此,只好退而求其次,针对课堂话语互动存在的问题,提出一些相应的完善思路与对策。希望这些思路与对策可以引起学界思考,也希望能够应用于各种对外汉语教师培训中,缩短教师适应教学的时间,尽快让他们熟悉、掌握课堂教学的这项核心技能。如此,也算完成了笔者的一部分愿望。

由于时间和能力所限,在问题解决策略的提出上,还存在挖掘不够充分的问题。主要原因在于,完全采用本学科视角分析的课堂教学方案还不够多,对整体案例也缺少系统、全面的分析,尤其是对从各项数据的分析中已经看出的优质的课堂和不良课堂,对优质课堂的独特性和可借鉴意义没有充分挖掘,对不良课堂的问题也没有深入剖析。另外,在对案例教师的访谈中,有几位教师对教学有非常认真的思考和独特的感悟,但在成文的时候,却没能把他们教学思想的闪光点很好地融入建议和策略之中。在研究方法的运用上,开始做研究设计的时候是希望能以质的研究方法为主,量的研究为辅,但在写作过程中,却不自觉地回到了自己熟悉的量化研究上。这些作为本研究的遗憾都留在这里了。

关于课堂话语互动的研究,国内还不多,笔者尝试开辟这条路,希望有越来越多的同行关注这一内容的研究,共同丰富和发展学科的理论和成果。

参考文献

[1]Hymes,Dell.On Communicative Competence.In Pride and Holmes J(eds.) Socialiguistics[M].Harmondsworth,UK:Penguin Books,1972.269-293.

[2] 欧洲理事会文化合作教育委员会 .《欧洲语言共同参考框架：学习、教学、评估》[M]. 北京：外语教学与研究出版社 ,2008.9.

[3] 北京地区语言学科规划座谈会简况 [J].《中国语文》，1978,(1).

[4]Scrivener, Jim. Leaning Teaching: A Guidebook for English Language Teachers[M]. Shanghai:Shanghai Foreign Language Education Press & Cambridge University Press. 2002.4.Introduction to Learning Teaching.

[5] 转引自魏宁 . 信息技术支持的教学方法——FIAS 篇 [J]. 现代教育技术 , 2006,(2):60-62.

[6] 刘珣 . 对外汉语教育学引论 [M]. 北京：北京语言文化大学出版社，2000.81.

[7] 刘延东 . 携手并肩开创孔子学院发展新局面 [J/OL]. http://www. hanban.org/article/201612/10/content_667864.htm，2016-12-10.

[8] 中华人民教育部 . 关于转发《汉语国际教育硕士专业学位研究生指导性培养方案》 的通知 [eb/ol]. http://www.moe.gov.cn/srcsite/A22/moe_826/200712/t20071210_82702.html.

[9] 朱晓申，邓中天等 . 交互性外语教学：理论与实践 [M]. 上海：上海外语教育出版社，2007.3-4.

[10] 陈向明 . 质的研究方法与社会科学研究 [M]. 北京：教育科学出版社，2006.5.

[11] 罗伯特 .C. 波格丹，萨利 . 诺普 . 比科伦 . 教育研究方法：定性研究的视角 . 钟周，李越，赵琳等译 [M]. 北京:中国人民大学出版社 ,2008.49.

[12] 马云鹏. 教育科学研究方法导论 [M]. 长春：东北师范大学，2002.59.

[13] 陈向明. 质的研究方法与社会科学研究 [M]. 北京：教育科学出版社，2006.165.

[14] 孟悦. 会话分析方法与二语语用发展的课堂教学 [J]. 教育科学，2010, 26(2): 39-42.

[15] 马云鹏. 教育科学研究方法导论 [M]. 长春：东北师范大学,2002.63.

[16] 陈向明. 质的研究方法与社会科学研究 [M]. 北京：教育科学出版社，2006.263.

[17] 杨庆华. 对外汉语教学学科理论研究 [M]. 北京：商务印书馆，2006.87.

[18] 张旺熹. 关于国际汉语师资培养的几点思考 [A]. 姜明宝主编. 汉语国际教育人才培养理论研究 [C]. 北京：北京大学出版社，2013.9899.

[19] 张旺熹. 关于国际汉语师资培养的几点思考 [A]. 姜明宝主编. 汉语国际教育人才培养理论研究 [C]. 北京：北京大学出版社，2013.9899.

[20] 中华人民教育部. 关于转发《汉语国际教育硕士专业学位研究生指导性培养方案》的通知 [eb/ol]. http://www.moe.gov.cn/srcsite/A22/moe_826/200712/t20071210_82702.html.

[21] 张宽, Discourse（话语）[J]. 读书. 1995(4):132-134

[22] 胡壮麟. 语篇的衔接与连贯 [M]. 上海：上海外语教育出版社，1994.3.

[23] 黄国文. 语篇分析概要 [M]. 长沙：湖南教育出版社，1997.3.

[24] 李月娥, 范宏雅. 话语分析 [M]. 上海：上海外语教育出版社，2002.3.

[25] 刘珣. 对外汉语教育学引论 [M]. 北京：北京语言大学出版社，2000.79.

[26]James Paul Gee. An introduction to discourse analysis: Theory and method[M].Beijing: Foreign Language Teaching and Research Press,2000.7.

[27]Jack C. Richards, Richards Schmidt, Heidi Kendrick. 朗文语言教学与应用语言学词典 [M]. 管燕红，唐玉柱译. 北京：外语教学与研究出版社，2013.366.

[28] 汤燕瑜，刘绍忠. 教师语言的语用分析 [J]. 外语与外语教学.

2013,(1):19.

[29] 国家汉语国际推广领导小组办公室. 国家汉语能力标准. 北京：外语教学与研究出版社.2009.Ⅳ.

[30] 国家汉语国际推广领导小组办公室. 国家汉语能力标准. 北京：外语教学与研究出版社.2009.Ⅳ.

[31]Dick Allright, Kathleen M.Bailey. Focus on the Language Classroom：An Introduction to Classroom Research for Language Teachers[M].Cambridge: Cambridge University Press, 1991.270.

[32] 姜海涛. 高中英语课堂教师话语与学生语言习得的关联性研究 [D]. 长春：东北师范大学,2010.

[33] 刘保, 肖峰. 社会建构主义：一种新的哲学范式 [M]. 北京：中国社会科学出版社,2011.4-5.

[34] 维果茨基. 思维语言 [M]. 李维译. 杭州：浙江教育出版社,1999.2.

[35] 麻彦坤. 社会建构论心理学对维果茨基思想的继承和发展 [J]. 心理科学进展,2006,(1).

[36] 刘保, 肖峰. 社会建构主义：一种新的哲学范式 [M]. 北京：中国社会科学出版社,2011.4-5.

[37]William.Labov.The Study of Nonstandard English[M].Washington D.C:The Center of Applied Linguisitics,1969:54.

[38]M.Stubs.Discourse Analysis[M].Chicago:the University of Chicago Press.1983:22.

[39] 成晓光. 作为研究方法的话语分析——评《话语分析》[J]. 外语教学与研究, 2006, 38(2):151-153.

[40] 陈向明. 质的研究方法与社会科学研究 [M]. 北京：教育科学出版社, 2000.110.

[41] 陈向明. 质的研究方法与社会科学研究 [M]. 北京：教育科学出版社, 2000.107.

[42] 孙慧莉. 作为第二语言教学课堂观察工具的 COLT 量表研究 [J]. 语言教学研究, 2008,(10):133-135.

[43] 孙慧莉. 作为第二语言教学课堂观察工具的 COLT 量表研究 [J]. 语言教学研究, 2008,(10):133-135.

[44] David Nunan, Kathleen M.Bailey. Exploring Second Language

Classroom Research: A Comprehensive Guide[M]. Beijing: Foreign Language Teaching and Research Press,2009.270.

[45] 陈向明. 质的研究方法与社会科学研究 [M]. 北京：教育科学出版社 , 2000. 134.

[46] 于国栋. 会话分析 [M]. 上海：上海外语教育出版社 . 2008. 18.

[47] 张立忠. 课堂视域下的教师实践性知识研究 [D]. 长春：东北师范大学 ,2011.

[48] 陈向明. 质的研究方法与社会科学研究 [M]. 北京：教育科学出版社 , 2000. 279.

[49] 梅拉尼·莫特纳，玛克辛·伯奇，朱莉•杰索普、蒂娜·米勒. 质性研究的伦理 [M]. 重庆：重庆大学出版社 , 2008.52.

[50] Nina Spada, Maria Frohlich. Communicative Orientation of Language Teaching Observation Scheme: Coding and Applications[M]. Sedney: National Centre for English Language Teaching and Research, 1995.13.

[51]Jack C.Richards, Richard Schmidt, Heidi Kendrick. Longman Dictionary[M].Beijing: Foreign Language Teaching and Research Press,2005.208.

[52]Jack C.Richards, Richard Schmidt, Heidi Kendrick. Longman Dictionary[M].Beijing: Foreign Language Teaching and Research Press,2005.208.

[53]Jack C.Richards, Richard Schmidt, Heidi Kendrick. Longman Dictionary[M].Beijing: Foreign Language Teaching and Research Press,2005.208.

[54] 李悦娥，范宏雅. 话语分析 [M]. 上海：上海外语教育出版社 , 2002.22.

[55] 李悦娥，范宏雅. 话语分析 [M]. 上海：上海外语教育出版社 , 2002.22.

[56] 刘虹. 会话结构分析 [M]. 北京：北京大学出版社 , 2004.46.

[57] 于国栋. 会话分析 [M]. 上海：上海外语教育出版社 , 2008.126

[58] 于国栋. 会话分析 [M]. 上海：上海外语教育出版社 , 2008.126

[59] 于国栋. 会话分析 [M]. 上海：上海外语教育出版社 , 2008.126

[60] 李悦娥. 话语中的重复结构探析 [J]. 外语与外语教学 ,2000,(11):5-7.

[61] 刘虹. 会话结构分析 [M]. 北京：北京大学出版社 ,2004.95.

[62] 刘虹. 会话结构分析 [M]. 北京：北京大学出版社 ,2004.95.

[63] 蔡整莹. 汉语口语课教学法 [M]. 北京：北京语言大学出版社 ,2009.1.

[64]D.Scott Enright. 曹秀洪译. 组织交际性课堂 [J]. 国外外语教学,1986, (4):36-38.

[65]D.Scott Enright. 曹秀洪译. 组织交际性课堂 [J]. 国外外语教学,1986,(4):36-38.

[66]Long,M.Native speaker/nonnative speaker conversation and the negotiation of comprehensible input[J].Applied Linguistics,1983,(4):127.

[67] 孔子学院 / 国家汉办. 国际汉语教学通用课程大纲 [M]. 北京：北京语言大学出版社,2014.24.30.

[68] 孔子学院 / 国家汉办. 国际汉语教学通用课程大纲 [M]. 北京：北京语言大学出版社,2014.24.30.

[69]Alice Omaggio Haley.Teaching Language in Context[M].Beijing: ForeignLanguage Teaching and Research Press & Cengage Learing,2009.139.

[70] 刘珣. 对外汉语教育学引论 [M]. 北京：北京语言文化大学,.2000.229.

[71] 黄晓颖. 对外汉语课堂教学艺术 [M]. 北京：北京语言大学出版社,2008.142.

[72]Richards,J.,& Rodgers,T. Approaches and Methods in Language Teaching (2nd ed.)[M]. Cambridge: Cambridge University Press, 2001.

[73]Bygate，M.Teaching and Testing Speaking[C].In:Michael H Long,Catherine J.Doughty,eds.The Handbook of Language Teaching(ISEH). Blackwell Publishing Ltd. 2009.412.

[74] 加里 .D. 鲍里奇. 有效教学方法. 南京：江苏教育出版社,2011,305-308.

[75] 加里 .D. 鲍里奇. 有效教学方法. 南京：江苏教育出版社,2011,305-308.

[76] 苏梅红. 信息差在小学英语教学中的应用 [J]. 基础英语教育,2011,(2).

[77]Keith Johnson, Helen Johnson .Encyclopedic Dictionary of Applied Linguistics: A Handbook for Language Teaching[M].Beijing:Foreign Language Teaching and Research Press，Blackwell Publishers Ltd.2001.166.

[78]Long, M.H, The role of the linguistic environment in second language acquisition[M].In: W.C.Ritchie & T.K. Bhatia(eds.),Handbook of Second

Language Acquisition.New York:Academic Press,1996.15152.

[79] 程晓棠 . 英语教师课堂话语分析 [M]. 上海：上海外语教育出版社 ，2009.77.

[80] 珍妮 . 埃利斯 . 奥姆罗德 . 教育心理学（第六版）[M]. 北京：中国人民大学出版社 ,2011.451.

[81]Redl.F & Wattenberg,W.Mental Hygiene in teaching[M] New York: Harcourt,Brace and world.1959.276.

[82]Long, M.H. The role of the linguistic environment in second language acquisition. In W.C.Ritchie & T.K. Bhatia(eds.), Handbook of Second Language Acquisition. New York: Academic Press. 1996:151-52.

[83] 柯传仁，黄懿慈，朱嘉 . 汉语口语教学 [M]. 北京：北京大学出版社，2012.14.

[84] 吕明 . 模拟课堂低效教学手势语的调查及培训策略分析 [J]. 东北师大学报（哲学社会科学版), 2013,(2)：156-159.

[85] 桂诗春 . 实验心理语言学纲要——语言的感知、理解与产生 [M]. 长沙：湖南教育出版社 ,2001.343.

[86] 刘珣 . 对外汉语教育学引论 [M]. 北京：北京语言文化大学出版社，2000.312.

[87] 国家汉语国际推广领导小组办公室 . 国际汉语能力标准 [M]. 北京：外语教学与研究出版社 ,2007. III .

[88] 何菊玲 . 教师教育范式研究 [M]. 北京：教育科学出版社 ，2009.119.

[89] 何菊玲 . 教师教育范式研究 [M]. 北京：教育科学出版社 ，2009.119.

[90]Richard R. Day. Teacher Observation in Second Language Teacher Education[C]. In:Jack C.Richards, David Nunan. Second Language Teacher Education[M]. Beijing:Foreign Language Teaching and Research Press,2000.43.

[91] 程文华 . 外语教师课堂学习的个案研究 [M]. 北京：外语教学与研究出版社 ,2011.202.

附录1 对外汉语口语课堂话语互动调查问卷(学生)

您好！我们现在正在做一项关于对外汉语口语课堂教学的研究,想了解您对一些问题的看法。请您根据自己的实际情况回答问题,以保证研究的科学性,所得数据仅供研究使用,研究结果将有助于汉语教师改进自己的教学方法。

感谢您的支持和帮助！祝您在学习中取得更好的成绩。

您的信息

1. 性别

A. 男　　B. 女

2. 年龄_____

3. 国籍_____

4. 你的母语_____

5. HSK 成绩

A. 三级　　B. 四级　　C. 五级　　D. 六级

6. HSKK 成绩

A. 初级　　B. 中级　　C. 高级

7. 学习汉语的时间_____。

A. 3 个月以下

B. 3 个月—6 个月

C. 6 个月—1 年

D. 一年以上

8. 来中国的时间_____。

A. 3 个月以下

B. 3 个月—6 个月

C. 6 个月—1 年

D. 一年以上

请在 ABCD 选项中适合您的一项的字母上画 √

1. 你最喜欢的课是_____。

A. 阅读　　B. 口语

C. 听力　　D. 汉语综合　　E. 其他

2. 你喜欢这门课是因为_____。

A. 它能提高汉语水平　　B. 教师讲得很好

C. 课本很有意思　　　　D. 有机会跟别的同学说话　　　E. 其他

3. 上口语课的时候,你的教师经常组织哪种活动?

A. 师生活动（教师问,学生答）

B. 小组活动（两个或者两个以上的同学在一起完成的活动）

C. 个人活动（自己一个人完成的活动）

D. 重复课本上的句子或者教师准备的句子

4. 在小组活动中,教师常常给每个小组_____。

A. 相同的任务

B. 不同的任务

C. 有的时候是相同的任务,有的时候是不同的任务

5. 在小组活动中,你希望教师给每个小组_____。

A. 相同的任务

B. 不同的任务

C. 有的时候是相同的任务,有的时候是不同的任务

6. 口语课上,你希望教师增加哪种活动的时间?

A. 师生活动（教师问,学生答）

B. 小组活动（两个或者两个以上的同学在一起完成的活动）

C. 个人活动（自己一个人完成的活动）

D. 重复课本上的句子或者教师准备的句子

7. 上口语课的时候,你觉得和同学在一起做的小组活动对你有没有帮助?

A. 有

B. 没有（请回答第 9 题）

8. 上口语课的时候,你觉得小组活动的哪种好处是你最喜欢的?

A. 是很好的练习说汉语的机会

B. 可以了解别的同学的想法

C. 可以和同学聊天

9. 上口语课的时候,你的教师讲什么内容的时间多?

A. 语音　B. 词汇　C. 语法　D. 汉字

E. 根据课文内容练习口语表达

F. 教师找到课本以外的内容一起练习口语表达

10. 上口语课的时候,你希望教师在什么内容上用的时间更多一些?

A. 语音　B. 词汇　C. 语法　D. 汉字

E. 根据课文内容练习口语表达

F. 教师找到课本以外的内容一起练习口语表达

11. 你觉得你现在的口语课上,教师说话的时间多还是学生说话的时间多?

A. 教师说话的时间多

B. 学生说话的时间多

C. 教师和学生说话的时间一样多

D. 根据教学内容,有的时候教师说话时间多,有的时候学生说话时间多

12. 你觉得口语课上,教师和学生说话的时间应该怎样分配?

A. 应该教师说话的时间多

B. 应该学生说话的时间多

C. 教师和学生说话的时间应该一样多

D. 应该根据教学内容来决定

13. 你觉得在口语课上,你说话的机会多不多?

A. 多,因为_____。

B. 不多,因为_____。

C. 不多也不少

14. 上口语课的时候,你希望教师使用一些课本以外的学习材料吗?

A. 希望,因为_____。

B. 不希望,因为_____。

15. 你的口语课上,除了课本以外,教师还经常使用哪些学习材料?(请按照由多到少的顺序排列)

A. 实物

B. 影视材料

C. 报纸杂志

D. 留学生自己写的故事

E. 教师多媒体课件上的图片

16. 上口语课的时候,除了课本以外,你还希望教师多使用什么教学材料？（可多选）

A. 实物

B. 影视材料

C. 报纸杂志

D. 留学生自己写的故事

E. 教师多媒体课件上的图片

17. 你喜欢教师上课的时候用 Powerpoint 吗？

A. 喜欢,因为_____。

B. 不喜,因为_____。

18. 上口语课的时候,你喜欢教师使用英语吗？

A. 喜欢,因为_____。

B. 不喜欢,因为_____。

19. 你觉得现在教师讲课的时候,说话的速度快吗？

A. 非常快　B. 很快　　C. 很合适　D. 很慢

20. 你觉得现在教师上课使用的语言_____。

A. 特别难,我大部分听不懂

B. 有点儿难,我只能听懂 50% 左右

C. 不太难,我能听懂 70%～80%

D 很容易,我都能听懂

21. 上口语课的时候,你愿意回答教师的问题吗？

A 愿意（请回答第 22 题）

B 不愿意（请回答 23 题）

22. 上口语课的时候,你愿意回答教师的问题,是因为_____。

A. 教师的问题很有意思

B. 可以提高我的口语能力

C. 我喜欢用汉语跟别人交流

D. 口语课堂气氛好,大家交流可以知道更多的信息

E. 如果有别的原因,请填写_____

23. 上口语课的时候,你不愿意回答教师的问题,是因为_____。

A. 教师给的话题没意思

B. 我的口语水平太不好,不好意思说话

C. 大家都不爱说话,我想说也不好意思

D. 不能提高我的口语水平

E. 如果有别的原因,请填写_____

24. 上口语课的时候,教师提问后,常常用什么方式让学生回答?

A. 全班一起回答

B. 教师指定某一个学生回答

C. 会的学生自愿回答

D. 教师自己回答

25. 上口语课的时候,教师提问后,你喜欢的回答问题的方式是_____。

A. 全班一起回答

B. 教师指定某一个学生回答

C. 会的学生自愿回答

D. 教师自己回答

26. 上口语课的时候,教师的问题常常是_____。(可以多选)

A. 教师已经知道答案的问题

B. 教师不知道答案的问题

C. 和词汇语法、句子结构相关的问题

D. 和课文内容相关的问题

E. 只需要用"是"或者"不是","要"或者"不要"回答的问题

F. 要求表达自己的观点或者做出自己评价的问题

G. 和同学们日常生活有关系的问题

27. 上口语课的时候,你希望教师多问一些_____。

A. 教师已经知道答案的问题

B. 教师不知道答案的问题

C. 和词汇语法、句子结构相关的问题

D. 和课文内容相关的问题

E. 只需要用"是"或者"不是""要"或者"不要"回答的问题

F. 要求表达自己的观点或者做出自己评价的问题

G. 和同学们日常生活有关系的问题

28. 上口语课的时候，如果你说得不对，你的教师常常_____。（最多选三项）

A. 立刻帮助我改正

B. 下课以后告诉我

C. 给我机会让我自己改正

D. 不改正我的错误

E. 强调已经讲过很多次了，不应该再错

F. 暂时不说，到课堂总结的时候再改正错误

G. 直接给出正确答案

29. 上口语课的时候，如果你说得不对，你希望_____。（最多选三项）

A. 教师立刻帮助我改正

B. 教师下课以后告诉我

C. 教师给我机会让我自己改正

D. 不要改正我的错误

E. 暂时不改正，到课堂总结的时候再改正

F. 直接给出正确答案

30. 如果你回答问题回答得很好，你的教师常常_____。

A. 只说"好"，别的什么都不说

B. 说"非常好"，然后告诉我什么地方说得好

C. 重复我说的内容，然后称赞我说得好

D. 说"好"，然后用别的方法说我说过的内容

E. 什么也不说

31. 上口语课的时候，如果你有听不懂的词，你怎么办？

A. 马上问教师

B. 马上问我旁边的同学

C. 下课以后问教师

D. 下课以后问朋友

32. 上口语课的时候，如果你听不懂教师的问题，你希望_____。

A. 教师再说一遍

B. 同学用我能听懂的语言告诉我

C. 教师换一种方式再问我一次

D. 教师让别的同学回答

33. 在口语课上,如果你说的话,教师和别的同学都没听懂,你会怎么做?

A. 放弃,不再继续说话

B. 换一种方式说

C. 说别的事情

D. 用母语问别的同学,请他们帮忙说

34. 如果你说错了,教师帮你改正后,你愿意重复一下教师说的正确的答案吗?

A. 愿意, 因为_____。

B. 不愿意, 因为_____。

附录2 对外汉语口语课堂话语互动
调查问卷（教师）

　　您好！我们现在正在做一项关于汉语口语课堂教学的研究，想了解您的看法，希望得到您的帮助。请您根据自己的实际情况回答问题，以保证研究的科学性，所得数据仅供研究使用，研究结果将有助于汉语教师改进自己的教学方法。

　　感谢您的支持和帮助！

　　请在 ABCD 选项中适合您的一项的字母上画 √

　　1. 在你的口语课堂中，下面哪种活动用的时间最多？

　　A. 师生活动（教师问，学生答）

　　B. 个人活动（自己一个人完成的活动）

　　C. 小组活动（两个或者两个以上的同学在一起完成的活动）

　　2. 你觉得口语课堂中下面哪种活动的时间应该多一些？

　　A. 师生活动（教师问，学生答）

　　B. 个人活动（自己一个人完成的活动）

　　C. 小组活动（两个或者两个以上的同学在一起完成的活动）

　　3. 在小组活动中，你常常给每个小组_____。

　　A. 相同的任务

　　B. 不同的任务

　　C. 有的时候是相同的任务，有的时候是不同的任务

　　4. 在学生的个人活动中，你会给学生不同的任务吗？

　　A. 不会，因为_____。

　　B. 会，因为_____。

5. 上口语课的时候，你觉得你在什么内容上用的时间多？

A. 语音　　B. 词汇　　　C. 语法　　　D. 汉字

E. 根据课文内容练习口语表达

F. 找课本以外的内容一起练习口语表达

6. 上口语课的时候，你觉得应该在什么内容上用的时间更多一些？

A. 语音　　B. 词汇　　　C. 语法　　　D. 汉字

E. 根据课文内容练习口语表达

F. 找课本以外的内容一起练习口语表

7. 你觉得你现在的口语课上，你说话的时间多还是学生说话的时间多？

A. 教师说话的时间多

B. 学生说话的时间多

C. 教师和学生说话的时间一样多

D. 根据教学内容，有的时候教师说话时间多，有的时候学生说话时间多

8. 你觉得口语课上，教师和学生说话的时间应该怎样分配？

A. 应该教师说话的时间多

B. 应该学生说话的时间多

C. 教师和学生说话的时间应该一样多

D. 应该根据教学内容来决定

9. 上口语课的时候，你会使用一些课本以外的学习材料吗？

A. 使用，因为_____。

B. 不使用，因为_____。

10. 口语课上，除了课本以外，你还经常使用哪些学习材料？（请按照由多到少的顺序排列）

A. 实物

B. 影视材料

C. 报纸杂志

D. 留学生自己写的故事

E. 多媒体课件上的图片

11. 口语课上，除了课本以外，你觉得还应该多使用什么教学材料？（请按由多到少顺序排列）

A. 实物

B. 影视材料

C. 报纸杂志

D. 留学生自己写的故事

E. 多媒体课件上的图片

12. 你喜欢上课的时候用多媒体吗？

A. 喜欢，因为_____。

B. 不喜欢，因为_____。

13. 上口语课的时候，你使用过媒介语吗？

A. 使用过，因为_____。

B. 没使用过，因为_____。

14. 上口语课的时候，你会有意识地放慢语速吗？

A. 不会，因为_____。

B. 会，因为_____。

15. 上口语课的时候，你提问后，常常用什么方式让学生回答？

A. 全班一起回答

B. 指定某一个学生回答

C. 会的学生自愿回答

D. 自己回答

16. 上口语课的时候，你的问题常常是_____。（可多选）

A. 自己已经知道答案的问题

B. 自己不知道答案的问题

C. 和词汇语法、句子结构相关的问题

D. 和课文内容相关的问题

E. 只需要用"是"或者"不是""要"或者"不要"回答的问题

F. 要求学生表达自己的观点或者做出自己评价的问题

G. 和学生日常生活有关系的问题

17. 上口语课的时候，如果学生在回答问题时说得不对，你会怎么帮助学生改正？

A. 立刻帮助学生改正

B. 下课以后告诉学生

C. 给学生机会让学生自己改正

D. 不改正学生的错误

18. 上口语课的时候，如果学生在小组活动中说得不对，你会怎么帮助学生改正？

A. 听到以后，立刻帮助学生改正

B. 下课以后告诉学生

C. 给学生机会让学生自己改正

D. 不改正学生的错误

E. 在总结小组活动的时候，一起改正

19. 如果学生回答问题回答得很好，你常常会怎么做？

A. 只说"好"，别的什么都不说

B. 说"非常好"，然后告诉学生什么地方说得好

C. 重复学生说的内容，然后称赞学生说得好

D. 说"好"，然后用别的方法说学生说过的内容

20. 上口语课的时候，如果学生有听不懂的词，你常用的方法是＿＿＿＿。（可多选）

A. 用别的方法解释给这位学生

B. 让其他同学用这位学生的母语解释

C. 叫别的听得懂的学生

D. 把这个词的汉字写在黑板上，让学生自己查词典理解

21. 上口语课的时候，如果学生听不懂你的问题，你＿＿＿＿＿常常。

A. 再说一遍

B. 让别的同学用这位学生能听懂的语言告诉他

C. 换一种方式再问他一次

D. 让别的同学回答，然后让这位学生重复

22. 在口语课上，如果你说的话，回答问题的学生没听懂，你常常会怎么做？（可多选）

A. 重复这个词，直到学生听懂

B. 用一些方法解释这个词的意思，让学生明白

C. 在语音上加以调整，如放慢语速、长时间停顿、强调关键词

D. 让别的学生回答，然后问那个学生是不是明白了

E. 降低问题难度，提供线索对学生进行引导

F. 给学生足够的思考时间

G. 直接给出答案

23. 如果学生说错了，你帮助学生改正后，学生一般会重复你说的正确答案吗？

A. 会，因为_____。

B. 不会，因为_____。

24. 当因为某种原因，你问了问题以后，学生都不回答，课堂出现沉寂状态时，你常常怎么做？

A. 给学生思考的时间，等待学生回答

B. 重复问题，直到有学生愿意回答

C. 换别的问题问学生

D. 直接给出正确答案

您的信息

1. 性别

A. 男　　B. 女

2. 年龄

A. 20～30　　B. 30～40　　C. 40～50　　D. 50～60

3. 讲授汉语的时间

A. 3 年以下　　　B. 4～6 年

C. 6～9 年　　　D. 10～15 年

E. 16～20 年　　F. 21～30

G. 30 年以上

附录3 对外汉语口语课堂话语互动
访谈提纲（学生）

1. 你觉得口语课对你提高汉语水平有帮助吗？为什么会这么认为？

2. 你喜欢什么样的口语教师？你对口语课教师的教学满意吗？你觉得这位教师的优点是什么？你希望教师在哪些方面改进？

3. 能描述一下你上口语课的状态吗？是积极的还是消极的？为什么？你喜欢这样吗？你希望以后怎么做？

4. 你觉得你在口语课上是不是愿意发言？和什么有关系？是教师、同学还是教师的问题或者其他别的什么？你觉得你自己的兴趣爱好、生活经历、专业背景会让你在口语课上更愿意多发言吗？

5. 在口语课上，你喜欢重复课本上的句子或者教师的例句这样的学习方式吗？为什么？

6. 在口语课上，你喜欢小组讨论这样的学习方式吗？为什么？

7. 在口语课上，你喜欢自己练习表达后，再在全班表达这样的方式吗？为什么？

8. 在口语课上，如果教师让几个学生一组完成一个学生任务，你常常在小组中表达自己的想法吗？为什么？

9. 你觉得在小组活动中，会有一个组织小组活动的人吗？如果有，经常是谁来组织？

10. 你觉得口语课上，你对什么样的话题感兴趣？你的教师会经常设计一些活动让你们练习说话吗？

11. 对你来说，口语课的内容难吗？你为了上好口语课预习吗？你觉得如果你预习得好，会不会让你在口语课堂上愿意多发言，或者说出的句子更准确？

12. 你一般怎么准备口语考试？

附录4 对外汉语口语课堂话语互动 访谈提纲（教师）

1. 你觉得口语课应该教什么？为了完成你的目标，你在课堂教学中做了哪些实际的操作？

2. 你觉得在口语课堂教学中，教师和学生之间的关系是什么样子的比较合适？你的课堂是什么样子的？你对这种关系满意吗？

3. 对你来说，上好口语课最难的是什么？

4. 你觉得教师课堂教学语言对学生语言输出的质量和数量的影响大不大？从哪些方面可以影响学生？你会经常注意自己的方式吗？

5. 你觉得有必要对教师进行课堂话语方面的培训吗？

6. 你怎么看待课堂上教师和学生之间的话语互动？你在课堂上使用了哪些手段来促进这种话语互动？

7. 你觉得教师的提问方式和教师对学生的反馈会促进师生之间的话语互动吗？

8. 如果学生的参与话语互动的积极性不高，你会怎么做？

9. 你认为你的教学受到过什么教学理论的影响吗？如果有，什么样的教学理论对你的教学行为影响最大？

10. 你对现在使用的教材的评价是什么？你严格按照教学计划和教材上课吗？常常使用补充材料吗？

11. 你觉得学生在你的课堂中的影响是什么？学生都不说话的时候，你是什么感觉？你用哪些办法帮助他们？

12. 你的课堂教学状态会受哪些因素的影响？

13. 你会和同事、教师交流课堂教学情况吗？你觉得交流对你上课有帮助吗？

14. 你会反思自己的讲课吗？具体会怎么做？